2023

合肥统计年鉴

（总第37期　NO.37）

合　肥　市　统　计　局
国家统计局合肥调查队

中国统计出版社
China Statistics Press

图书在版编目（CIP）数据

合肥统计年鉴. 2023 / 合肥市统计局，国家统计局合肥调查队编. -- 北京 : 中国统计出版社，2024.3
ISBN 978-7-5230-0402-9

Ⅰ. ①合… Ⅱ. ①合… ②国… Ⅲ. ①统计资料－合肥－2023－年鉴 Ⅳ. ①C832.541-54

中国国家版本馆 CIP 数据核字(2024)第 042430 号

合肥统计年鉴 2023

作　　者/ 合肥市统计局　国家统计局合肥调查队
责任编辑/ 冯燕玲
出版发行/ 中国统计出版社有限公司
地　　址/ 北京市丰台区西三环南路甲 6 号
邮政编码/ 100073
电　　话/ 邮购（010）63376909　书店（010）68783171
网　　址/ http://www.zgtjcbs.com
印　　刷/ 安徽大翼印刷有限公司
经　　销/ 新华书店
开　　本/ 890mm×1240mm　1/16
字　　数/ 772 千字
印　　张/ 24.25
版　　别/ 2024 年 3 月第 1 版
版　　次/ 2024 年 3 月第 1 次印刷
定　　价/ 360.00 元

《合肥统计年鉴2023》编辑委员会

编辑说明

一、《合肥统计年鉴2023》是一部全面反映合肥市国民经济和社会发展情况的资料性年刊，系统收录了全市及各县（市）、区、开发区经济和社会各方面的2022年统计数据，以及主要历史年份全市主要统计数据，重点反映近年来合肥市经济社会发展的新成就。

二、本年鉴正文内容分为20个篇章，即：综合；国民经济核算；人口；就业人员和职工工资；固定资产投资；能源生产和消费；财政、金融、保险；物价和人民生活；自然资源、环境保护和城市建设；农业；工业；建筑业；服务业；运输和邮电；国内贸易；对外经济贸易和旅游业；教育、科技；文化、体育、卫生；社会服务、公共管理和其他；城市比较。为了进一步帮助读者理解和使用有关数据，各篇章附有主要统计指标解释，介绍了统计范围和统计方法。

三、2011年安徽省调整部分行政区划涉及合肥市。如未特别说明，本年鉴中2010年及以前合肥市数据均为原行政区划口径。2011年以后增长按区划调整后同口径计算。

四、本年鉴中使用的度量衡单位均采用国际统一标准计量单位。

五、本年鉴中部分数据合计数或相对数由于单位取舍不同产生的计算误差，均未作机械调整。

六、符号使用说明：本年鉴各表中的“空格”表示该数据不足本表最小计量单位数或无该项数据；“#”表示其中的主要项。

七、在编辑本年鉴过程中，得到许多部门和单位的支持，在此一并致谢。欢迎读者提出宝贵意见和建议。

目　录

一、综　合

二、国民经济核算

三、人　口

四、就业人员和职工工资

五、固定资产投资

六、能源生产和消费

七、财政、金融、保险

八、物价和人民生活

九、自然资源、环境保护和城市建设

十、农　　业

十一、工　　业

十二、建 筑 业

十三、服务业

十四、运输和邮电

十五、国内贸易

十六、对外经济贸易和旅游业

十七、教育、科技

十八、文化、体育、卫生

十九、社会服务、公共管理和其他

二十、城市比较

第一篇

综　合

简要说明

一、本篇包括我市行政区划、法人单位数、国民经济综合资料等内容。

二、行政区划内容来源于市民政局有关年报资料，各行业法人单位数由市统计局普查中心根据基本单位名录库汇总整理，国民经济总量、速度、结构、比例和效益指标均取自本年鉴各篇。由于行政区划调整、统计制度修订等原因，国民经济综合资料中部分指标统计口径变化，如变化前年份数据未作同口径调整，则增长速度无法计算。

三、按人口平均的国民经济主要指标，未作说明的一律以户籍人口计算。

四、职工人数、职工工资总额、职工平均工资等指标，2013 年（不含）前统计口径为在岗职工。

1—1　行政区划（2022年末）

单位：个

地　　区	镇	乡	街道办事处	社区居民委员会	村民委员会
全　　市	**70**	**11**	**55**	**606**	**1159**
瑶 海 区	1		14	109	
庐 阳 区	1	1	9	70	14
蜀 山 区	3		14	126	54
包 河 区	2		9	105	31
长 丰 县	12	2		38	244
肥 东 县	12	6		30	222
肥 西 县	10	2		55	238
庐 江 县	17		3	33	210
巢 湖 市	12		6	40	146

1—2 镇、乡、街道办事处名录（2022年末）

县　　区	乡、镇、街道名称
瑶　海　区	三里街街道、嘉山路街道、和平路街道、明光路街道、红光街道、长淮街道、城东街道、方庙街道、七里站街道、胜利路街道、铜陵路街道、大兴镇
庐　阳　区	海棠街道、林店街道、亳州路街道、逍遥津街道、三孝口街道、杏林街道、杏花村街道、双岗街道、四里河街道、大杨镇、三十岗乡
蜀　山　区	稻香村街道、三里庵街道、南七街道、五里墩街道、西园街道、琥珀街道、荷叶地街道、笔架山街道、井岗镇、南岗镇、小庙镇
包　河　区	义城街道、烟墩街道、望湖街道、芜湖路街道、包公街道、常青街道、骆岗街道、万年埠街道、同安街道、淝河镇、大圩镇
长　丰　县	陶楼镇、水湖镇、双墩镇、岗集镇、下塘镇、杨庙镇、吴山镇、朱巷镇、庄墓镇、杜集镇、左店镇、义井镇、造甲乡、罗塘乡
肥　东　县	店埠镇、梁园镇、撮镇镇、桥头集镇、古城镇、石塘镇、八斗镇、白龙镇、陈集镇、元疃镇、长临河镇、包公镇、众兴乡、张集乡、马湖乡、响导乡、杨店乡、牌坊回族满族乡
肥　西　县	丰乐镇、上派镇、桃花镇、花岗镇、山南镇、官亭镇、三河镇、紫蓬镇、严店镇、铭传乡、柿树岗乡、高店镇
庐　江　县	东顾山街道、岗湾街道、移湖街道、庐城镇、冶父山镇、汤池镇、万山镇、金牛镇、石头镇、郭河镇、白山镇、同大镇、盛桥镇、龙桥镇、白湖镇、矾山镇、泥河镇、罗河镇、乐桥镇、柯坦镇
巢　湖　市	卧牛山街道、天河街道、凤凰山街道、亚父街道、中庙街道、栏杆集镇、苏湾镇、柘皋镇、夏阁镇、中垾镇、烔炀镇、黄麓镇、槐林镇、坝镇镇、散兵镇、银屏镇、庙岗镇
经济技术开发区	海恒社区、莲花社区、芙蓉社区、锦绣社区、临湖社区、高刘街道
新站高新技术产业开发区	磨店街道、三十头街道、七里塘街道
安徽巢湖经济开发区	半汤街道

1—3　主要年份各行业法人单位数

单位：个

行　业　类　别	2020年	2021年	2022年
合　　计	**342058**	**394384**	**442314**
农、林、牧、渔业	**10930**	**11176**	**11687**
农　业	5067	5117	5359
林　业	1464	1529	1609
畜牧业	1388	1382	1385
渔　业	1765	1777	1824
农、林、牧、渔专业及辅助性活动	1246	1371	1510
采矿业	**77**	**73**	**85**
煤炭开采和洗选业			
石油和天然气开采业			
黑色金属矿采选业	9	11	16
有色金属矿采选业	20	19	19
非金属矿采选业	37	32	38
开采专业及辅助性活动	5	6	6
其他采矿业	6	5	6
制造业	**22484**	**25149**	**27270**
农副食品加工业	849	863	880
食品制造业	763	832	890
酒、饮料和精制茶制造业	223	231	249
烟草制品业	1	2	2
纺织业	526	547	580
纺织服装、服饰业	979	1022	1109
皮革、毛皮、羽毛及其制品和制鞋业	238	239	242
木材加工和木、竹、藤、棕、草制品业	397	1369	1391
家具制造业	956	1048	1138
造纸及纸制品业	487	521	555
印刷和记录媒介复制业	799	835	869
文教、工美、体育和娱乐用品制造业	414	426	452
石油、煤炭及其他燃料加工业	43	47	50
化学原料和化学制品制造业	657	674	718
医药制造业	206	219	244
化学纤维制造业	34	40	42
橡胶和塑料制品业	1242	1337	1438
非金属矿物制品业	2034	2096	2244
黑色金属冶炼和压延加工业	111	119	120
有色金属冶炼和压延加工业	101	119	128
金属制品业	2325	2562	2766
通用设备制造业	2164	2386	2677
专用设备制造业	1976	2227	2459

1—3 续表1

单位：个

行业类别	2020年	2021年	2022年
汽车制造业	792	849	961
铁路、船舶、航空航天和其他运输设备制造业	94	99	100
电气机械和器材制造业	1592	1727	1932
计算机、通信和其他电子设备制造业	1042	1147	1299
仪器仪表制造业	529	617	718
其他制造业	193	197	210
废弃资源综合利用业	154	173	192
金属制品、机械和设备修理业	563	579	615
电力、热力、燃气及水生产和供应业	**546**	**573**	**665**
电力、热力的生产和供应业	335	362	429
燃气生产和供应业	34	37	44
水的生产和供应业	177	174	192
建筑业	**36869**	**44647**	**52147**
房屋建筑业	6443	8084	9961
土木工程建筑业	7953	9650	11024
建筑安装业	4850	5415	5919
建筑装饰、装修和其他建筑业	17623	21498	25243
批发和零售业	**99573**	**112761**	**126551**
批发业	47799	54816	63054
零售业	51774	57945	63497
交通运输、仓储和邮政业	**7898**	**9207**	**10284**
铁路运输业	20	37	44
道路运输业	5698	6598	7252
水上运输业	97	105	117
航空运输业	25	28	35
管道运输业			
多式联运和运输代理业	1041	1334	1636
装卸搬运和运输代理业	783	848	917
邮政业	234	257	283
住宿和餐饮业	**7524**	**8728**	**9600**
住宿业	1460	1601	1697
餐饮业	6064	7127	7903
信息传输、软件和信息技术服务业	**26353**	**31674**	**36070**
电信、广播电视和卫星传输服务	384	405	431
互联网和相关服务	3145	3555	3950
软件和信息技术服务业	22824	27714	31689
金融业	**1276**	**1343**	**1418**
货币金融服务	350	369	372
资本市场服务	359	409	468
保险业	229	235	246
其他金融业	338	330	332

1—3　续表2

单位：个

行　业　类　别	2020年	2021年	2022年
房地产业	**10978**	**12694**	**13357**
房地产业	10978	12694	13357
租赁和商务服务业	**56721**	**66022**	**73836**
租赁业	5839	7061	8026
商务服务业	50882	58961	65810
科学研究和技术服务业	**27897**	**34092**	**41012**
研究和试验发展	4509	4824	5171
专业技术服务业	13115	14941	17595
科技推广和应用服务业	10273	14327	18246
水利、环境和公共设施管理业	**2360**	**3122**	**3769**
水利管理业	156	165	179
生态保护和环境治理业	275	351	424
公共设施管理业	1665	1948	2182
土地管理业	264	658	984
居民服务、修理和其他服务业	**8505**	**9173**	**9618**
居民服务业	3477	3417	3641
机动车、电子产品和日用产品修理业	3792	4132	4261
其他服务业	1236	1624	1716
教　育	**6445**	**6797**	**6696**
教　育	6445	6797	6696
卫生和社会工作	**2103**	**2260**	**2333**
卫　生	1608	1729	1806
社会工作	495	531	527
文化、体育和娱乐业	**7029**	**8095**	**9186**
新闻和出版业	186	203	210
广播、电视、电影和影视录音制作业	1260	1553	1829
文化艺术业	1951	2330	2715
体　育	738	948	1162
娱乐业	2894	3061	3270
公共管理、社会保障和社会组织	**6490**	**6798**	**6730**
中国共产党机关	106	105	106
国家机构	1320	1277	1310
人民政协、民主党派	25	25	26
社会保障	29	31	37
群众团体、社会团体和其他成员组织	3139	3441	3333
基层群众自治组织及其他组织	1871	1919	1918

1—4 主要年份国民经济和社会发展总量与速度指标

指　标	总量指标				
	2010年	2015年	2020年	2021年	2022年
人口与就业					
人　口（户籍）　（万人）					
年末总人口	494.95	717.72	781.53	792.67	800.16
#城镇人口 *	215.84	306.81	430.95	455.83	470.67
乡村人口 *	279.11	410.91	350.58	336.84	329.49
#男性人口	258.00	371.21	400.40	405.51	408.86
女性人口	236.95	346.51	381.12	387.16	391.30
年平均人口	493.19	715.26	775.99	787.10	796.41
出生人口	5.47	9.60	9.99	7.70	6.59
死亡人口	2.14	3.81	3.95	3.21	2.82
人口密度　（人/平方公里）	701.5	627.1	682.9	692.6	699.1
年末总户数　（万户）	157.06	241.42	259.55	265.39	269.74
就　业　（万人）					
全社会就业人员	344.50	457.04	490.07	493.20	497.11
城镇非私营单位就业人员数	65.30	143.87	172.99	166.27	168.61
城镇登记失业人员数	5.09	25.60	36.55	40.75	
城镇登记失业率　(%)	3.43	2.80	3.06	2.77	
宏观经济					
生产总值*　（亿元）					
生产总值	2976.08	5830.95	10005.56	11392.75	12013.08
第一产业	172.54	256.53	335.21	358.26	379.23
第二产业	1382.65	2480.46	3535.79	4103.56	4394.50
#工　业	898.64	1544.78	2051.76	2440.05	2606.50
第三产业	1420.89	3093.96	6134.56	6930.94	7239.40
固定资产投资　（亿元）					
固定资产投资额	3066.97	6153.35			
500万元以上项目	2131.13	4869.41			
房地产开发	819.03	1259.14	1546.99	1466.42	1457.09
固定资产投资按产业分					
第一产业	27.95	162.71			
第二产业	1038.14	2097.99			
第三产业	2000.88	3892.66			
财　政　（亿元）					
一般公共预算收入	259.43	571.54	762.90	844.22	909.25
#增值税	25.56	62.25	254.00	281.88	299.77
企业所得税	22.13	48.66	69.00	76.37	78.99
个人所得税		21.11	19.04	24.79	27.66

注：1. 2014年及以前为非农业人口和农业人口分组。
　　2. 2018年及以前生产总值根据第四次全国经济普查结果进行了修订。

速度指标 (%)						
指 数 (2022年比以下各年)				平均增长速度		
2010年	2015年	2020年	2021年	2011—2015年	2016—2020年	2021—2022年
161.7	111.5	102.4	100.9	0.4	1.7	1.2
218.1	153.4	109.2	103.3	3.7	7.0	4.5
118.1	80.2	94.0	97.8	-1.5	-3.1	-3.1
158.5	110.1	102.1	100.8	0.3	1.5	1.1
165.1	112.9	102.7	101.1	0.6	1.9	1.3
161.5	111.3	102.6	101.2	0.4	1.6	1.3
120.5	68.7	66.0	85.6	5.1	0.8	-18.8
131.8	74.1	71.4	87.8	4.9	0.7	-15.5
99.7	111.5	102.4	100.9	0.5	1.7	1.2
171.7	111.7	103.9	101.6	1.4	1.5	1.9
	108.8	101.4	100.8		1.4	0.7
	117.2	97.5	101.4		3.8	-1.3
					6.4	
285.6	163.6	112.8	103.5	11.8	7.7	6.3
148.1	120.7	109.2	103.9	4.2	2.0	4.5
292.2	166.3	116.2	105.3	11.9	7.4	7.8
308.4	176.2	121.6	105.3	11.8	7.7	10.3
297.9	165.9	111.1	102.4	12.4	8.3	5.4
		112.9	109.1	19.6	7.4	6.3
		124.7	114.4	23.5	10.4	11.7
177.9	115.7	94.2	99.4	9.5	4.2	-2.9
		187.8	159.1	38.8	-9.7	37.0
		137.5	125.4	20.9	9.2	17.2
		105.0	103.4	18.7	6.8	2.4
350.5	159.1	119.2	107.7	15.4	6.0	9.2
1172.9	481.5	118.0	106.3		32.5	8.6
	162.3	114.5	103.4		7.2	7.0
	131.0	145.3	111.6	113.5	6.3	20.5

1—4 续表1

指　　标		总　量　指　标			
		2010年	2015年	2020年	2021年	2022年
一般公共预算支出		317.72	772.69	1164.35	1223.72	1380.18
#一般公共服务		30.80	51.94	75.75	77.32	81.23
教　育		37.01	119.29	197.54	210.20	236.32
科学技术		17.96	37.27	163.33	174.08	245.67
社会保障和就业		20.06	65.41	107.24	99.10	138.15
物价总指数*	**(上年=100)**					
居民消费价格指数		102.7	101.6	102.3	101.7	102.4
工业生产者出厂价格指数		102.4	98.7	98.9	107.7	
工业生产者购进价格指数		106.7	94.4	98.7	111.5	
利用外资*	**(万美元)**					
外商直接投资		109584	250678	359500	115313	120517
能源消费	**(万吨标准煤)**					
能源消费总量		1575.50	2103.20	2464.29	2604.02	2771.84
产　　业						
农　业*						
乡村从业人员数	(万人)	167.52	258.76	231.92	227.49	
总播种面积	(千公顷)	497.01	683.29	689.09	696.10	701.99
#粮食播种面积		282.63	526.54	523.36	527.15	525.33
农林牧渔业总产值	(亿元)	227.64	468.24	524.26	550.86	584.09
主要农产品产量						
粮　食	(万吨)	193.52	306.51	288.95	294.13	294.23
棉　花	(万吨)	1.85	2.93	0.51	0.25	0.19
油　料	(万吨)	25.85	31.10	15.71	16.61	18.19
茶　叶	(吨)	41.00	2201.00	2257.00	2417.00	2647.00
肉　类	(万吨)	38.02	49.12	32.79	34.06	35.52
水产品	(万吨)	12.29	24.02	22.56	22.89	23.86
牛　奶	(万吨)	9.20	11.54	6.66	8.83	9.69
农业机械总动力	(万千瓦)	188.38	433.80	503.78	508.98	513.71
耕地灌溉面积	(千公顷)	244.95	458.40	459.91	462.63	421.21
化肥施用量	(万吨)	19.70	29.69	22.82	21.42	20.38
农村用电量	(亿千瓦时)	5.45	15.93	19.57	20.07	
规模以上工业						
主要工业产品产量						
家用电冰箱	(万台)	1701.00	2550.08	1846.82	1811.32	2079.39
房间空气调节器	(万台)	861.00	1177.05	929.82	1004.37	787.81
家用洗衣机	(万台)	1252.00	1584.58	2095.45	2387.99	2249.42
彩色电视机	(万台)	305.00	696.82	1110.47	778.82	634.00
发电量	(亿千瓦时)	81.85	174.66	237.22	243.37	259.32
水　泥	(万吨)	401.00	2194.05	1551.46	1597.19	1446.10

注：1. 农业相关速度指标根据第三次全国农业普查结果进行了修订。
　　2. 2021年以后外商直接投资调整为商务部口径（FDI），往年增速不可比。
　　3. 2022年安徽省工业生产者出厂价格指数、工业生产者购进价格指数为109和111.8，上述指标无分地市数据。

速度指标　(%)						
指　数　(2022年比以下各年)				平均增长速度		
2010年	2015年	2020年	2021年	2011—2015年	2016—2020年	2021—2022年
434.4	178.6	118.5	112.8	15.7	8.5	8.9
	156.4	107.2	105.1		7.8	3.6
	198.1	119.6	112.4		10.6	9.4
	659.2	150.4	141.1		34.4	22.6
	211.2	128.8	139.4		10.4	13.5
133.6	116.3	104.1	102.4	2.8	2.2	2.0
				0.01	-0.03	
				-1.5	2.3	
			104.5	15.1	7.5	
175.9	131.8	112.5	106.4	5.9	3.2	6.1
				-0.1	-2.2	
141.2	102.7	101.9	100.8	0.5	0.23	0.93
185.9	99.8	100.4	99.7	1.3	-0.1	0.2
	122.8	110.8	104.2	4.3	2.1	5.2
152.0	96.0	101.8	100.0	3.1	-1.2	0.9
10.3	6.5	37.3	76.0	-1.1	-11.6	-39.0
70.4	58.5	115.8	109.5	-2.2	-2.3	7.6
6456.1	120.3	117.3	109.5	14.1	3.7	8.3
93.4	72.3	108.3	104.3	2.3	-3.6	4.1
194.1	99.3	105.8	104.2	4.2	0.7	2.8
105.3	84.0	145.5	109.7	8.4	7.5	20.6
272.7	118.4	102.0	100.9	5.0	3.0	1.0
172.0	91.9	91.6	91.0	6.0	0.1	-4.3
103.5	68.6	89.3	95.2	-0.3	-5.1	-5.5
				5.1	4.2	
122.2	81.5	112.6	114.8	9.4	-3.7	6.1
91.5	66.9	84.7	78.4	6.4	-2.4	-8.0
179.7	142.0	107.3	94.2	4.8	5.8	3.6
207.9	91.0	57.1	81.4	17.8	10.0	-24.4
316.8	148.5	109.3	106.6	2.9	6.0	4.6
360.6	65.9	93.2	90.5	7.9	-6.6	-3.5

1—4 续表2

指标		2010年	2015年	2020年	2021年	2022年
		总量指标				
企业单位数	(个)	2229	2474	2150	2374	2544
#大型企业		24	81	69	75	79
中型企业		198	260	246	251	266
企业资产总计	(亿元)	2869.25	6882.54	11049.77	13015.21	15064.24
企业负债合计	(亿元)	1711.17	3938.80	6712.66	7890.22	8614.69
企业营业收入*	(亿元)	3342.98	8931.10	8497.24	10128.77	11459.47
#制造业营业收入	(亿元)			7933.08	9481.03	10696.66
企业利润总额	(亿元)	382.38	503.36	401.77	586.06	447.79
建筑业						
企业单位数	(个)	703	867	1622	1843	1909
企业从业人员	(万人)	58.90	74.87	84.21	80.93	82.02
建筑业总产值	(亿元)	1359.56	3006.60	4465.96	5081.54	5613.27
房屋建筑施工面积	(万平方米)	9008.11	22429.95	24904.09	23745.38	22201.79
房屋建筑竣工面积	(万平方米)	3290.23	6412.81	5592.05	5420.42	5015.24
#住宅面积			4470.13	4129.37	3578.79	3523.71
交通运输						
货运量	(万吨)	18873.2	32606.3	46907.8	49078.8	39641.7
民　航		1.4	5.1	8.8	9.4	7.7
铁　路		150.8	116.6	264.0	276.5	320.1
公　路*		17401.0	27578.0	39203.0	39324.0	28546.0
水　运		1320.0	4906.5	7432.0	9469.0	10768.0
客运量	(万人)	19804.0	14697.3	6953.2	6845.7	3778.9
民　航		208.5	356.2	458.7	469.3	311.5
铁　路		1587.5	3105.1	3105.5	3710.4	2434.5
公　路*		18006.0	11211.0	3355.0	2626.0	1010.0
水　运		2.0	25.0	34.0	40.0	23.0
公路里程	(公里)	8512	18860	19981	19973	20154
#等级公路里程		8498	17954	19981	19973	20154
邮电通信业						
邮政业务总量	(亿元)	2.49	41.37	207.82	125.03	138.99
快递业务量	(亿件)		1.85	8.85	12.00	13.28
电信业务总量	(亿元)	49.66	158.70	993.10	128.47	135.87
固定电话用户	(万户)	160.75	149.27	125.69	119.38	116.13
移动电话用户	(万户)	421.36	776.17	1063.02	1108.61	1145.08
国内贸易						
社会消费品零售总额*	(亿元)	1238.96	2861.66	4513.76	5111.68	5021.62
商品零售				4085.79	4633.03	4521.16
餐饮收入				427.97	478.65	500.46
限额以上批发贸易业法人企业数	(个)	311	512	967	1135	1307
限额以上零售贸易业法人企业数	(个)	281	595	948	936	920
限额以上批发零售贸易业购进总额	(亿元)	2435.58	3459.66	5457.99	7522.38	8717.96
限额以上批发零售贸易业销售总额	(亿元)	2625.75	3764.47	6363.85	8425.98	9808.61
限额以上批发零售贸易业库存总额	(亿元)	189.59	309.90	379.61	484.56	568.00

注：1．2015年交通运输部开展小样本专项调查，公路运输量统计数据全国下降调整，与上年基数不同，无法比对。
2．2018年及以前工业企业营业收入为主营业务收入。
3．2019年及以前社会消费品零售总额根据第四次全国经济普查结果进行了修订（下同）。

速度指标 (%)						
指　数 (2022年比以下各年)				平均增长速度		
2010年	2015年	2020年	2021年	2011—2015年	2016—2020年	2021—2022年
114.1	102.8	118.3	107.2		-2.8	8.8
329.2	97.5	114.5	105.3		-3.2	7.0
134.3	102.3	108.1	106.0		-1.1	4.0
525.0	218.9	136.3	115.7		9.9	16.8
503.4	218.7	128.3	109.2		11.3	13.3
342.8	128.3	134.9	113.1			16.1
		134.8	112.8			16.1
117.1	89.0	111.5	76.4		-4.4	5.6
271.6	220.2	117.7	103.6	1.8	13.3	8.5
139.3	109.5	97.4	98.9	2.0	2.4	-1.3
412.9	186.7	125.7	110.5	11.1	8.2	12.1
246.5	99.0	89.1	93.5	13.0	0.8	-5.6
152.4	78.2	89.7	92.5	7.8	-2.7	-5.3
78.8	78.8	85.3	98.5		-1.6	-7.6
	121.6	84.5	80.8		7.5	-8.1
	149.3	87.0	81.6		11.4	-6.7
	274.4	121.3	115.8		17.8	10.1
	103.5	72.8	72.6		7.3	-14.7
	219.5	144.9	113.7		8.7	20.4
	25.7	54.3	55.2		-13.9	-26.3
	87.5	67.9	66.4		5.2	-17.6
	78.4	78.4	65.6		0.0	-11.5
	9.0	30.1	38.5		-21.5	-45.1
	92.0	67.6	57.5		6.3	-17.8
	106.9	100.9	100.9		1.2	0.4
	112.3	100.9	100.9		2.2	0.4
	336.0	66.9	111.2		36.1	-18.2
	718.0	150.1	110.7		36.8	22.5
	85.6	13.7	105.8		44.3	-63.0
	77.8	92.4	97.3		-3.4	-3.9
	147.5	107.7	103.3		6.5	3.8
405.3	175.5	111.3	98.2	16.9	8.9	5.5
		110.7	97.6			5.2
		116.9	104.6			8.1
420.3	255.3	135.2	115.2	9.4	13.6	16.3
327.4	154.6	97.0	98.3	13.1	9.8	-1.5
357.9	252.0	159.7	115.9	6.7	9.6	26.4
373.6	260.6	154.1	116.4	6.7	11.1	24.1
299.6	183.3	149.6	117.2	9.5	4.1	22.3

1—4 续表3

指　　标		总量指标				
		2010年	2015年	2020年	2021年	2022年
对外经济贸易						
进出口总额	(亿美元)	99.58	203.38	374.87	514.60	542.81
进口额		43.32	66.29	146.91	200.48	197.58
出口额		56.26	137.09	227.96	314.13	345.23
旅　游						
接待入境游客人数	(万人次)	24.28	41.31	1.64	1.43	1.11
#外国人		18.94	30.67	1.35	1.07	0.70
国内旅游人数	(万人次)	2670	7784	8108	9827	8177
国际旅游外汇收入	(万美元)	15000	33100	1200	1015	779
国内旅游总收入	(亿元)	237.00	953.22	975.97	1246.85	1005.97
旅游星级宾馆个数	(个)	49	68	46	44	43
金融保险						
金融机构人民币存款余额	(亿元)	4541.78	10967.91	18296.74	20203.75	22630.26
#居民储蓄存款		1233.73	3018.54	5589.40	6394.14	7958.04
金融机构人民币贷款余额	(亿元)	4214.08	9636.57	17678.66	19936.97	23207.00
保险公司保费收入	(亿元)	65.69	154.05	393.09	417.57	389.39
#财　险		23.63	69.21	140.02	128.14	138.13
保险公司赔款及给付	(亿元)	16.45	56.53	117.94	155.81	144.63
#财 险		9.98	37.47	75.49	86.93	91.18
教育、卫生、文化						
教　育						
学龄儿童入学率	(%)	100.0	101.7	108.1	107.7	108.2
小学毕业升学率	(%)	107.0	104.7	103.5	103.6	102.7
初中毕业升学率	(%)	127.9	112.9	122.5	125.0	106.0
各类学校数	(个)	1538	1973	2229	2352	2490
#普通高等学校		44	50	54	54	54
普通中等专业学校*		38	34	52	50	49
普通中学		246	360	340	339	317
技工学校		28	28	26	25	26
小　学		663	584	481	466	470
幼儿园		460	866	1266	1407	1563
专任教师数	(万人)	6.72	9.52	12.04	13.40	13.98
#普通高等学校		2.03	2.56	2.81	3.21	3.33
普通中等专业学校*		0.22	0.26	0.42	0.58	0.57
普通中学		1.96	2.92	3.35	3.46	3.49
#高　中		0.65	1.11	1.22	1.26	1.31
技工学校		0.15	0.12	0.21	0.27	0.39
小　学		1.69	2.46	3.26	3.52	3.65
幼儿园		0.47	1.02	1.90	2.28	2.49
在校学生数	(万人)	136.73	183.49	228.27	243.99	253.43
#普通高等学校		37.26	61.54	75.97	83.66	87.65
普通中等专业学校*		8.08	7.95	11.59	12.24	11.12
普通中学		33.02	36.46	42.96	44.06	44.08
#高　中		10.95	15.24	16.44	16.61	17.20
技工学校		2.86	1.43	6.33	7.68	8.50
小　学		32.79	46.37	57.28	60.19	63.81
幼儿园		9.51	23.06	32.48	34.38	36.12

注：2018年起普通中等专业学校口径变化，包含成人中等专业学校和职业中学（下表同）。

速度指标 (%)						
指　数　(2022年比以下各年)				平均增长速度		
2010年	2015年	2020年	2021年	2011—2015年	2016—2020年	2021—2022年
545.1	266.9	144.8	105.5	14.8	13.0	20.3
456.1	298.1	134.5	98.6	8.8	17.3	16.0
613.6	251.8	151.4	109.9	18.6	10.7	23.1
		67.4	77.5			-17.9
		51.7	65.3			-28.1
		100.8	83.2			0.4
		64.9	76.7			-19.4
		103.1	80.7			1.5
		93.5	97.7			-3.3
498.3	206.3	123.7	112.0	19.3	10.8	11.2
645.0	263.6	142.4	124.5	19.6	13.1	19.3
550.7	240.8	131.3	116.4	18.0	12.9	14.6
592.8	252.8	99.1	97.9	18.6	20.6	-0.5
584.6	199.6	98.6	109.0	24.0	15.1	-0.7
879.2	255.9	122.6	98.7	28.0	15.9	10.7
913.6	243.3	120.8	106.0	30.3	15.0	9.9
					1.2	0.1
					-0.3	-0.4
					1.6	-7.0
	126.2	111.7	105.9		2.5	5.7
	108.0	100.0	100.0		1.6	0.0
	144.1	94.2	98.0		8.9	-2.9
	88.1	93.2	93.5		-1.1	-3.4
	92.9	100.0	104.0		-3.3	0.0
	80.5	97.7	100.9		-3.8	-1.2
	180.5	123.5	111.1		7.9	11.1
	146.9	116.1	104.3		4.8	7.7
	130.0	118.6	104.0		1.9	8.9
	220.5	134.1	98.5		10.5	15.8
	119.4	104.3	101.0		2.7	2.1
	118.2	107.6	103.9		1.9	3.7
	338.8	185.0	143.1		12.9	36.0
	148.2	111.9	103.5		5.8	5.8
	244.6	130.9	109.3		13.3	14.4
	138.1	111.0	103.9		4.5	5.4
	142.4	115.4	104.8		4.3	7.4
	139.8	95.9	90.8		7.8	-2.1
	120.9	102.6	100.0		3.3	1.3
	112.8	104.6	103.5		1.5	2.3
	596.2	134.4	110.7		34.7	15.9
	137.6	111.4	106.0		4.3	5.5
	156.6	111.2	105.1		7.1	5.5

1—4 续表4

指标		总量指标				
		2010年	2015年	2020年	2021年	2022年
毕业生数	(万人)	39.19	49.10	56.58	58.65	67.81
#普通高等学校		9.69	16.50	17.47	20.15	25.72
普通中等专业学校		2.57	2.09	3.70	3.57	4.37
普通中学		9.85	12.65	13.35	13.35	14.92
#高　中		3.67	5.27	5.31	5.30	5.49
技工学校		1.23	0.50	1.54	1.57	1.79
小　学		6.53	6.63	8.47	8.68	8.72
幼儿园		3.23	7.83	10.23	10.55	11.73
科　技						
研究与试验发展经费支出	(亿元)		174.87	353.48	394.57	469.48
规模以上工业企业科技						
R&D经费内部支出	(亿元)		104.10	192.23	225.27	254.98
R&D人员	(人)		42880	46455	58511	64280
专利申请数	(件)		15186	18982	25312	28599
卫　生						
卫生机构数	(个)	779	2217	3498	3543	3703
#医院、卫生院、社区中心（站）		393	470	500	495	500
卫生机构床位数	(张)	25386	43516	67871	68514	70891
#医院、卫生院、社区中心（站）		24870	42113	67197	67607	68623
卫生工作人员	(万人)	4	5.95	9.01	9.46	10.07
#卫生技术人员	(万人)	2.92	4.79	7.56	8.08	8.70
#执业（助理）医师		1.08	1.77	2.90	3.08	3.27
注册护士		1.24	2.24	3.63	3.87	4.29
文　化						
公共图书馆个数	(个)	7	9	9	9	9
公共图书馆总藏书量	(万册)	355.94	490.97	776.28	833.02	945.46
广播覆盖率	(%)	100	100	99.9	99.9	99.9
电视覆盖率	(%)	98.0	99.0	99.8	99.9	99.9
家庭、生活						
家　庭	**(人)**					
城镇居民平均每户人口		2.84	2.86	2.98	3.09	3.10
城镇居民平均每户就业人口数		1.60	1.63	1.53	1.67	1.66
城镇居民平均每一就业者负担人数		1.78	1.76	1.95	1.84	1.86
农村居民平均每户常住人口		3.85	2.87	2.64	2.62	2.61
农村居民平均每户整、半劳动力		3.13	2.05	1.84	1.52	1.93
农村居民平均每个劳动力负担人口		1.24	1.40	1.43	1.72	1.35
婚　姻	**(对)**					
结婚数		66437	88522	61231	57166	50362
离婚数		9580	22605	34592	16851	16807
居　住	**(平方米)**					
城镇居民人均住房面积		26.30	35.30	34.90	34.15	34.05
农村居民人均住房面积		33.40	38.80	46.60	46.70	47.43
生　活*	**(元)**					
城镇居民人均可支配收入		19051	31989	48283	53208	56177
城镇居民人均消费支出		14012	20049	28002	32445	32964
#食品烟酒支出		5010	6651	8090	8983	9210
农村居民人均可支配收入		7118	15733	24282	26856	28727
农村居民人均消费支出		4188	9879	14191	16927	18044
#食品烟酒支出		2037	3627	4803	5473	5832

注：2014年居民生活数据为城乡一体化住户调查数据，以前年份农村居民收入口径为农民人均纯收入（下表同）。

速度指标　(%)						
指　数　(2022年比以下各年)				平均增长速度		
2010年	2015年	2020年	2021年	2011—2015年	2016—2020年	2021—2022年
	138.1	119.9	115.6		2.9	9.5
	155.9	147.3	127.7		1.1	21.4
	209.2	118.3	122.5		12.1	8.7
	118.0	111.8	111.8		1.1	5.7
	104.2	103.5	103.7		0.1	1.7
	359.1	116.1	113.6		25.3	7.7
	131.5	102.9	100.5		5.0	1.4
	149.8	114.6	111.1		5.5	7.1
	268.5	132.8	119.0		15.1	15.2
	244.9	132.6	113.2		13.1	15.2
	149.9	138.4	109.9		1.6	17.6
	188.3	150.7	113.0		4.6	22.7
	167.0	105.9	104.5		9.5	2.9
	106.4	100.0	101.0		1.3	0.0
	162.9	104.4	103.5		9.3	2.2
	162.9	102.1	103.4		9.8	1.1
	169.1	111.7	106.5		8.6	5.7
	181.6	115.0	107.7		9.6	7.2
	184.7	112.7	106.2		10.4	6.2
	191.8	118.2	110.8		10.2	8.7
			100.0			0.0
	192.6	121.8	113.5		9.6	10.4
			100.0			0.0
			100.0			0.1
	108.2	104.0	100.4		0.8	2.0
	102.1	108.8	99.5		-1.3	4.3
	105.9	95.4	100.8		2.1	-2.3
	91.0	98.9	99.7		-1.7	-0.5
	94.0	104.8	126.8		-2.1	2.4
	96.8	94.7	78.6		0.4	-2.7
	56.9	82.2	88.1		-7.1	-9.3
	74.4	48.6	99.7		8.9	-30.3
	96.4	97.6	99.7		-0.2	-1.2
	122.2	101.8	101.6		3.7	0.9
294.9	175.6	116.3	105.6	11.9	8.6	7.9
		117.7	101.6		6.9	8.5
		113.9	102.5		4.0	6.7
403.6	182.6	118.3	107.0	13.9	9.1	8.8
	182.7	127.1	106.6		7.5	12.8
	160.8	121.4	106.6		5.8	10.2

1—4 续表5

指标		总量指标				
		2010年	2015年	2020年	2021年	2022年
工资和福利						
城镇非私营单位就业人员工资总额	(亿元)	250.26	904.51	1622.27	1713.54	1870.23
城镇非私营单位就业人员平均工资	(元)	38483	63626	96831	104729	112019
城镇居民最低生活保障人数	(万人)	4.60	3.84	2.36	2.15	1.97
农村居民最低生活保障人数	(万人)	10.95	16.12	15.40	13.31	12.53
公用事业、市政建设、环境						
公用事业						
供水总量	(万立方米)	29453	43568	60317	64385	66754
#居民家庭用水		14282	20951	29684	32439	34776
用水人口	(万人)	240.62	375.18	474.40	641.72	650.35
天然气供气量	(万立方米)	22411	52333	114772	123582	136264
#家庭用量		6806	20930	40993	43776	48357
液化石油气供气量	(吨)	65284	30000	39000	52341	39502
#家庭用量		27474	15000	10850	7850	7483
全社会用电量	(亿千瓦时)	123.91	243.26	382.55	444.11	500.92
#工业用电量		64.10	130.93	189.98	223.28	239.87
城乡居民生活用电量	(亿千瓦时)	29.18	42.24	70.42	72.62	93.98
市政建设						
道路长度	(公里)	2012.7	2206.5	3157.0	3188.3	3331.6
道路面积	(万平方米)	4323.3	6347.5	8912.5	9228.5	9699.5
排水管长度	(公里)	7222.0	5934.7	8532.6	8763.0	9078.9
生活垃圾清运总量	(万吨)	66.4	129.2	189.0	209.2	208.8
生活垃圾处理总量	(万吨)	66.4	129.2	189.0	209.2	208.8
垃圾粪便无害化处理	(万吨)	66.4	131.9	191.0	212.3	211.3
城市公共交通运营车数	(辆)	2836	5324	8370	7734	6497
出租汽车数	(辆)	8395	11553	11553	11552	11552
建成区公园绿地数量*	(个)	43	51	210	304	358
环境、灾害						
化学需氧量排放量	(万吨)	3.18	11.40	4.41	2.53	2.25
二氧化硫排放量	(万吨)	3.33	4.49	0.47	0.52	0.48
氨氮排放总量	(万吨)	0.29	0.92	0.08	0.08	0.06
工业废水排放量	(万吨)	3289.80	5334.98	5845.37	6676.08	6841.30
工业固体废物综合利用量	(万吨)	335.26	749.73	922.86	1154.22	1041.44
火灾事故						
发生数	(起)	1251	2904	2275	4980	4578
死亡人数	(人)	4	9	11	13	8
直接经济损失	(万元)	553.0	795.2	10972.7	4915.5	7269.5
交通事故						
发生数	(起)	961	2385	1695	1839	1348
损失金额	(万元)	376.20	1209.90	1639.70	1460.70	1318.40

注：2018年起公园数量和面积统计口径调整，2000m²以上纳入统计。

速度指标　(%)						
指　数　(2022年比以下各年)				平均增长速度		
2010年	2015年	2020年	2021年	2011—2015年	2016—2020年	2021—2022年
	206.8	115.3	109.1		12.4	7.4
	176.1	115.7	107.0		8.8	7.6
	51.4	83.6	91.9		-9.3	-8.6
	77.7	81.4	94.1		-0.9	-9.8
	153.2	110.7	103.7		6.7	5.2
	166.0	117.2	107.2		7.2	8.2
	173.3	137.1	101.3		4.8	17.1
	260.4	118.7	110.3		17.0	9.0
	231.0	118.0	110.5		14.4	8.6
	131.7	101.3	75.5		5.4	0.6
	49.9	69.0	95.3		-6.3	-17.0
	205.9	130.9	112.8	9.8	9.5	14.4
	183.2	126.3	107.4	9.5	7.7	12.4
	222.5	133.4	129.4	4.2	10.8	15.5
	151.0	105.5	104.5		7.4	2.7
	152.8	108.8	105.1		7.0	4.3
	153.0	106.4	103.6		7.5	3.2
	161.6	110.5	99.8		7.9	5.1
	161.7	110.5	99.8		7.9	5.1
	160.2	110.6	99.5		7.7	5.2
	122.0	77.6	84.0		9.5	-11.9
	100.0	100.0	100.0			
832.6	702.0	170.5	117.8	2.1	32.7	30.6
	19.7	50.9	88.8		-17.3	-28.6
	10.7	101.8	92.8		-36.2	0.9
	7.0	80.1	85.5		-38.6	-10.5
	128.2	117.0	102.5		1.8	8.2
	138.9	112.8	90.2		4.2	6.2
	157.6	201.2	91.9		-4.0	41.9
	88.9	72.7	61.5		4.1	-14.7
	914.2	66.3	147.9		69.1	-18.6
	56.5	79.5	73.3		-6.6	-10.8
	109.0	80.4	90.3		6.3	-10.3

1—5　主要年份市区国民经济主要指标

指　　标		1978年	1980年	1985年	1990年	1995年	2000年
年末总户数	(万户)	16.75	18.50	22.76	28.10	33.36	38.44
年末总人口	(万人)	71.00	77.00	88.10	100.20	115.93	134.47
#城镇人口	(万人)	46.50	51.80	62.50	73.33	90.42	107.50
年平均人口	(万人)	70.60	75.50	86.70	99.00	114.31	132.37
年末在岗职工人数	(万人)						
在岗职工工资总额	(亿元)						
生产总值*	(亿元)	7.98	8.59	18.82	35.64	110.87	235.22
农林牧渔业总产值	(亿元)	0.32	0.45	1.11	2.46	6.87	8.47
固定资产投资额	(亿元)	1.08	1.71	5.74	8.85	52.59	112.83
建筑业总产值	(亿元)			3.32	5.16	22.62	51.83
社会消费品零售总额	(亿元)	2.59	3.87	8.28	23.64	63.75	125.27
一般公共预算收入	(亿元)	3.41	2.94	4.72	6.90	14.73	36.24
一般公共预算支出	(亿元)	0.41	0.49	1.22	2.63	5.01	18.47
金融机构人民币各项存款	(亿元)	9.66	9.81	14.25	43.80	183.82	519.51
#居民储蓄存款		0.47	0.79	3.31	15.01	62.98	152.05
金融机构人民币各项贷款	(亿元)	5.41	7.17	23.60	64.57	176.86	542.13
在校学生数	(万人)						
普通高等院校		1.24	1.69	2.44	2.56	3.57	5.89
普通中等专业学校		0.39	0.65	1.21	2.12	4.19	6.40
普通中学		7.87	6.40	5.96	5.30	5.80	4.38
小　　学		10.43	10.33	8.21	9.21	9.72	12.24
幼儿园							
学龄儿童入学率	(%)				99.80	100	100
医院床位数	(张)	4090	4483	5516	6694	8163	9853
卫生技术人员	(万人)	1.05	1.15	1.46	1.60	1.74	1.27
#医　生		0.29	0.37	0.51	0.59	0.65	0.60

注：1.2010年及以后社会消费品零售总额根据四经普结果进行了修订。
　　2.2015年居民储蓄存款变更为住户存款（下表同）。
　　3.2018年普通中等专业学校在校学生数包含成人中等专业学校和职业中学。
　　4.2018年生产总值根据第四次全国经济普查结果进行了修订。

	2005年	2010年	2013年	2014年	2015年	2020年	2021年	2022年	比上年增长(%)
	51.49	68.28	81.11	83.01	86.71	104.21	108.79	112.44	3.4
	175.31	215.58	240.78	245.37	251.04	300.84	312.10	320.02	2.5
	150.28	178.34	200.02	195.99	240.84	289.31	304.29	312.06	2.6
	169.42	214.65	238.57	243.08	248.21	295.83	306.47	316.06	3.1
		53.58	95.74	100.64	100.93	111.73	112.88	119.64	6.0
		209.85	548.72	625.90	692.25	1197.59	1291.74	1437.72	11.3
	674.16	1920.45	3077.70	3407.06	3766.96	6784.56	7696.55	8048.18	4.6
	8.12	20.32	20.01	31.91	32.11	19.90	15.93	16.41	1.2
	419.97	2410.40	3122.76	3531.15	3984.53				
	263.76	1176.69	2139.90	2450.50	2588.06	3746.05	4211.92	4483.55	6.4
	287.10	954.37	1707.69	1950.33	2204.63	3320.94	3726.44	3612.42	-3.1
	115.82	418.29	604.26	705.38	808.44	1118.71			
	56.09	246.58	428.74	481.11	521.37	735.29	803.51	879.90	9.5
	1403.91	4165.71	7005.13	7670.52	9309.84	14996.40	16540.82	18499.60	11.8
	432.89	1032.58	1732.08	1821.66	1998.80	3638.46	4152.18	5219.11	25.7
	1350.83	4026.36	6309.25	7206.46	8557.98	15052.47	16910.18	19591.46	15.9
	24.21	37.26	49.78	51.81	47.31	49.01	60.43	55.86	-7.6
	6.55	6.90	5.62	5.66	5.64	6.77	7.51	6.86	-8.7
	11.54	13.92	14.54	14.85	15.32	20.48	21.55	22.29	3.4
	13.30	15.87	19.80	21.28	22.89	32.66	35.53	38.71	8.9
		5.07	11.50	11.85	12.62	20.01	21.45	22.53	5.1
	100.00	100.00	100.00	144.66	145.55	136.74	132.99	130.15	-2.1
	12148	19650	26759	27540	29165	43725	47456	44264	-6.7
	1.44	2.39	3.05	3.27	3.43	5.62	6.02	6.36	5.7
	0.60	0.88	1.10	1.17	1.22	2.09	2.20	2.34	6.2

1—6 主要年份国民经济和社会发展比例指标

单位：%

指　　标	1985年	1990年	1995年	2000年	2005年
城乡人口结构*	100.0	100.0	100.0	100.0	100.0
乡　村	75.9	74.0	70.3	55.9	44.3
城　镇	24.1	26.0	29.7	44.1	55.7
三次产业就业人员结构	100.0	100.0	100.0	100.0	100.0
第一产业	60.5	57.2	44.9	46.0	36.5
第二产业	21.4	23.5	31.1	25.8	26.8
第三产业	18.1	19.3	24.0	28.2	36.7
合肥生产总值产业结构*	100.0	100.0	100.0	100.0	100.0
第一产业	30.5	28.7	18.2	12.4	7.8
第二产业	47.6	45.3	46.1	42.8	41.4
第三产业	21.6	26.0	35.7	44.8	50.8
农林牧渔业产值结构	100.0	100.0	100.0	100.0	100.0
农　业	74.6	66.1	64.1	47.9	49.3
林　业	1.1	1.6	1.8	2.6	2.3
牧　业	22.1	29.5	29.7	38.9	37.7
渔　业	2.2	2.8	4.4	10.6	9.4
农林牧渔服务业					1.3
固定资产投资相当于生产总值比例	21.4	16.5	34.0	35.5	53.5
一般公共预算收入相当于生产总值比例*	16.5	13.6	10.4	5.0	5.4
财政支出相当于生产总值比例*	5.7	6.7	4.9	7.0	7.9

1—6　续表

单位：%

指　　标	2010年	2015年	2020年	2021年	2022年
城乡人口结构*	100.0	100.0	100.0	100.0	100.0
乡　村	37.2	27.7	17.7	16.0	15.4
城　镇	62.8	72.3	82.3	84.0	84.6
三次产业就业人员结构	100.0	100.0	100.0		
第一产业	23.6	16.3	10.2		
第二产业	33.5	35.1	32.6		
第三产业	42.9	48.6	57.2		
合肥生产总值产业结构*	100.0	100.0	100.0	100.0	100.0
第一产业	5.8	4.4	3.4	3.1	3.2
第二产业	46.5	42.5	35.3	36.0	36.6
第三产业	47.7	53.1	61.3	60.8	60.2
农林牧渔业产值结构	100.0	100.0	100.0	100.0	100.0
农　业	46.9	50.2	52.4	53.0	52.4
林　业	2.3	3.2	4.6	4.7	4.9
牧　业	38.2	30.3	24.5	22.5	22.4
渔　业	10.8	14.3	15.9	17.2	17.5
农林牧渔服务业	1.8	2.1	2.6	2.6	2.8
固定资产投资相当于生产总值比例	113.5	108.7			
一般公共预算收入相当于生产总值比例*	8.7	9.8	7.6	7.4	7.6
财政支出相当于生产总值比例*	11.8	13.7	11.6	10.7	11.5

注：1．1995年及以前城乡人口结构为户籍人口中农业和非农业人口比例，2010年及以后人口结构根据第七次全国人口普查结果进行了修订。
2．2018年及以前生产总值相关数据根据第四次全国经济普查结果进行了修订。

1—7 主要年份按户籍人口平均的国民经济主要指标

指标		1985年	1990年	1995年	2000年	2005年
合肥生产总值*	(元/人)	904	1547	4265	8505	16139
粮食产量	(公斤/人)	449.0	446.0	364.0	329.0	341.9
棉花产量	(公斤/人)	1.80	2.16	4.48	2.81	2.98
油料产量	(公斤/人)	59.30	47.12	52.50	62.36	75.21
肉类产量	(公斤/人)	16.29	26.78	31.38	52.77	69.62
水产品产量	(公斤/人)	3.73	4.79	9.84	23.66	25.83
电冰箱产量	(台/万人)	68.2	532.0	1852.0	3135	9081
家用洗衣机产量	(台/万人)	376.7	905.0	3139.0	3034	9720
电视机产量	(台/万人)	568.7	829.0	933.0	2017	6035
发电量	(千瓦时/人)	152.0	288.0	507.0	407.0	1334.0
钢　材	(公斤/人)	77.00	96.00	149.00	147.00	171.22
固定资产投资	(元/人)	194	255	1449	3016	11001
社会消费品零售总额	(元/人)	371	803	2444	4573	9517
财政收入	(元/人)	150	210	444	965	1280
财政支出	(元/人)	51	103	211	594	1631
居民储蓄存款余额	(元/人)	121	475	1908	4198	11327
普通高等院校在校学生	(人/万人)	70	67	87	134	531
卫生机构床位数	(张/万人)	23	26	29	29	34
卫生技术人员	(人/万人)	40	41	42	39	41
#医　生	(人/万人)	18	20	20	19	17
城镇居民人均可支配收入*	(元)	705	1556	4657	6389	9684
农村居民人均可支配收入*	(元)	369	576	1300	1975	3207

1—7　续表

指　　标		2010年	2015年	2020年	2021年	2022年
合肥生产总值*	(元/人)	41274	70893	107993	120974	125798
粮食产量	(公斤/人)	390.9	428.5	372.4	373.7	369.4
棉花产量	(公斤/人)	3.74	4.10	0.66	0.32	0.24
油料产量	(公斤/人)	52.23	43.48	20.25	21.11	22.84
肉类产量	(公斤/人)	76.82	68.67	42.25	43.27	44.60
水产品产量	(公斤/人)	24.83	33.58	29.07	29.08	29.96
电冰箱产量	(台/万人)	34357	35652	23800	23013	26109
家用洗衣机产量	(台/万人)	25295	22154	27004	30339	28244
电视机产量	(台/万人)	6166	9742	14310	9895	7961
发电量	(千瓦时/人)	1622.0	2441.9	3057.0	3092.0	3256.1
钢　材	(公斤/人)	514.00	176.20	209.76	204.88	173.01
固定资产投资	(元/人)	61965	86029			
社会消费品零售总额	(元/人)	25121	40008	58168	64944	63053
一般公共预算收入	(元/人)	5260	7991	9831	10726	11417
财政支出	(元/人)	6419	10803	15011	15547	17330
居民储蓄存款余额	(元/人)	24926	42057	72030	81237	99924
普通高等院校在校学生	(人/万人)	753	857	979	1063	1101
卫生机构床位数	(张/万人)	51	61	87	87	89
卫生技术人员	(人/万人)	59	67	97	103	109
#医　生	(人/万人)	22	25	34	39	41
城镇居民人均可支配收入	(元)	19051	31989	48283	53208	56177
农村居民人均可支配收入	(元)	7118	15733	24282	26856	28727

注：1.2005年及以后人均生产总值为常住人口口径。
　　2.2019年及以前社会消费品零售总额根据第四次全国经济普查结果进行了修订。
　　3.城镇居民人均可支配收入、农村居民人均可支配收入为常住人口口径。

1—8 各时期国民经济主要指标年平均增长速度

指标	1950－1952年	“一五”时期	“二五”时期	1963－1965年	“三五”时期	“四五”时期
全市总人口	3.3	3.3	-2.4	1.3	3.3	2.8
合肥生产总值	8.6	16.1	-4.3	13.4	7.6	7.8
第一产业						
第二产业						
#工　业						
第三产业						
财政收入		49.7	24.4	16.9	15.6	8.7
财政支出		37.0	-0.1	12.7	9.8	7.6
社会消费品零售总额	24.4	24.7	5.3	-1.8	3.3	11.7
固定资产投资						
粮食产量	9.7	6.3	-12.3	7.0	8.3	6.2
棉花产量	5.3	-7.9	3.9	49.7	-4.1	0.4
油料产量	7.7	9.6	-25.3	32.1	1.1	14.6
水产品产量	6.0	21.8	-1.2	持平	9.5	7.0
肉类产量	2.3	-2.8	-4.9	17.0	-1.5	12.8
发电量						2.4
卷　烟		35.1	-19.7	141.0	14.9	8.4
农用化肥				87.9	-6.7	31.4
成品钢材					持平	14.9
汽　车						18.3
家用电冰箱						
家用洗衣机						

注：2016—2020年财政收入年均增速为一般公共预算收入口径。

单位：%

“五五”时期	“六五”时期	“七五”时期	“八五”时期	“九五”时期	“十五”时期	“十一五”时期	“十二五”时期	“十三五”时期
2.1	1.4	1.8	1.5	1.3	0.8	1.7	0.4	1.7
4.3	14.3	6.5	16.3	14.5	16.7	17.9	12.2	7.7
	12.8	1.5	0.8	6.9	3.1	6.4	4.2	2.0
	15.2	7.2	18.0	14.8	17.8	22.8	13.9	7.5
	13.8	8.0	19.2	14.9	16.5	23.9	15.1	7.7
	15.1	12.0	24.6	16.5	18.1	13.8	10.9	8.3
5.0	9.8	8.7	18.0	18.3	25.6	29.5	14.5	7.1
9.0	15.7	16.9	17.2	24.6	23.3	34.0	15.7	8.6
10.7	15.1	18.7	21.0	13.6	17.0	20.9	16.9	8.9
	24.4	10.3	46.8	17.9	30.5	44.0	19.6	7.4
-1.8	7.8	1.5	-2.5	-0.5	1.5	4.7	2.7	-1.1
-11.3	6.6	5.5	17.5	-7.7	1.9	6.7	-1.1	-8.8
4.5	26.3	-2.9	3.8	4.8	4.6	-5.3	-2.3	-2.2
-1.9	26.8	6.8	17.3	20.7	2.5	1.1	4.2	0.5
-0.6	12.4	12.3	4.9	12.4	6.5	3.9	2.0	-5.1
2.6	0.6	15.6	13.8	-3.0	27.7	6.4	2.9	6.0
9.6	12.3	5.3	-11.4	1.2	5.9	12.0	0.7	-1.0
16.9	2.5	10.6	13.7	12.5	-1.3	-2.2	12.2	-12.0
6.2	10.4	4.0	19.7	-0.4	8.1	27.0	-3.7	-6.9
-0.6	13.0	-10.8	58.6	29.0	16.3	89.2	4.0	0.0
		53.3	30.4	12.6	24.6	33.0	9.4	-3.7
		21.2	30.3	0.6	27.2	23.4	4.8	5.7

1—9 主要年份人民物质文化生活水平

指 标		1985年	1990年	1995年	2000年	2005年
城镇居民人均可支配收入	(元)	705	1556	4657	6389	9684
农村居民人均可支配收入	(元)	369	576	1300	1975	3207
城镇居民人均消费支出	(元)	664	1342	4094	5040	7398
农民居民人均消费支出	(元)		559	1169	1309	2534
城镇非私营单位就业人员年平均工资	(元)	1017	1970	5352	8881	19027
城镇居民人均住房面积	(平方米)	7.20	9.10	9.70	14.60	24.31
居民储蓄存款余额	(亿元)	4.24	18.09	78.45	183.95	516.16
平均每人储蓄额	(元)	121	475	1908	4198	11327
市区每万人拥有公交车	(标台)	3.63	3.44	8.80	10.10	14.03
每万人拥有移动电话	(部)				715.65	3991.24

指 标		2010年	2015年	2020年	2021年	2022年
城镇居民人均可支配收入	(元)	19051	31989	48283	53208	56177
农村居民人均可支配收入	(元)	7118	15733	24282	26856	28727
城镇居民人均消费支出	(元)	14012	20049	28002	32445	32964
农民居民人均消费支出	(元)	4188	9879	14191	16927	18044
城镇非私营单位就业人员年平均工资	(元)	39292	63626	96831	104729	112019
城镇居民人均住房面积	(平方米)	26.30	35.30	34.90	34.15	34.05
居民储蓄存款余额	(亿元)	1233.73	3018.54	5589.40	6394.14	7958.04
平均每人储蓄额	(元)	24926	42057	72030	81237	99924
市区每万人拥有公交车	(标台)	15.29	27.00	35.00	31.00	24.00
每万人拥有移动电话	(部)	7392.22	10851.48	13698.72	14084.82	14378.01

1—10　国民经济和社会发展主要指标占全省比重（2022年）

指　　标		全　省		合 肥 市		合肥市占全省比重(%)
		实　绩	比上年增长(%)	实　绩	比上年增长(%)	
年末常住人口	(万人)	6127.0	0.2	963.4	1.8	15.7
地区生产总值	(亿元)	45045.0	3.5	12013.1	3.5	26.7
彩色电视机	(万台)	1026.3	-16.2	634.0	-18.6	61.8
家用电冰箱	(万台)	2633.5	10.6	2079.4	14.8	79.0
家用洗衣机	(万台)	2545.2	-3.1	2249.4	-5.8	88.4
合成洗涤剂	(万吨)	105.8	2.9	50.9	-2.8	48.1
卷　烟	(亿支)	1220.3	0.2	297.9	0.2	24.4
钢　材	(万吨)	3963.0	3.7	137.8	-14.6	3.5
农用化肥	(万吨)	228.6	9.9	26.3	8.5	11.5
集成电路	(亿块)	25.6	100.5	16.2	31.3	63.3
工业机器人	(套)	11450.0	8.7	2943.0	99.4	25.7
汽　车	(万辆)	174.7	17.4	57.2	-10.2	32.7
农林牧渔业总产值	(亿元)	6278.0	4.5	584.1	4.2	9.3
粮食产量	(万吨)	4100.1	0.3	294.2	0.0	7.2
棉花产量	(万吨)	2.6	-12.2	0.2	-24.0	7.4
油料产量	(万吨)	173.4	3.8	18.2	9.5	10.5
肉类总产量	(万吨)	475.4	4.2	35.5	4.3	7.5
水产品产量	(万吨)	245.5	3.8	23.9	4.2	9.7
社会消费品零售总额	(亿元)	21518.4	0.2	5021.6	-1.8	23.3
一般公共预算收入	(亿元)	3589.1	9.9	909.3	7.7	25.3
财政支出	(亿元)	8379.8	10.4	1380.2	12.8	16.5
城镇非私营单位年末就业人员	(万人)	576.8	2.4	168.6	1.4	29.2
城镇非私营单位就业人员工资总额	(亿元)	5646.2	8.1	1870.2	9.1	33.1
普通高校在校生人数	(万人)	155.4	3.2	87.6	4.8	56.4
医院、卫生院、社区中心（站）个数	(个)	4504.0	0.1	500.0	1.0	11.1
卫生技术人员	(万人)	47.1	8.2	8.7	7.7	18.5
#医　生	(万人)	18.6	7.7	3.3	6.2	17.6
城镇非私营单位就业人员平均工资	(元)	98649	5.1	112019	7.0	
城镇居民人均可支配收入	(元)	45133	4.9	56177	5.6	
农村居民人均可支配收入	(元)	19575	6.5	28727	7.0	

主要统计指标解释

可比价格

指计算各种总量指标所采用的扣除了价格变动因素的价格，可进行不同时期总量指标的对比。按可比价格计算总量指标有两种方法：一种是直接用产品产量乘某一年的不变价格计算；另一种是用价格指数进行缩减。

平均增长速度

我国计算平均增长速度有两种方法：一种是习惯上经常使用的“水平法”，又称几何平均法，是以间隔期最后一年的水平同基期水平对比来计算平均每年增长（或下降）速度；另一种是“累计法”，又称代数平均法或方程法，是以间隔期内各年水平的总和同基期水平对比来计算平均每年增长(或下降)速度。在一般正常情况下，两种方法计算的平均每年增长速度比较接近；但在经济发展不平衡、出现大起大落时，两种方法计算的结果差别较大。

本《年鉴》内所列的平均增长速度，均用“水平法”计算。从某年到某年平均增长速度的年份，均不包括基期年在内。如建国四十三年的平均增长速度是以 1949 年为基期计算的，则写为 1950-1992 年平均增长速度，其余类推。

企业（单位）登记注册类型

以市场监管部门登记注册的各类企业为划分对象，以市场监管部门对企业登记注册的类型为依据，将企业登记注册类型分为内资企业、港澳台商投资企业和外商投资企业三大类。内资企业包括国有企业、集体企业、股份合作企业、联营企业、有限责任公司、股份有限公司、私营公司和其他企业；港澳台商投资企业和外商投资企业分别包括合资经营企业、合作经营企业、独资经营企业和股份有限公司。

对不在市场监管部门进行登记注册的行政机关、事业单位和社会团体，主要按其经费来源和管理方式进行划分。

法人单位

指具备以下条件的单位：（一）依法成立，有自己的名称、组织机构和场所，能够独立承担民事责任；（二）独立拥有和使用（或授权使用）资产，承担负债，有权与其他单位签订合同；（三）会计上独立核算，能够编制资产负债表。法人单位包括企业法人、事业单位法人、机关法人、社会团体法人和其他法人。按照下属是否有产业活动单位，又分为单产业法人和多产业法人。

国有企业

指企业全部资产归国家所有，并按《中华人民共和国企业法人登记管理条例》规定登记注册的非公司制的经济组织。不包括有限责任公司中的国有独资公司。

集体企业

指企业资产归集体所有，并按《中华人民共和国企业法人登记管理条例》规定登记注册的经济组织。

股份合作企业

指以合作制为基础，由企业职工共同出资入股，吸收一定比例的社会资产投资组建，实行自主经营，自负盈亏，共同劳动，民主管理，按劳分配与按股分红相结合的一种集体经济组织。

联营企业

指两个及两个以上相同或不同所有制性质的企业法人或事业单位法人，按自愿、平等、互利的原则，共同投资组成的经济组织。联营企业包括国有联营企业、集体联营企业、国有与集体联营企业和其他联营企业。

有限责任公司

指根据《中华人民共和国公司登记管理条例》规定登记注册，由两个以上、五十个以下的股东共同出资，每个股东以其所认缴的出资额对公司承担有限责任，公司以其全部资产对其债务承担责任的经济组织。有限责任公司包括国有独资公司以及其他有限责任公司。

股份有限公司

指根据《中华人民共和国公司登记管理条例》规定登记注册，其全部注册资本由等额股份构成并通过发行股票筹集资本，股东以其认购的股份对公司承担有限责任，公司以其全部资产对其债务承担责任的经济组织。

私营企业

指由自然人投资设立或由自然人控股，以雇佣劳动为基础的营利性经济组织。包括按照《公司法》《合伙企业法》《私营企业暂行条例》规定登记注册的私营有限责任公司、私营股份有限公司、私营合伙企业和私营独资企业。

其他内资企业

指上述企业之外的其他内资经济组织。

与港澳台商合资经营企业

指港澳台地区投资者与内地企业依照《中华人民共和国外商投资法》及有关法律的规定，按合同规定的比例投资设立、分享利润和分担风险的企业。

与港澳台商合作经营企业

指港澳台地区投资者与内地企业依照《中华人民共和国外商投资法》及有关法律的规定，依照合作合同的约定进行投资或提供条件设立、分配利润和分担风险的企业。

港澳台商独资经营企业

指依照《中华人民共和国外商投资法》及有关法律的规定，在内地由港澳台地区投资者全额投资设立的企业。

港澳台商投资股份有限公司

指根据国家有关规定，经外经贸部依法批准设立，其中港、澳、台商的股本占公司注册资本的比例达25%以上的股份有限公司。凡其中港、澳、台商的股本占公司注册资本的比例小于25%的，属于内资企业中的股份有限公司。

中外合资经营企业

指外国企业或外国人与中国内地企业依照《中华人民共和国外商投资法》及有关法律的规定，按合同规定的比例投资设立、分享利润和分担风险的企业。

中外合作经营企业

指外国企业或外国人与中国内地企业依照《中华人民共和国外商投资法》及有关法律的规定，依照合作合同的约定进行投资或提供条件设立、分配利润和分担风险的企业。

外资企业

依照《中华人民共和国外商投资法》及有关法律的规定，在中国内地由外国投资者全额投资设立的企业。

外商投资股份有限公司

指根据国家有关规定，经外经贸部依法批准设立，其中外资的股本占公司注册资本的比例达25%以上的股份有限公司。凡其中外资股本占公司注册资本的比例小于25%的，属于内资企业中的股份有限公司。

行政机关、事业单位和社会团体

参照企业登记注册类型，主要按其经费来源和管理方式划分。具体规定如下：

(1)行政机关：包括国家机关和政党机关，原则上均列为“国有”。但有特殊规定的，如供销社等，则列为“集体”。

(2)事业单位：包括经国家机构编制部门和有关业务主管部门批准成立的各类事业单位，不包括实行企业化管理的事业单位。事业单位的划分办法如下：

①由国家财政预算拨款或列入财政预算外资金管理以及经费主要来源于国有主管部门或国有上级单位的事业单位，列为“国有”。

②经费主要来源于集体单位的事业单位，列为“集体”。

③公民个人（或个人合伙）开办的事业单位，列为“私营”。

④上述以外的其他事业单位，如果其经费来源不明确，按管理方式进行归类。

(3)社会团体：包括经民政部门批准成立以及未纳入社会团体管理条例范围的工会、妇联等各类社会团体。社会团体的划分办法如下：

①未纳入民政部社会团体管理条例范围的工会、妇联、共青团、青联、工商联、科协、侨联等社会团体，国家拨款设立的基金会或基金管理组织以及经费主要来源于国有业务主管部门或国有上级单位的社会团体，列为“国有”。

②经费主要来源于集体单位的社会团体，列为“集体”。

③公民个人（或个人合伙）开办的社会团体，划为“私营”。

④上述以外的其他社会团体，如果其经费来源不明确，改按管理方式进行归类。

第二篇

国民经济核算

简要说明

一、本篇包括国民经济核算资料等内容。

二、有关“指数”部分“以上年为 100 的指数”表中 2000 年以前(含 2000 年)的数据按 1990 年价格计算，2001-2005 年的数据按 2000 年价格计算，2006-2010 年的数据按 2005 年价格计算，2011-2015 年的数据按 2010 年价格计算，2016-2020 年的数据按 2015 年价格计算，2021 年以后数据按 2020 年价格计算。

三、2000-2018 年生产总值相关数据根据第四次全国经济普查结果进行了修订，2022 年数据为初步核算数。

四、本篇资料由市统计局国民经济核算处整理编制。

2—1 合肥生产总值

本表按当年价格计算。 单位：亿元

年份	生产总值	第一产业	第二产业	工业	建筑业	第三产业	交通运输、仓储和邮政业	批发和零售业	金融业	房地产业	按常住人口人均生产总值(元)
1980	14.15	4.18	6.80	6.16		3.17	0.42	1.06			
1985	31.39	9.58	14.93	13.05		6.88	0.98	1.81	1.60	0.49	
1990	58.19	16.72	26.36	22.83		15.11	2.18	2.72	3.67	1.05	
1995	173.53	31.59	80.02	69.22		61.93	11.23	18.73	8.53	3.77	
2000	487.51	60.60	208.71	178.47	30.24	218.19	43.57	57.22	19.40	16.23	7655
2001	559.53	62.51	234.18	198.06	36.12	262.84	35.38	55.19	22.85	19.13	8718
2002	644.56	65.06	263.73	213.46	50.26	315.77	42.21	64.78	24.25	26.08	9967
2003	754.83	65.78	305.90	232.89	73.01	383.15	49.89	75.08	28.80	33.97	11554
2004	896.67	83.20	353.16	257.08	96.08	460.31	62.69	91.31	31.80	42.79	13595
2005	1074.38	84.01	444.77	323.48	121.30	545.60	71.38	104.67	48.24	55.11	16139
2006	1271.84	92.33	537.96	386.84	151.12	641.55	87.17	128.49	62.32	69.50	18920
2007	1604.87	108.22	691.97	488.38	203.59	804.67	103.70	165.78	102.46	96.38	23722
2008	1994.59	137.04	871.71	581.86	289.85	985.84	125.87	207.28	114.32	126.90	29182
2009	2339.96	145.13	1066.99	695.86	371.13	1127.84	139.00	229.49	129.07	153.29	33805
2010	2976.08	172.54	1382.65	898.64	484.01	1420.89	175.95	291.25	168.27	215.44	41274
2011	3642.30	201.05	1728.28	1116.20	612.08	1712.97	202.56	385.26	193.46	241.47	47988
2012	4167.98	220.71	1958.06	1258.62	699.44	1989.21	231.20	451.29	232.80	264.49	53436
2013	4696.01	237.39	2156.10	1378.09	779.87	2302.52	264.60	516.99	294.97	323.60	58995
2014	5250.09	246.47	2390.31	1506.73	885.54	2613.31	298.71	588.31	344.09	335.98	64896
2015	5830.95	256.53	2480.46	1544.78	937.98	3093.96	313.23	649.18	438.69	387.71	70893
2016	6544.26	262.32	2719.86	1719.65	1002.76	3562.08	344.87	704.59	551.34	440.71	77769
2017	7366.64	270.07	2909.34	1772.72	1139.48	4187.23	396.52	799.01	570.32	528.01	85410
2018	8605.13	277.59	3169.98	1834.78	1338.03	5157.56	468.35	910.30	790.12	803.26	97453
2019	9370.21	291.86	3341.51	1920.48	1424.06	5736.84	501.63	965.66	866.39	883.71	103595
2020	10005.56	335.21	3535.79	2051.76	1486.76	6134.56	461.24	1022.64	946.83	1009.62	107993
2021	11392.75	358.26	4103.56	2440.05	1666.91	6930.94	542.39	1146.85	1048.07	1081.05	120974
2022	12013.08	379.23	4394.44	2606.50	1791.50	7239.40	558.59	1177.62	1166.68	1011.71	125798

注：1．2001年及以前交通运输、仓储和邮政业中含电信业，批发和零售业中含餐饮业。
2．2000年及以后数据为新合肥（含巢湖、庐江）口径。
3．2011—2019年人均生产总值根据七人普结果进行了修订。
4．2022年数据为初步核算数（下同）。

2—2 合肥生产总值指数

本表按不变价格计算。（上年为100）

年　份	生产总值	第一产业	第二产业	工业	建筑业	第三产业	交通运输、仓储和邮政业	批发和零售业	金融业	房地产业	按常住人口人均生产总值(元)
1980	104.4	104.4	104.8	102.9		103.8					
1985	118.4	108.1	126.1	120.4		112.3					
1990	101.7	107.2	96.7	95.6		105.7					
1995	121.2	110.7	121.7	121.2		125.0					
2000	112.0	101.0	112.7	113.2		114.1					
2001	116.4	103.3	114.7	111.6	132.7	121.7	82.7	98.1	116.4	120.8	115.5
2002	115.4	104.8	112.6	109.6	127.6	120.4	119.3	117.5	108.6	128.1	114.5
2003	116.0	98.5	115.3	110.2	137.0	120.2	118.0	118.5	118.2	127.4	114.8
2004	116.1	110.0	113.3	110.2	124.0	119.4	121.3	119.8	107.7	124.9	115.0
2005	116.2	99.7	119.9	118.9	122.9	115.9	111.5	112.7	149.4	125.5	115.1
2006	117.1	103.8	120.4	118.3	126.0	116.4	115.3	123.1	128.7	124.5	116.0
2007	117.5	103.4	121.0	120.3	122.7	116.5	113.6	119.8	127.7	125.3	116.7
2008	115.4	107.2	117.8	117.9	117.7	114.3	115.5	117.2	113.8	118.8	114.2
2009	116.6	105.0	119.9	120.3	118.8	114.9	111.6	112.2	116.9	122.5	115.1
2010	116.4	103.7	119.8	119.7	119.9	114.5	116.9	121.9	107.4	116.2	111.7
2011	115.2	103.4	117.8	119.4	114.8	114.1	114.0	121.0	106.4	107.6	109.4
2012	112.4	105.0	112.4	112.7	112.0	113.2	111.2	113.9	117.5	107.1	109.4
2013	111.3	103.4	110.6	110.5	111.2	112.8	111.3	112.7	122.7	117.4	109.1
2014	109.8	104.7	109.9	108.8	111.9	110.2	111.4	112.2	115.1	99.9	108.0
2015	110.3	104.4	109.2	108.2	111.3	111.8	103.6	107.9	121.4	107.3	108.5
2016	109.9	101.3	108.2	108.1	108.4	112.0	108.4	111.0	119.8	104.7	107.4
2017	108.5	103.7	107.7	107.4	108.2	109.5	108.6	109.1	110.2	102.5	105.9
2018	108.5	102.2	107.7	107.4	108.0	109.5	106.3	107.9	106.9	106.0	105.9
2019	107.5	101.7	107.3	108.3	105.8	107.9	106.5	104.5	107.3	104.5	104.9
2020	104.3	101.2	106.3	107.4	104.4	103.0	98.9	102.1	107.5	104.5	101.8
2021	109.1	105.1	110.4	115.5	103.3	108.5	107.2	107.8	106.0	109.7	107.3
2022	103.5	103.9	105.3	105.3	105.3	102.4	100.0	100.3	108.7	92.7	102.0

2—3 主要年份合肥生产总值构成

本表按当年价格计算。 单位：%

指　　标	2010年	2015年	2018年	2019年	2020年	2021年	2022年
生产总值	**100.0**	**100.0**	**100.0**	**100.0**	**100.0**	**100.0**	**100.0**
第一产业	5.8	4.4	3.2	3.1	3.4	3.1	3.2
第二产业	46.5	42.5	36.8	35.7	35.3	36.0	36.6
工　业	30.2	26.5	21.3	20.5	20.5	21.4	21.7
建筑业	16.3	16.1	15.5	15.2	14.9	14.6	14.9
第三产业	47.7	53.1	59.9	61.2	61.3	60.8	60.2
批发和零售业	9.8	11.1	10.6	10.3	10.2	10.1	9.8
交通运输、仓储和邮政业	5.9	5.4	5.4	5.4	4.6	4.8	4.6
住宿餐饮业	1.8	2.0	2.0	2.1	1.7	1.8	1.8
金融业	5.7	7.5	9.2	9.2	9.5	9.2	9.7
房地产业	7.2	6.6	9.3	9.4	10.1	9.5	8.4
其他服务业	17.3	20.3	23.3	24.7	25.1	25.4	25.8

2—4　三次产业贡献率

本表按不变价格计算。　　　　单位：%

年　份	生产总值	第一产业	第二产业		第三产业
				工　业	
2005	100.0	-0.1	49.0	35.0	51.2
2010	100.0	1.2	55.5	39.4	43.3
2014	100.0	2.2	47.5	28.0	50.3
2015	100.0	1.9	42.4	24.5	55.7
2016	100.0	0.6	35.2	21.6	64.2
2017	100.0	1.8	37.9	22.6	60.4
2018	100.0	1.0	37.6	22.6	61.4
2019	100.0	0.8	40.6	28.3	58.5
2020	100.0	1.0	59.9	44.0	39.1
2021	100.0	1.9	40.4	35.0	57.8
2022	100.0	3.7	54.4	33.0	41.9

2—5　三次产业拉动率

本表按不变价格计算。　　　　单位：百分点

年　份	生产总值	第一产业	第二产业		第三产业
				工　业	
2005	16.2	-0.02	7.9	5.7	8.3
2010	16.4	0.2	9.1	6.5	7.1
2014	9.8	0.2	4.7	2.7	4.9
2015	10.3	0.2	4.4	2.5	5.7
2016	9.9	0.1	3.5	2.1	6.4
2017	8.5	0.2	3.2	1.9	5.2
2018	8.5	0.1	3.2	1.9	5.2
2019	7.5	0.1	3.0	2.1	4.4
2020	4.3	0.04	2.6	1.9	1.7
2021	9.1	0.2	3.7	3.2	5.2
2022	3.5	0.1	1.9	1.1	1.4

2—6　主要年份按行业、产业构成分的合肥生产总值

本表按当年价格计算。　　单位：亿元

指　　标	2015年	2020年	2021年	2022年
合肥生产总值	**5830.95**	**10005.56**	**11392.75**	**12013.08**
按行业分				
农林牧渔业	261.10	342.58	366.13	388.22
工　业	1544.78	2051.76	2440.05	2606.50
建筑业	937.98	1486.76	1666.91	1791.50
批发和零售业	649.18	1022.64	1146.85	1177.62
交通运输、仓储和邮政业	313.23	461.24	542.39	558.59
住宿餐饮业	115.52	173.08	207.91	206.90
金融业	438.69	946.83	1048.07	1166.68
房地产业	387.71	1009.62	1081.05	1011.71
其他服务业	1182.76	2511.04	2893.39	3105.37
按产业分				
第一产业	256.53	335.21	358.26	379.23
第二产业	2480.46	3535.79	4103.56	4394.44
第三产业	3093.96	6134.56	6930.94	7239.40

2-7 县（市）区生产总值（2022年）

本表按当年价格计算 单位：万元

指　　标	瑶海区	庐阳区	蜀山区	包河区	高新区	经开区
地区生产总值	**7413307**	**12597750**	**13031024**	**16569849**	**13138782**	**13375920**
按行业分						
农林牧渔业	1774	20701	13556	51152	24	15460
工　业	219713	404462	617347	1188566	5882266	4583434
建筑业	2263023	1654215	1808922	3192986	1786528	1757244
批发和零售业	788864	1370321	1287747	2073690	510483	1752913
交通运输、仓储和邮政业	660869	440572	380382	432078	1181915	500438
住宿和餐饮业	88398	196002	459751	379479	100242	220285
金融业	1150452	3728428	2219157	2129291	320334	305418
房地产业	599405	1166922	1273140	1838858	316212	839760
其他服务业	1640809	3616129	4971022	5283748	3040777	3400967
营利性服务业	960060	2171752	2985671	3186426	2743569	2241000
非营利性服务业	680749	1444378	1985351	2097322	297207	1159967
水利、环境和公共设施管理业	37811	41792	92402	122384	44603	27926
教　育	277364	413563	654874	1173422	162157	738254
卫生和社会工作	200985	527964	725381	330631	56085	211115
公共管理、社会保障和社会组织	164590	461058	512695	470885	34362	182671
按产业分						
第一产业	1722	20369	12451	49971	24	15460
第二产业	2479395	2057628	2422828	4379097	7661508	6336067
第三产业	4932190	10519753	10595744	12140780	5477249	7024393
人均生产总值（按常住人口）（元）	**84918**	**177060**	**122645**	**132558**	**449190**	**231417**

2—7 续表

本表按当年价格计算　　　　单位：万元

指标	新站区	安巢经开区	长丰县	肥东县	肥西县	庐江县	巢湖市
地区生产总值	**4355137**	**597423**	**8238349**	**8593941**	**10683650**	**6014507**	**5482649**
按行业分							
农林牧渔业	3825		891097	883978	775983	682900	541918
工　业	2132834	176255	2985497	1587158	3256799	1480881	1539249
建筑业	376029	112223	953529	1359490	1242352	856690	551725
批发和零售业	204128	25352	701916	924930	1086589	608043	432679
交通运输、仓储和邮政业	28600	36146	545422	530442	500885	111534	236626
住宿和餐饮业	69828	6808	78621	139612	143004	94197	87110
金融业	132473	12284	320106	334629	392686	297722	319042
房地产业	622035	58870	587588	709407	1275199	436753	392910
其他服务业	785386	169484	1174573	2124295	2010153	1445787	1381389
营利性服务业	305595	66628	392102	1184451	830132	617593	529830
非营利性服务业	479791	102856	782471	939843	1180022	828194	851558
水利、环境和公共设施管理业	4366	611	24963	17982	50871	16606	24566
教　育	271092	69490	333538	396940	550841	191559	248018
卫生和社会工作	130943	5326	82377	138078	148298	218807	158536
公共管理、社会保障和社会组织	73390	27429	341593	386844	430012	401222	420438
按产业分							
第一产业	3825		872608	865319	757503	663190	530619
第二产业	2507981	288115	3935533	2944967	4497210	2336277	2090171
第三产业	1843331	309309	3430208	4783655	5428937	3015039	2861858
人均生产总值（按常住人口）（元）	**89519**	**97934**	**103496**	**95754**	**108684**	**67579**	**82075**

主要统计指标解释

国内生产总值（GDP）

指按市场价格计算的一个国家（或地区）所有常住单位在一定时期内生产活动的最终成果。国内生产总值有三种表现形态，即价值形态、收入形态和产品形态。从价值形态看，它是所有常住单位在一定时期内生产的全部货物和服务价值超过同期投入的全部非固定资产货物和服务价值的差额，即所有常住单位的增加值之和；从收入形态看，它是所有常住单位在一定时期内创造并分配给常住单位和非常住单位的初次收入之和；从产品形态看，它是所有常住单位在一定时期内最终使用的货物和服务价值减去货物和服务进口价值。在实际核算中，国内生产总值有三种计算方法，即生产法、收入法和支出法。三种方法分别从不同的方面反映国内生产总值及其构成。

生产法是从生产的角度衡量常住单位在一定时期内新创造价值的方法。即从生产的全部货物和服务总产品价值中，扣除生产过程中消耗和使用的中间货物和服务价值得到增加价值。国民经济各产业部门生产法增加值核算公式如下：

增加值=总产出－中间投入

将国民经济各产业部门生产法增加值相加，得到生产法 GDP。

收入法也称分配法，是从常住单位从事生产活动形成收入的角度来核算生产活动最终成果的方法。国民经济各产业部门收入法增加值由劳动者报酬、生产税净额、固定资产折旧和营业盈余四个部分组成，称为收入法构成项。核算公式为：

增加值=劳动者报酬+生产税净额+固定资产折旧+营业盈余

将国民经济各产业部门收入法增加值相加，得到收入法 GDP。

支出法国内生产总值是从最终使用的角度反映一个国家(或地区)一定时期内生产活动最终成果的一种方法，包括最终消费支出、资本形成总额及货物和服务净出口三部分。计算公式为：

支出法国内生产总值=最终消费支出+资本形成总额+货物和服务净出口

三次产业

根据《国民经济行业分类》(GB/T 4754—2017)

和《三次产业划分规定》，我国的三次产业划分是：

第一产业是指农、林、牧、渔业（不含农、林、牧、渔专业及辅助性活动）。

第二产业是指采矿业（不含开采专业及辅助性活动），制造业（不含金属制品、机械和设备修理业），电力、热力、燃气及水生产和供应业，建筑业。

第三产业即服务业，是指除第一产业、第二产业以外的其他行业。第三产业包括：批发和零售业，交通运输、仓储和邮政业，住宿和餐饮业，信息传输、软件和信息技术服务业，金融业，房地产业，租赁和商务服务业，科学研究和技术服务业，水利、环境和公共设施管理业，居民服务、修理和其他服务业，教育，卫生和社会工作，文化、体育和娱乐业，公共管理、社会保障和社会组织，以及农、林、牧、渔业中的农、林、牧、渔专业及辅助性活动，采矿业中的开采专业及辅助性活动，制造业中的金属制品、机械和设备修理业。

劳动者报酬

指劳动者因从事生产活动所获得的全部报酬。包括劳动者获得的各种形式的工资、奖金和津贴，既包括货币形式的，也包括实物形式的，还包括劳动者所享受的公费医疗和医药卫生费、上下班交通补贴、单位支付的社会保险费、住房公积金等。对于个体经济来说，其所有者所获得的劳动报酬和经营利润不易区分，这两部分统一作为劳动者报酬处理。

生产税净额

指生产税减生产补贴后的余额。生产税指政府对生产单位从事生产、销售和经营活动以及因从事生产活动使用某些生产要素（如固定资产、土地、劳动力）所征收的各种税、附加费和规费。生产补贴与生产税相反，指政府对生产单位的单方面转移支出，因此视为负生产税，包括政策亏损补贴、价格补贴等。

固定资产折旧

指一定时期内为弥补固定资产损耗按照规定的固定资产折旧率提取的固定资产折旧，或按国民经济核算统一规定的折旧率虚拟计算的固定资产折旧。它反映了固定资产在当期生产中的转移价值。各类企业和企业化管理的事业单位的固定资产折旧是指实际计提的折旧费；不计提折旧的政府机关、非企业化管理的事业单位和居民住房的固定资产折旧是按照统一规定的折旧率和固定资产原值计算的虚拟折旧。原则上，固定资产折旧应按固定资产当期的重置价值计算，但是目前我国尚不具备对全社会固定资产进行重估价的基础，所以暂时只能采用上述办法。

营业盈余

指常住单位创造的增加值扣除劳动者报酬、生产税净额和固定资产折旧后的余额。它相当于企业的营业利润加上生产补贴，但要扣除从利润中开支的工资和福利等。

第三篇

人口

简要说明

一、本篇资料反映我市 2022 年及主要年份人口方面的基本情况，包括全市主要人口统计数据，主要指标有：总户数、总人口、农业人口、非农业人口、少年儿童系数、老年系数、老少比、少年儿童抚养系数、老年抚养系数、总抚养系数、出生率、死亡率、增加人口、减少人口、女性初婚人数等。

二、本篇资料来源主要有以下三个方面：

1. 有关少年儿童和老年系数、老少比及抚养系数，根据历年人口变动抽样调查和人口普查数据整理计算。

2. 有关户籍人口、城镇人口、乡村人口，根据市公安局提供的年度户籍人口统计年报资料整理。

3. 有关婚育基本情况，根据市卫生健康委员会提供的年度婚育统计资料整理。

三、本篇资料均由市统计局人口与就业统计处整理编制。

3—1　主要年份全市户籍人口

年　份	年末总户数（万户）	年末总人口（万人）	男　性	女　性	城镇人口	乡村人口
2005	137.24	455.70	239.75	215.95	184.91	270.79
2010	157.06	494.95	258.00	236.95	215.84	279.11
2015	241.42	717.72	371.21	346.51	306.81	410.91
2018	250.06	757.96	389.40	368.56	379.25	378.71
2019	255.33	770.44	395.24	375.21	404.99	365.46
2020	259.55	781.53	400.40	381.12	430.95	350.58
2021	265.39	792.67	405.51	387.16	455.83	336.84
2022	269.74	800.16	408.86	391.30	470.67	329.49

注：本表为公安户籍年报统计数，城镇人口和乡村人口分组在2014年及以前为农业人口和非农业人口。

3—2　主要年份常住人口

年　份	常住人口（万人）	城镇人口	城镇人口比重（%）
2005	463.0	258.0	55.7
2010	745.7	468.0	62.8
2015	831.4	600.7	72.3
2018	893.2	707.8	79.2
2019	916.3	740.1	80.8
2020	937.0	770.9	82.3
2021	946.5	795.1	84.0
2022	963.4	815.4	84.6

注：2010年、2020年为普查数据，其余年份为人口变动抽样调查数。

3—3　主要年份按常住计算人口系数

单位：%

年　份	少年儿童系数	老年系数	老少比	少年儿童抚养系数	老年抚养系数	总抚养系数
2005	20.27	9.35	46.13	28.80	13.28	42.09
2010	14.05	8.46	60.21	18.13	10.92	29.05
2015	14.94	11.63	77.84	20.35	15.83	36.18
2018	15.70	12.59	80.19	21.90	17.55	39.45
2019	15.61	12.90	82.63	21.83	18.04	39.86
2020	16.52	11.99	72.58	23.11	16.77	39.88
2021	16.71	12.44	74.45	23.59	17.56	41.14
2022	16.34	12.74	77.97	23.04	17.96	41.00

注：2010年、2020年为普查数据，其余年份为人口变动抽样调查数。

3—4 近五次全市人口普查基本情况

指　　标		1982年	1990年	2000年	2010年	2020年
总 人 口	**(万人)**	**332.8**	**386.4**	**446.7**	**745.7**	**937.0**
男		176.0	202.8	234.6	386.8	482.2
女		156.8	183.6	212.2	358.9	454.8
育龄妇女（15—49岁）		78.8	105.3	124.1	224.0	239.4
总 户 数	**(万户)**	**72.8**	**91.5**	**128.1**	**255.7**	**358.0**
家 庭 户		72.4	91.0	123.4	238.8	321.7
集 体 户		0.4	0.5	4.7	16.9	36.4
家庭户规模	**(人/户)**	**4.4**	**4.1**	**3.4**	**2.7**	**2.5**
各年龄组人口	**(万人)**	**332.8**	**386.4**	**446.7**	**745.7**	**937.0**
0—6岁		44.4	50.1	37.6	51.1	80.7
7—14岁		70.8	53.0	62.7	58.1	74.1
15—64岁		205.7	264.0	314.7	568.1	669.9
65岁以上		11.9	19.3	31.8	68.5	112.3
劳动年龄人口		182.8	238.0	283.8	524.1	629.7
男60岁、女55岁以上人口		26.5	38.2	55.4	123.7	175.0
民族人口	**(万人)**	**332.8**	**386.4**	**446.7**	**745.7**	**937.0**
汉　族		330.6	383.3	442.8	740.9	930.1
少数民族		2.2	3.1	3.9	4.8	6.9
15岁及以上人口	**(万人)**	**217.6**	**283.3**	**346.4**	**636.6**	**782.2**
未　婚		68.0	84.9	78.8	167.3	172.1
有 配 偶		133.5	181.3	247.7	434.5	561.3
丧　偶		14.6	15.4	17.0	28.1	33.4
离　婚		1.5	1.7	2.8	6.7	15.4
每十万人拥有受教育程度人口	**(人)**					
大专以上		1574	3333	6974	16035	26390
高　中		6282	8444	12755	14980	14934
初　中		17307	22781	34145	31790	26931
小　学		29703	31121	29272	15912	19791
文盲人口及文盲率						
文盲人口	(万人)	88.4	79.6	34.4	46.8	34.8
文 盲 率	(%)	40.6	28.1	9.9	6.3	3.7

注：1953年人口普查总人口170.8万人，1964年人口普查总人口205.1万人。

3—5　主要年份户籍人口自然变动情况

年份	出生		死亡		自然增长	
	人数（人）	出生率（‰）	人数（人）	死亡率（‰）	人数（人）	自然增长率（‰）
1980	41299	12.81	13121	4.07	28178	8.74
1985	37909	10.95	14679	4.24	23230	6.71
1990	80757	21.47	20161	5.36	60596	16.11
1995	52125	12.81	19490	4.79	32635	8.02
2000	56460	13.01	19842	4.57	36618	8.44
2005	45322	10.07	26225	5.83	19097	4.24
2006	55998	12.10	9960	2.15	46038	9.95
2007	53030	11.18	9567	2.02	43463	9.16
2008	51156	10.60	18005	3.73	33151	6.87
2009	50036	10.23	16050	3.28	33986	6.95
2010	54692	11.09	21408	4.34	33284	6.75
2011	76031	10.80	42056	5.97	33975	4.83
2012	89275	12.60	56427	7.97	32848	4.64
2013	84499	11.88	53589	7.54	30910	4.35
2014	93313	13.10	43492	6.11	49821	7.00
2015	96049	13.40	38135	5.30	57914	8.10
2016	118739	16.40	34490	4.80	84249	11.60
2017	146841	19.94	73278	9.95	73563	9.99
2018	127157	16.95	35105	4.68	92052	12.27
2019	103646	13.56	29369	3.84	74277	9.72
2020	99872	12.87	39502	5.09	60370	7.78
2021	76990	9.78	32145	4.08	44845	5.70
2022	65917	8.28	28215	3.54	37702	4.73

3—6 户籍人口及其变动情况（2022年）

指　标		全　市	市		区	
			瑶海区	庐阳区	蜀山区	包河区
年末总户数	(户)	2697423	179208	188752	249068	276417
年末总人口	(人)	8001605	501196	545414	696935	781355
#男　性		4088616	251640	271416	347349	390041
女　性		3912989	249556	273998	349586	391314
#城镇人口		4706654	495022	532165	675363	761292
本年出生人口	(人)	65917	3794	4364	6417	8211
男　性		35384	2023	2341	3410	4407
女　性		30533	1771	2023	3007	3804
人口出生率	(‰)	8.28	7.61	8.07	9.29	10.69
本年死亡人口	(人)	28215	1295	1040	1356	1191
男　性		16190	734	555	794	682
女　性		12025	561	485	562	509
人口死亡率	(‰)	3.54	2.60	1.92	1.96	1.55
自然增长人数	(人)	37702	2499	3324	5061	7020
自然增长率	(‰)	4.73	5.01	6.15	7.33	9.14
本年迁入人口	(人)	179643	17585	22251	28132	52227
省内迁入	(人)	165831	16468	21071	26332	49105
省外迁入	(人)	13812	1117	1180	1800	3122
本年迁出人口	(人)	142397	14661	16517	20832	32130
迁往省内	(人)	119874	13412	14682	18230	28911
迁往省外	(人)	22523	1249	1835	2602	3219
机械增长人数	(人)	37246	2924	5734	7300	20097
机械增长率	(‰)	4.68	5.87	10.60	10.57	26.17
全年平均人口	(人)	7964131	498485	540885	690755	767797

市区			安巢经开区	长丰县	肥东县	肥西县	庐江县	巢湖市
高新区	经开区	新站区						
54968	101402	74572	12062	270476	351965	258159	377218	303156
156511	297047	221777	31351	814722	1085879	858309	1192914	818195
79252	150708	110576	15724	422387	570493	440257	617728	421045
77259	146339	111201	15627	392335	515386	418052	575186	397150
153356	297047	206347	26799	264374	355799	298262	365172	275656
2298	3822	3049	223	7359	8249	6993	6921	4217
1210	2033	1594	122	4020	4545	3729	3743	2207
1088	1789	1455	101	3339	3704	3264	3178	2010
14.99	13.08	14.03	7.12	9.06	7.60	8.16	5.78	5.14
328	615	248	169	1262	3552	4374	7698	5087
189	366	139	92	827	2040	2570	4371	2831
139	249	109	77	435	1512	1804	3327	2256
2.14	2.11	1.14	5.40	1.55	3.27	5.10	6.43	6.20
1970	3207	2801	54	6097	4697	2619	-777	-870
12.85	10.98	12.89	1.72	7.50	4.33	3.06	-0.65	-1.06
8949	14375	10780	543	4722	3574	8552	3533	4420
8268	13388	10005	508	3959	2733	7603	2495	3896
681	987	775	35	763	841	949	1038	524
4509	7777	4524	543	6561	6981	8828	10147	8387
3858	6769	4134	445	4975	4729	7684	5978	6067
651	1008	390	98	1586	2252	1144	4169	2320
4440	6598	6256	0	-1839	-3407	-276	-6614	-3967
28.96	22.58	28.80	0.00	-2.26	-3.14	-0.32	-5.53	-4.83
153306	292145	217249	31324	812593	1085234	857138	1196610	820614

3—7　城镇户籍人口变动情况（2022年）

单位：人

指　　标	全　市	市区					
		瑶海区	庐阳区	蜀山区	包河区	高新区	经开区
年末城镇人口	4706654	495022	532165	675363	761292	153356	297047
本年增加人口	279055	19695	26456	34247	60146	11168	18197
出　生	41565	3660	4232	6216	8047	2259	3822
城镇人口迁入	129790	14959	16367	24238	45191	8863	8769
农业转移人口落户城镇	106608	1009	5710	3582	6624	9	5552
招　生	71		6	15	18		18
录（聘）用	623		122	165	203	1	114
务工经商	126	52	15		10		
投资（创业）	17		17				
购（租）房	18437	662	3517	2032	3713	4	3436
投靠亲属	12023	295	2033	1370	2572	4	1984
移民搬迁							
城中村改造							
城乡属性调整	75034						
其　他	277				108		
退出现役	1082	67	147	211	278	37	50
由港、澳、台和国外迁入	10				6		4
本年减少人口	130662	14514	17519	21874	33151	4796	8392
死　亡	11589	1285	1012	1249	1151	313	615
城镇人口迁出	118781	13209	16480	20581	31898	4474	7769
迁往港、澳、台和国外	65	5	20	18	12	2	
服现役	227	15	7	26	90	7	8
其　他							
本年净增人口	148393	5181	8937	12373	26995	6372	9805

指　　标	市　区	安巢经开区	长丰县	肥东县	肥西县	庐江县	巢湖市
	新站区						
年末城镇人口	206347	26799	264374	355799	298262	365172	275656
本年增加人口	12674	436	18196	19245	24143	19679	14773
出　生	2276	197	2335	2690	2629	2017	1185
城镇人口迁入	6882	128	1407	1003	1199	279	505
农业转移人口落户城镇	3470	110	14426	15501	20282	17302	13031
招　生	8				6		
录（聘）用	1	1	3	6		6	1
务工经商	49						
投资（创业）							
购（租）房	2176	17	658	217	1757	137	111
投靠亲属	1236	27	556	479	971	405	91
移民搬迁							
城中村改造							
城乡属性调整		65	13104	14799	17484	16754	12828
其　他			105		64		
退出现役	46	1	28	51	33	81	52
由港、澳、台和国外迁入							
本年减少人口	4679	339	3771	3917	9130	5338	3242
死　亡	186	141	470	896	1276	2156	839
城镇人口迁出	4471	198	3288	3009	7843	3171	2390
迁往港、澳、台和国外			1	2	2	2	1
服现役	22		12	10	9	9	12
其　他							
本年净增人口	7995	97	14425	15328	15013	14341	11531

3—8　婚育基本情况（2022年）

指标		全市	市区					
			瑶海区	庐阳区	蜀山区	包河区	高新区	经开区
女性初婚人数	(人)	16043	467	446	1636	2074	265	329
一孩率	(%)	54.41	59.39	53.79	56.04	58.33	54.74	50.38
二孩率	(%)	40.14	36.78	42.12	40.27	37.82	41.52	44.23
多孩率	(%)	5.45	3.83	4.10	3.70	3.85	3.74	5.39
一孩妇女数	(人)	736521	53724	54732	80959	76319	15533	26637
领独生子女光荣证率	(%)	48.97	54.44	56.81	49.62	46.99	43.51	51.26
已婚育龄妇女数	(人)	1462354	85137	89177	133149	136075	27506	51524
采取节育措施人数	(人)	1279673	73532	84323	127877	127877	25524	49468
节育率	(%)	87.51	86.37	94.56	96.04	93.98	92.79	96.01

指标		市区	长丰县	肥东县	肥西县	庐江县	巢湖市
		新站区					
女性初婚人数	(人)	597	2530	3373	1488	1304	1534
一孩率	(%)	52.91	49.24	57.21	50.85	51.38	59.01
二孩率	(%)	41.33	42.92	37.18	43.18	41.06	36.46
多孩率	(%)	5.76	7.84	5.61	5.97	7.56	4.53
一孩妇女数	(人)	18187	60918	86186	78782	87435	97109
领独生子女光荣证率	(%)	49.25	41.98	43.29	53.05	55.94	42.56
已婚育龄妇女数	(人)	38961	157454	200845	165680	223831	153015
采取节育措施人数	(人)	34942	131956	155222	144540	188476	135936
节育率	(%)	89.68	83.81	77.28	87.24	84.20	88.84

主要统计指标解释

人口数

指一定时点、一定地区范围内的有生命的个人的总和。

常住人口

是指具有中华人民共和国国籍并在中华人民共和国境内常住的人。

（1）居住本乡、镇、街道，户口在本乡、镇、街道的人；

（2）居住本乡、镇、街道半年以上，户口在外乡、镇、街道的人；

（3）在本乡、镇、街道居住不满半年，离开户口登记地半年以上的人；

（4）居住本乡、镇、街道，户口待定的人；

（5）原住本乡、镇、街道，现在国外工作学习，暂无户口的人；

常住户口在本乡、镇、街道，但已离开本乡、镇、街道半年以上的人，在户口所在地只登记人数，不计入户口所在地的常住人口数内。

文盲率

15 岁及以上不识字人数与总人口数的比例。

出生率（又称粗出生率）

指在一定时期内（通常为一年）平均每千人所出生的人数的比率，一般用千分率表示。计算公式为：

出生率＝年出生人数/年平均人数×1000‰

式中：出生人数指活产婴儿，即胎儿脱离母体时（不含怀孕月数），有过呼吸或其他生命现象。年平均人数指年初、年底人口数的平均数，也可用年中人口数代替。

死亡率（又称粗死亡率）

指在一定时期内（通常为一年）一定地区的死亡人数与同期平均人数（或期中人数）之比，一般用千分率表示。计算公式为：

死亡率＝年死亡人数/年平均人数×1000‰

人口自然增长率

指在一定时期内（通常为一年）人口自然增加数（出生人数减死亡人数）与该时期内平均人数（或期中人数）之比，一般用千分率表示。计算公式为：

人口自然增长率＝（年出生人数－年死亡人数）/年平均人数×1000‰

＝人口出生率－人口死亡率

抚养系数

指被抚养人口（0-14 岁和 65 岁以上人口）与 15-64 岁人口的比例。计算公式为：

抚养系数＝被抚养人口/15-64 岁人口×100%

老年抚养系数

指老年人口（65 岁以上人口）与 15-64 岁人口的比例。计算公式为：

老年抚养系数＝老年人口/15-64 岁人口×100%

少年儿童抚养系数

指 0-14 岁少年儿童与 15-64 岁人口的比例。计算公式为：

少年儿童系数抚养＝少年儿童人口/15-64 岁人口×100%

第四篇

就业人员和职工工资

简要说明

一、本篇资料反映我市2022年及主要年份劳动经济方面的基本情况，包括全市和13个县（市）区、开发区的主要劳动统计数据，主要指标有：就业人员、工资总额和平均工资等。

二、“四上”单位是指纳入联网直报范围的规模以上工业、有资质的建筑业、限额以上批发和零售业、限额以上住宿和餐饮业、有开发经营活动的全部房地产开发经营业和规模以上服务业企业。

三、本篇资料来源主要有以下两个方面：

1. 就业人员、在岗职工、工资总额、平均工资根据《2022年度全市劳动统计年报》汇总整理提供。

2. 劳动力资源平衡配置表根据全市劳动统计年报、全市年度人口变动抽样调查资料、市统计局农业统计年报、市市场监督管理局私营、个体统计年报等综合编制。

四、本篇资料均由市统计局人口与就业统计处整理编制。

4—1 按三次产业分的全社会就业人员数

年份	就业人员（万人）				构成（%）		
		第一产业	第二产业	第三产业	第一产业	第二产业	第三产业
1980	145.9	102.9	24.8	18.2	70.5	17.0	12.5
1985	181.3	109.6	38.9	32.8	60.5	21.4	18.1
1990	203.7	116.6	47.8	39.3	57.2	23.5	19.3
1993	218.6	113.3	53.8	51.5	51.8	24.6	23.6
1994	232.2	103.0	71.4	57.8	44.4	30.7	24.9
1995	234.1	105.0	72.8	56.3	44.9	31.1	24.0
1996	243.1	110.5	71.8	60.8	45.5	29.5	25.0
1997	260.8	113.2	77.4	70.2	43.4	29.7	26.9
1998	242.7	116.8	60.9	65.0	48.1	25.1	26.8
1999	244.0	118.8	59.4	65.8	48.7	24.3	27.0
2000	237.2	109.0	61.3	66.9	46.0	25.8	28.2
2001	240.4	109.2	61.5	69.7	45.4	25.6	29.0
2002	250.4	111.5	67.4	71.5	44.5	26.9	28.6
2003	250.5	113.2	58.8	78.5	45.2	23.5	31.3
2004	262.4	98.4	61.5	102.5	37.5	23.4	39.1
2005	256.3	93.5	68.7	94.1	36.5	26.8	36.7
2006	270.5	85.9	61.3	123.3	31.7	22.7	45.6
2007	286.5	74.0	104.2	108.3	25.8	36.4	37.8
2008	301.4	73.1	113.0	115.3	24.3	37.5	38.2
2009	307.0	71.1	113.7	122.2	23.2	37.0	39.8
2010	416.0	98.2	139.3	178.5	23.6	33.5	42.9
2011	428.0	103.6	140.8	183.6	24.2	32.9	42.9
2012	439.0	96.6	148.8	193.6	22.0	33.9	44.1
2013	447.0	90.7	155.6	200.7	20.3	34.8	44.9
2014	450.0	81.0	158.8	210.2	18.0	35.3	46.7
2015	457.0	74.5	160.4	222.1	16.3	35.1	48.6
2016	463.0	71.3	161.6	230.1	15.4	34.9	49.7
2017	469.0	68.0	164.2	236.8	14.5	35.0	50.5
2018	476.0	61.9	166.1	248.0	13.0	34.9	52.1
2019	483.0	53.5	172.6	256.9	11.1	35.7	53.2
2020	490.1	50.1	159.8	280.1	10.2	32.6	57.2
2021	493.2						
2022	497.1	50.3	164.8	282.0	10.1	33.1	56.7

注：1. 2021年全省未反馈地市就业人口构成；
2. 根据七人普人口数据，对2010年—2019年全社会就业人员数进行了修订。

4—2 劳动力资源配置情况（2022年）

单位：千人

行　　业	就业人员
合　　计	**4971**
按国民经济行业分	
农、林、牧、渔业	503
采矿业	4
制造业	847
电力、热力、燃气及水生产和供应业	49
建筑业	748
批发和零售业	582
交通运输、仓储及邮政业	173
住宿和餐饮业	113
信息传输、软件和信息技术服务业	259
金融业	142
房地产业	136
租赁和商务服务业	538
科学研究和技术服务业	224
水利、环境和公共设施管理业	28
居民服务、修理和其他服务业	63
教　育	189
卫生和社会工作	146
文化、体育和娱乐业	51
公共管理、社会保障和社会组织	176

4—3 “四上”单位就业人员和工资情况（2022年）

行　　业	单位数（个）	就业人员期末人数（人）	就业人员平均人数（人）	就业人员平均工资（元）
合　　计	**9994**	**1991285**	**1943128**	**88496**
按国民经济行业分组				
采矿业	10	2993	2908	98813
制造业	2429	533052	519493	104530
电力、热力、燃气及水生产和供应业	61	41802	41938	161735
建筑业	1996	707099	679862	73100
批发和零售业	2195	142389	142099	88170
交通运输、仓储及邮政业	310	72839	71516	96420
住宿和餐饮业	483	60286	59589	50458
信息传输、软件和信息技术服务业	414	91825	91736	120773
房地产业	943	68970	73478	77415
租赁和商务服务业	524	170090	163310	63279
科学研究和技术服务业	360	53832	51918	147376
水利、环境和公共设施管理业	30	8422	8304	58247
居民服务、修理和其他服务业	57	10721	9414	44145
教　育	32	6283	6725	96443
卫生和社会工作	67	14135	14037	103395
文化、体育和娱乐业	83	6547	6801	103537

4—4 “四上”单位就业人员情况（2022年）

单位：人

行业	就业人员期末人数	#女性	按人员类型分		
			在岗职工	劳务派遣	其他就业人员
合计	**1991285**	**595217**	**1439964**	**321528**	**229793**
按国民经济行业分组					
采矿业	2993	457	2443	126	424
制造业	533052	176016	481510	42896	8646
电力、热力、燃气及水生产和供应业	41802	10200	40036	1731	35
建筑业	707099	94834	317883	227587	161629
批发和零售业	142389	80500	135019	5466	1904
交通运输、仓储及邮政业	72839	22023	62202	7779	2858
住宿和餐饮业	60286	38563	54624	4686	976
信息传输、软件和信息技术服务业	91825	37523	83719	2785	5321
房地产业	68970	32997	58491	4555	5924
租赁和商务服务业	170090	60823	113107	18159	38824
科学研究和技术服务业	53832	14417	49608	2844	1380
水利、环境和公共设施管理业	8422	3844	6628	949	845
居民服务、修理和其他服务业	10721	5515	9751	785	185
教育	6283	3987	5317	726	240
卫生和社会工作	14135	10252	13589	97	449
文化、体育和娱乐业	6547	3266	6037	357	153

4—4 续表

单位：人

行业	按职业类型分				
	中层及以上管理人员	专业技术人员	办事人员和有关人员	社会生产服务和生活服务人员	生产制造及有关人员
合计	**149212**	**331900**	**314856**	**334517**	**860800**
按国民经济行业分组					
采矿业	206	354	242	85	2106
制造业	38740	91505	51033	12757	339017
电力、热力、燃气及水生产和供应业	4148	3633	1978	26154	5889
建筑业	39772	104428	74276	25168	463455
批发和零售业	20035	15186	58231	41006	7931
交通运输、仓储及邮政业	3916	3647	13085	40166	12025
住宿和餐饮业	6800	2551	5281	39609	6045
信息传输、软件和信息技术服务业	7962	43150	23888	15308	1517
房地产业	8553	7373	16438	36268	338
租赁和商务服务业	8561	12484	52985	77630	18430
科学研究和技术服务业	6445	34746	8100	1679	2862
水利、环境和公共设施管理业	412	630	1494	5686	200
居民服务、修理和其他服务业	584	679	528	8222	708
教育	481	2425	2151	1226	
卫生和社会工作	1484	7135	3593	1866	57
文化、体育和娱乐业	1113	1974	1553	1687	220

4—5 “四上”单位工资总额情况（2022年）

单位：万元

行业	就业人员工资总额	按人员类型分		
		在岗职工	劳务派遣	其他就业人员
合计	**17195860**	**13667538**	**2171510**	**1356812**
按国民经济行业分组				
采矿业	28735	24922	879	2934
制造业	5430277	5046123	320365	63789
电力、热力、燃气及水生产和供应业	678282	667110	11042	131
建筑业	4969811	2475211	1504743	989858
批发和零售业	1252893	1199376	44702	8816
交通运输、仓储及邮政业	689556	616470	61037	12049
住宿和餐饮业	300673	275777	20284	4612
信息传输、软件和信息技术服务业	1107919	1040885	27140	39894
房地产业	568829	513052	37098	18679
租赁和商务服务业	1033402	740868	97279	195256
科学研究和技术服务业	765147	722563	32785	9798
水利、环境和公共设施管理业	48368	41288	3706	3374
居民服务、修理和其他服务业	41558	37582	3205	772
教　育	64858	59417	3689	1752
卫生和社会工作	145136	140573	694	3870
文化、体育和娱乐业	70416	66322	2864	1230

4—5 续表

单位：万元

行　　业	按职业类型分				
	中层及以上管理人员	专业技术人员	办事人员和有关人员	社会生产服务和生活服务人员	生产制造及有关人员
合　　计	**2636767**	**3963161**	**2512619**	**2233541**	**5849772**
按国民经济行业分组					
采矿业	5037	3413	2019	306	17960
制造业	859598	1307457	523750	115769	2623703
电力、热力、燃气及水生产和供应业	121375	61532	23989	407638	63749
建筑业	519990	1014086	480899	152311	2802524
批发和零售业	306794	147346	460658	261220	76875
交通运输、仓储及邮政业	72086	40433	111678	370698	94661
住宿和餐饮业	58092	16818	29683	177829	18252
信息传输、软件和信息技术服务业	189729	564355	218263	124698	10874
房地产业	160308	87551	158206	160126	2638
租赁和商务服务业	119772	98796	339968	375054	99812
科学研究和技术服务业	156320	489625	73666	13813	31723
水利、环境和公共设施管理业	6982	5990	11313	22399	1685
居民服务、修理和其他服务业	6194	5572	3306	22981	3505
教　育	8218	22283	28344	6014	
卫生和社会工作	25106	76066	31034	12635	296
文化、体育和娱乐业	21168	21840	15845	10049	1515

4—6 “四上”单位平均工资情况（2022年）

单位：元

行业	就业人员年平均工资	按人员类型分		
		在岗职工	劳务派遣	其他就业人员
合计	**88496**	**97434**	**68723**	**60465**
按国民经济行业分组				
采矿业	98813	105512	72645	69031
制造业	104530	109020	66777	73676
电力、热力、燃气及水生产和供应业	161735	166101	64197	23782
建筑业	73100	80434	70046	62924
批发和零售业	88170	89627	72298	42041
交通运输、仓储及邮政业	96420	99896	88344	41605
住宿和餐饮业	50458	51975	41891	27338
信息传输、软件和信息技术服务业	120773	125655	75959	74904
房地产业	77415	82393	71246	31122
租赁和商务服务业	63279	68717	51062	53577
科学研究和技术服务业	147376	150943	121113	73066
水利、环境和公共设施管理业	58247	63180	42897	37278
居民服务、修理和其他服务业	44145	44640	39759	40825
教育	96443	104185	50879	58997
卫生和社会工作	103395	104827	69350	73429
文化、体育和娱乐业	103537	107230	75973	51444

4—6 续表

单位：元

行业	按职业类型分				
	中层及以上管理人员	专业技术人员	办事人员和有关人员	社会生产服务和生活服务人员	生产制造及有关人员
合计	**178032**	**121885**	**80433**	**67206**	**70894**
按国民经济行业分组					
采矿业	237604	97509	89314	39218	87955
制造业	224643	148137	103871	90304	79572
电力、热力、燃气及水生产和供应业	293672	169462	126389	154631	107794
建筑业	132293	98154	65464	60319	63907
批发和零售业	152771	98519	79831	63968	90218
交通运输、仓储及邮政业	181943	111849	86774	93307	83475
住宿和餐饮业	86317	67676	57458	45153	31339
信息传输、软件和信息技术服务业	242807	131822	92230	78614	68691
房地产业	184411	114806	94181	40031	73272
租赁和商务服务业	142247	83183	64992	51305	56708
科学研究和技术服务业	245824	146358	93059	84849	123871
水利、环境和公共设施管理业	171958	101007	75269	39998	83411
居民服务、修理和其他服务业	105698	80985	61454	33134	52629
教育	165346	90250	106155	55223	
卫生和社会工作	167258	109039	85400	67602	51860
文化、体育和娱乐业	185682	106690	98539	56043	71108

4—7 城镇非私营单位就业人员数和工资

年份	年末人数（人）		工资总额（万元）		年平均工资（元）	
	就业人员	在岗职工	就业人员	在岗职工	就业人员	在岗职工
2000	540467	427800	413271	385633	7556	8881
2005	428777	393087	757883	739131	17794	19027
2006	473193	437491	962097	941118	20639	21905
2007	487354	462120	1192392	1170785	24827	25973
2008	489541	473440	1456393	1439192	29786	30603
2009	601067	583003	1961015	1944479	33331	34143
2010	671385	652954	2502558	2482395	38483	39292
2011	977213	892376	4237245	3960744	44342	45442
2012	1155690	1032612	5673109	5161141	49712	50722
2013	1444973	1258743	7747263	6847198	54210	55006
2014	1450120	1292425	8294727	7608753	58222	60082
2015	1438665	1285845	9045072	8372431	63626	65806
2016	1480175	1327277	9902747	9220629	68416	71054
2017	1513899	1348945	11073439	10272245	74683	77484
2018	1832891	1578665	15358072	13815993	85074	89022
2019	1709072	1438930	15154717	13559447	90115	95156
2020	1729908	1408078	16222746	14522719	96831	104818
2021	1662716	1432689	17135391	15781449	104729	111672
2022	1686058	1507943	18702288	17570012	112019	117760

注：城镇非私营单位就业人员和工资中的“在岗职工”均包含“劳务派遣”，下同。

4—8 城镇非私营单位在岗职工年平均工资

单位：元

年份	全市	市区	长丰县	肥东县	肥西县	庐江县	巢湖市
2000	8881	9432	6423	7110	6415	5724	6591
2005	19027	20008	13525	16343	15220	11119	13319
2006	21905	22901	16301	18594	18100	13383	16348
2007	25873	26692	20773	23806	22430	17169	18767
2008	30603	31498	24573	28143	27256	22061	22331
2009	34143	35467	28350	29442	28655	25214	24007
2010	39292	40652	32530	33516	33432	27874	28872
2011	45442	48401	38703	38515	39088	32146	35772
2012	50722	52799	47347	44936	44087	37087	43986
2013	55006	57702	46653	43531	50175	40984	43545
2014	60082	63270	51415	45459	52630	44320	46827
2015	65806	69187	54344	51613	57212	49854	51590
2016	71054	74855	55246	56414	60838	54239	56773
2017	77484	80690	64258	70719	65820	61470	64379
2018	89022	91947	85436	74454	83221	72452	78260
2019	95156	98724	82251	79620	81084	77368	86265
2020	104818	108988	90436	85079	89473	85380	94800
2021	111672	115990	99088	90491	96306	91584	101536
2022	117760	121920	106961	95781	102837	98993	106555

4—9 城镇非私营单位就业人员数和工资（2022年）

项目	年末人数（人）		工资总额（万元）		年平均工资（元）	
	就业人员	在岗职工	就业人员	在岗职工	就业人员	在岗职工
总计	**1686058**	**1507943**	**18702288**	**17570012**	**112019**	**117760**
按地区分						
市区	1345363	1196423	15327455	14377235	115480	121920
长丰县	56300	53397	624209	605779	104048	106961
肥东县	79684	73931	729454	689400	94070	95781
肥西县	86355	77695	855197	799572	98604	102837
庐江县	53528	47704	501073	469779	94838	98993
巢湖市	64828	58795	664900	628246	102016	106555
按国民经济行业分						
农、林、牧、渔业	1842	1767	15758	15602	84677	87374
采矿业	1167	894	13435	11172	116768	127321
制造业	379043	372457	4246289	4196381	112936	113571
电力、热力、燃气及水生产和供应业	43377	43345	701335	701211	161255	161419
建筑业	459078	339360	3551321	2790325	79532	84391
批发和零售业	99453	98300	938971	933633	95046	95741
交通运输、仓储及邮政业	63210	61410	637207	625587	100945	102944
住宿和餐饮业	25253	24626	129264	127429	52527	52893
信息传输、软件和信息技术服务业	66772	61479	876603	834841	131564	136487
金融业	61798	43201	1057319	935125	165734	218143
房地产业	52847	46718	466122	444118	84009	90117
租赁和商务服务业	50934	46508	381240	356860	74689	76499
科学研究和技术服务业	64757	62694	959375	943322	152911	155269
水利、环境和公共设施管理业	7547	6553	76446	72333	99805	110259
居民服务、修理和其他服务业	3087	2903	22688	21926	74628	76784
教育	124360	119936	1774874	1759413	144452	148545
卫生和社会工作	70611	68738	1238025	1208582	177035	177811
文化、体育和娱乐业	13071	12814	157858	156060	118333	120055
公共管理、社会保障和社会组织	97851	94239	1458159	1436092	149584	153013

主要统计指标解释

就业人员

指在一定年龄以上，有劳动能力，为取得劳动报酬或经营收入而从事一定社会劳动的人员。具体指年满16周岁，为取得报酬或经营利润，在调查周内从事了1小时（含1小时）以上劳动的人员；或由于学习、休假等原因在调查周内暂时处于未工作状态，但有工作单位或场所的人员；或由于临时停工放假、单位不景气放假等原因在调查周内暂时处于未工作状态，但不满三个月的人员。

单位就业人员

指报告期末最后一日在本单位工作，并取得工资或其他形式劳动报酬的人员数。该指标为时点指标，不包括最后一日当天及以前已经与单位解除劳动合同关系的人员，是在岗职工、劳务派遣人员及其他就业人员之和。

城镇私营和个体就业人员

城镇私营就业人员指在工商管理部门注册登记，其经营地址设在县城关镇（含县城关镇）以上的私营企业就业人员，包括私营企业投资者和雇工。城镇个体就业人员指在工商管理部门注册登记，并持有城镇户口或在城镇长期居住，经批准从事个体工商经营的就业人员，包括个体经营者和在个体工商户劳动的家庭帮工和雇工。

在岗职工

指在本单位工作且与本单位签订劳动合同，并由单位支付各项工资和社会保险、住房公积金的人员，以及上述人员中由于学习、病伤、产假等原因暂未工作仍由单位支付工资的人员。在岗职工还包括：1.应订立劳动合同而未订立劳动合同人员；2.处于试用期人员；3.编制外招用的人员，如临时人员；4.派往外单位工作，但工资或其他形式劳动报酬仍由本单位发放的人员（如挂职锻炼、外派工作等情况）。

劳务派遣人员

根据《中华人民共和国劳动合同法》规定，指与劳务派遣单位签订劳动合同，并被劳务派遣单位派遣到实际用工单位工作，且劳务派遣单位与实际用工单位签订《劳务派遣协议》的人员。

其他就业人员

指在本单位工作，不能归入在岗职工、劳务派遣人员中的人员。此类人员是实际参加本单位生产或工作并从本单位取得劳动报酬的人员。具体包括：非全日制人员、聘用的正式离退休人员、兼职人员（包括利用课余时间打工的在校学生）以及在本单位中工作的外籍和港澳台方人员。

专业技术人员

指专门从事各种科学研究和专业技术工作的人员。从事本类职业工作的人员，一般都要求接受过系统的专业教育，具备相应的专业理论知识，并且按规定的标准条件评聘专业技术职务，以及未聘任专业技术职务，但在专业技术岗位上工作的人员。具体包括科学研究人员、工程技术人员、农业技术人员、飞机和船舶技术人员、卫生专业技术人员、经济和金融专业人员、法律、社会和宗教专业人员、教学人员、文学艺术、体育专业人员、新闻出版、文化专业人员、其他专业技术人员。

就业人员工资总额

指本单位在月度或年度直接支付给本单位全部

就业人员的劳动报酬总额。不论是计入成本的还是不计入成本的，不论是以货币形式支付的还是以实物形式支付的，均应列入工资总额的计算范围。需要明确的是，工资总额是税前工资，包括单位从个人工资中直接为其代扣或代缴的个人所得税、社会保险基金和住房公积金等个人缴纳部分以及房费、水电费等，但不包括从单位工会经费或工会账户中发放的现金或实物，入股分红、股权激励兑现的收益和各种资本性收益等。工资总额具体包括：

1.工资，包括基本工资和绩效工资。基本工资指本单位支付给本单位就业人员的按照法定工作时间提供正常工作的劳动报酬，各单位给个人确定的底薪可作为基本工资；绩效工资指根据本单位利润增长和工作业绩定期支付给本单位就业人员的奖励性工资。

2.奖金，指支付给本单位就业人员的超额劳动报酬和增收节支的劳动报酬。具体包括：年终奖、全勤奖、生产奖、节约奖、劳动竞赛奖和其他名目的奖金以及某工作事项完成后的提成工资、年底双薪等。

3.津贴和补贴，指本单位制定的员工相关工资政策中，为补偿本单位就业人员特殊或额外的劳动消耗和因其他特殊原因支付的津贴，以及为保证其工资水平不受物价影响而支付的物价补贴。具体包括：补偿特殊或额外劳动消耗的津贴及岗位性津贴、保健性津贴、技术性津贴、地区津贴和其他津贴。如：过节费、通讯补贴、交通补贴、公车改革补贴、取暖补贴、物业补贴、不休假补贴、无食堂补贴、单位发的可自行支配的住房补贴以及为员工缴纳的各种商业性保险等。

4.其他工资，指单位发放给就业人员除工资、奖金、津贴和补贴外的劳动报酬。如补发上一年度的工资等。

在岗职工工资总额

指本单位直接支付给本单位全部在岗职工的劳动报酬总额。

就业人员平均工资

指本单位就业人员平均每人所得的工资额。计算公式为：

就业人员平均工资 ＝ 就业人员工资总额/就业人员平均人数

在岗职工平均工资

指本单位在岗职工平均每人所得的工资额。计算公式为：

在岗职工平均工资 ＝ 在岗职工工资总额/在岗职工平均人数

第五篇

固定资产投资

简要说明

一、自2011年起，投资项目起报点为500万元；2016年以后，固定资产投资（不含农户）统计范围包括500万元及以上项目投资、房地产开发投资，以前年份均为全社会固定资产投资（含农户）。

二、本篇资料由市统计局固定资产投资统计处整理提供。

5—1 固定资产投资增长速度

单位：%

年份	总计	国有经济	集体经济	私营经济	个体经济	其他各种经济
2005	37.7	19.4	-51.1	46.2	63.6	275.7
2010	28.4	20.9	76.5	22.7	50.2	8.7
2015	15.4	1.1	-17.8	57.1	-94.8	19.0
2016	11.1	9.4	-65.6	58.9	-94.8	-52.9
2017	5.0	31.5	-50.7	-2.3	-79.9	-6.4
2018	7.1	7.1		11.6		-15.4
2019	9.0	10.8	625.8	7.0	459.5	14.0
2020	4.7	5.0	-69.2	6.1	23.5	-2.7
2021	3.5	13.6	-54.5	0.6	-39.6	-13.7
2022	9.1	18.9	17.5	5.0	35.1	-5.8

5—2 固定资产投资按构成分及资金来源增长速度

单位：%

年份	按构成分			资金来源			
	建筑安装工程	设备工具器具购置	其他费用	国家预算内资金	国内贷款	利用外资	自筹和其他资金
2005	48.9	-1.3	23.7	105.2	10.2	174.7	30.6
2010	21.2	26.7	36.7	108.2	-5.4	-58.9	-4.3
2015	26.3	-27.0	-1.0	12.3	7.9	-77.1	10.7
2016	10.7	0.8	30.5	-0.4	41.1	49.0	7.7
2017	-9.7	66.3	79.5	49.7	23.4	60.2	-4.6
2018	4.9	-7.9	20.8	179.7	-14.7	150.0	-2.2
2019	10.2	6.5	8.2	3.1	13.8	115.3	13.6
2020	4.5	17.1	-0.8	-4.1	28.7	-49.6	5.3
2021	14.7	-2.3	-13.8	8.0	-22.8	-62.9	23.4
2022	7.0	18.3	8.3	63.5	28.4	23.3	-1.5

注：2018年—2020年，因固定资产投资统计改革，到位资金统计范围为5000万元以上项目及房地产开发投资，2021年恢复到500万元以上项目及房地产开发投资。

5—3 主要年份分行业固定资产投资比上年增长情况

单位：%

行 业	2015年	2018年	2019年	2020年	2021年	2022年
总 计	**15.6**	**7.1**	**9.0**	**4.7**	**3.5**	**9.1**
农、林、牧、渔业	85.1	24.8	-23.0	36.0	21.7	52.2
采掘业	-15.2	195.6	-6.0	21.3	18.0	-25.6
制造业	10.0	22.2	12.1	-9.0	10.0	30.1
电力、热力、燃气及水生产和供应业	16.4	-18.8	-8.4	42.8	5.6	-6.7
建筑业	12.4	283.6	-85.9	37.1	6.1	-76.7
批发和零售业	15.8	-1.0	4.0	-62.8	48.1	-4.3
交通运输、仓储和邮政业	11.1	11.3	1.3	21.2	-0.3	16.0
住宿和餐饮业	33.3	-30.1	87.3	15.0	-29.8	36.0
信息传输、软件和信息技术服务业	54.9	8.1	11.1	221.6	30.2	2.2
金融业	-32.3	-46.3	64.5	-3.3	-1.6	-47.8
房地产业	15.4	0.5	4.8	2.7	-0.5	-1.1
租赁和商务服务业	87.2	-27.2	40.1	-28.8	18.6	46.6
科学研究和技术服务业	39.1	52.9	-35.8	113.9	-7.3	-25.0
水利、环境和公共设施管理业	3.4	30.6	18.6	4.7	0.4	13.9
居民服务、修理和其他服务业	13.7	-92.0	277.3	22.6	-39.6	56.9
教 育	40.9	-0.6	92.7	27.2	3.3	2.9
卫生和社会工作	9.2	-30.0	98.5	23.0	78.6	8.5
文化、体育和娱乐业	23.5	-15.8	34.0	10.1	-11.6	2.4
公共管理、社会保障和社会组织	6.8	-54.7	-21.0	86.3	-9.4	-9.5

5—4 分行业固定资产投资占比情况

单位：%

行　　业	2020年	2021年	2022年
总　　计	**100.00**	**100.00**	**100.00**
农、林、牧、渔业	0.32	0.38	0.53
采掘业	0.17	0.20	0.13
制造业	20.56	21.86	26.07
电力、热力、燃气及水生产和供应业	2.53	2.58	2.21
建筑业	0.07	0.08	0.02
批发和零售业	0.18	0.25	0.22
交通运输、仓储和邮政业	7.86	7.57	8.05
住宿和餐饮业	0.24	0.16	0.20
信息传输、软件和信息技术服务业	1.97	2.47	2.32
金融业	0.48	0.46	0.22
房地产业	46.44	44.64	40.48
租赁和商务服务业	0.58	0.66	0.89
科学研究和技术服务业	1.04	0.93	0.64
水利、环境和公共设施管理业	12.32	11.96	12.48
居民服务、修理和其他服务业	0.08	0.04	0.06
教　育	3.00	2.99	2.83
卫生和社会工作	1.02	1.77	1.76
文化、体育和娱乐业	0.71	0.60	0.57
公共管理、社会保障和社会组织	0.44	0.38	0.32

5—5　固定资产投资比上年增长情况（2022年）

指　　标	全　市	瑶 海 区	庐 阳 区	蜀 山 区	包 河 区
计划总投资	9.2	0.2	-11.4	24.9	7.9
本年新开工项目计划总投资	3.2	13.5	13.9	65.4	13.9
自开始建设累计完成投资	10.9	-6.2	-17.6	16.6	11.1
本年完成投资	**9.1**	**5.9**	**-29.9**	**8.1**	**11.9**
＃5000万元以上项目	16.3	-22.0	-33.5	33.1	6.8
＃国有经济控股	11.7	-6.6	-15.4	37.9	23.8
按登记注册类型分					
内　资	9.0	6.0	-30.0	8.2	11.5
＃国有投资	3.7	-29.1	-2.3	31.7	12.6
有限责任公司	18.4	54.0	-23.3	7.9	20.4
股份有限公司	-15.0	-94.2	-58.0	72.0	-46.3
私营个体投资	-0.1	-4.1	-68.4	-41.8	-10.9
其　他	-48.2		132.8	-87.8	-99.1
港澳台商投资	10.2	-100.0		-55.5	29.1
外商投资	11.8		-28.9	50.5	-47.4
按建设性质分					
新　建	6.8	8.6	-29.0	14.7	10.9
扩　建	41.3	-58.5	-8.8	-43.6	-45.4
改建和技术改造	3.7	-3.2	-17.0	-13.9	62.2
按构成分					
建筑安装工程	7.0	7.7	-29.3	16.9	-1.5
设备工器具购置	18.3	25.5	-33.2	-2.0	40.4
其他费用	8.3	4.2	-29.7	3.7	26.0
本年资金来源合计	**8.3**	**41.8**	**-26.7**	**41.0**	**-3.7**
上年末结余资金	16.9	30.8	-33.1	12.1	7.1
本年资金来源小计	6.3	45.5	-24.4	49.8	-7.2
国家预算内资金	63.5	13.7	-47.4	223.3	-20.9
国内贷款	28.4	124.6	2.2	76.7	47.4
利用外资	23.3				
自筹资金	12.1	0.2	39.6	35.3	-12.7
其他资金来源	-12.5	51.6	-52.1	23.3	-10.4

单位：%

高新区	经开区	新站区	安巢经开区	长丰县	肥东县	肥西县	庐江县	巢湖市
-3.2	**11.6**	**10.7**	**9.9**	**8.6**	**10.4**	**11.9**	**24.4**	**4.9**
-27.9	-72.9	-16.3	373.2	7.8	-21.4	89.5	29.9	53.4
-0.2	21.7	16.5	18.6	11.7	22.7	3.9	39.9	1.8
0.5	24.9	0.2	21.5	46.1	3.1	14.5	4.2	-17.4
-1.5	37.1	21.9	33.8	74.8	3.2	21.8	12.3	-17.4
-7.5	15.2	5.0	4.3	31.0	-1.1	36.5	9.0	-15.0
1.1	23.5	2.6	22.3	46.6	3.7	12.4	4.1	-16.6
-0.6	-21.2	37.3	18.1	-10.8	-7.3	32.8	31.5	-23.7
-0.2	71.5	-8.4	26.1	81.4	17.6	28.6	-10.0	46.3
6.6	-34.3	-15.7	-24.1	-3.3	-32.5	-31.8	-55.6	-11.4
1.4	22.7	86.8	11.1	55.0	6.5	-58.1	-15.8	-58.4
20.2	-65.9	-43.7		120.3	-28.6	59.3	-14.5	-57.7
22.1	4.2	11.4	-47.2	54.9	-44.7	-13.6	-37.5	-45.7
-26.4	117.6	-46.6		-16.4	-25.6	59.3	1161.0	-52.9
-0.4	10.7	-7.1	11.4	53.9	-1.6	11.4	1.9	-22.1
11.5	118.1	4.4	14.8	79.7	42.8	7.3	71.1	234.1
-2.1	-22.2	104.2	213.7	-34.7	6.1	38.5	-3.4	-22.8
9.0	39.4	-6.6	18.6	43.6	-6.4	26.7	2.3	-30.5
-12.5	22.2	23.7	127.1	91.9	76.2	-24.4	-12.5	22.6
1.3	-11.4	-8.0	-30.2	16.5	14.0	-21.4	45.7	64.9
-0.9	48.5	-3.5	8.4	19.6	11.2	8.7	0.8	-8.5
3.6	36.4	10.4	-49.1	66.7	80.6	63.8	-51.4	77.1
-2.0	50.2	-7.0	17.8	10.2	1.9	0.6	11.0	-17.7
-22.6	500.4	336.0		17.4	68.9	103.8	-18.7	250.3
-44.6	1932.9	-48.4	-88.2	14.8	111.7	-5.2	-31.8	61.0
291.7	-84.8	344.4		-100.0	-75.4	33.0	194.4	-100.0
21.2	5.6	36.0	9.8	49.8	-1.4	-10.0	45.4	-51.9
-20.4	59.8	-21.2	90.8	-25.5	-23.2	-29.4	-0.3	-48.2

5—6 分行业固定资产投资比上年增长情况（2022年）

行业	全市	瑶海区	庐阳区	蜀山区	包河区
总计	**9.1**	**5.9**	**-29.9**	**8.1**	**11.9**
农、林、牧、渔业	52.2		5.4		
采掘业	-25.6				
制造业	30.1	-21.4	73.1	-15.7	49.7
电力、热力、燃气及水生产和供应业	-6.7	-13.3	-67.4	-38.7	-38.8
建筑业	-76.7	152.0	-93.4	-70.9	-73.6
批发和零售业	-4.3	-44.1	-43.9	106.8	-32.7
交通运输、仓储和邮政业	16.0	-6.8	31.0	54.1	10.3
住宿和餐饮业	36.0		-71.8		-61.5
信息传输、软件和信息技术服务业	2.2	3583.3	-58.3	47.6	-79.3
金融业	-47.8	46.5	-7.6	-12.5	-58.1
房地产业	-1.1	30.2	-28.7	-9.2	12.5
租赁和商务服务业	46.6	24.2	744.5	132.0	27.3
科学研究和技术服务业	-25.0		-56.0	348.5	-31.5
水利、环境和公共设施管理业	13.9	-31.8	-46.1	11.7	39.0
居民服务、修理和其他服务业	56.9	281.4	-26.8	-14.5	11074.7
教育	2.9	9.0	-25.1	-2.7	20.5
卫生和社会工作	8.5	-17.8	-55.8	-4.5	-18.2
文化、体育和娱乐业	2.4	-41.7	-79.1	21.0	45.2
公共管理、社会保障和社会组织	-9.5	-65.2	-87.5	51.8	11.8

单位：%

高新区	经开区	新站区	安巢经开区	长丰县	肥东县	肥西县	庐江县	巢湖市
0.5	**24.9**	**0.2**	**21.5**	**46.1**	**3.1**	**14.5**	**4.2**	**-17.4**
				13.1	112.1	120.8	-4.5	33.3
							-20.2	-92.9
4.0	19.3	29.9	36.6	123.8	42.1	11.5	12.4	-28.8
88.4	196.3	14.9	86.0	28.1	-57.7	14.0	-18.5	50.2
			-100.0		152.5	-51.6	194.9	
7.4	70.6	18.6	-100.0	154.5	48.9	-26.6	-19.6	-24.7
	1075.4	85.0		-17.2	-44.3	1059.1	65.1	
-3.9			-100.0		-28.1	-100.0	-100.0	
					-14.5			
9.7	-13.5	-23.3	-7.4	-0.7	-9.0	9.9	34.8	-30.6
93.9		72.6		450.6	11.2	-5.6	16.2	-39.3
-50.9				100.0	-10.3	-85.1	-75.1	
4.8	150.4	24.7	27.8	-12.2	2.1	53.9	-5.1	-36.2
				-80.3	-59.0	164.4	127.4	-49.6
-26.5	156.2	-35.3	49.1	-32.1	-47.9	168.8	-30.5	217.1
-58.9	-2.7	9.9		-2.2	268.8	33.8	15.7	297.5
12.7		9131.5		270.6	-30.9	-16.1	2.1	-53.9
98.5	-100.0	-100.0		139.2	-64.1	63.0	-81.0	-38.3

5—7　分行业固定资产投资占比情况（2022年）

行　业	全　市	瑶海区	庐阳区	蜀山区	包河区
农、林、牧、渔业	0.53		0.06	0.01	
采掘业	0.13				
制造业	26.07	0.80	4.23	4.73	1.78
电力、热力、燃气及水生产和供应业	2.21	1.82	1.36	0.76	0.98
建筑业	0.02	0.17	0.07	0.06	0.02
批发和零售业	0.22	0.07	1.59	0.09	0.32
交通运输、仓储和邮政业	8.05	5.52	15.81	17.83	5.74
住宿和餐饮业	0.20		0.17	0.10	0.06
信息传输、软件和信息技术服务业	2.32	0.03	2.08	8.40	0.01
金融业	0.22	0.20	0.19	0.46	0.90
房地产业	40.48	63.23	49.32	39.96	71.78
租赁和商务服务业	0.89	2.28	1.79	1.49	1.21
科学研究和技术服务业	0.64	0.02	3.66	1.59	0.57
水利、环境和公共设施管理业	12.48	16.92	14.25	15.04	11.34
居民服务、修理和其他服务业	0.06	0.10	0.05	0.04	0.158
教　育	2.83	6.34	3.56	5.14	2.35
卫生和社会工作	1.76	1.26	1.45	2.21	1.43
文化、体育和娱乐业	0.57	1.00	0.27	1.04	0.77
公共管理、社会保障和社会组织	0.32	0.25	0.08	1.06	0.57

注：县区分行业占比均为该行业投资占所在县区比重。

单位：%

高新区	经开区	新站区	安巢经开区	长丰县	肥东县	肥西县	庐江县	巢湖市
				1.23	1.26	1.50	0.71	1.48
							2.11	0.03
33.99	60.68	42.09	36.84	49.13	19.77	15.08	25.21	25.50
0.76	0.53	0.22	5.21	2.75	1.38	5.66	5.65	7.03
0.41	0.01	0.11		0.11	0.16	0.13	0.27	0.23
4.63	5.24	2.47		6.69	12.57	8.77	13.71	8.33
0.08	0.028	0.04	0.07	0.20	0.05	0.35	1.52	0.08
22.08	0.46				0.12			
		0.01		0.01	0.36			
26.77	16.60	36.73	36.53	28.97	46.06	41.14	27.25	32.76
0.46		0.46	1.50	0.65	0.75	1.56	0.56	0.27
2.12	0.41	0.00	1.45	0.54	0.21	0.02	0.05	0.00
4.45	14.28	11.85	12.79	5.46	13.53	18.80	18.06	9.70
				0.01	0.05	0.12	0.14	0.11
2.96	1.20	3.85	3.20	1.47	1.34	2.15	1.06	12.36
0.25	0.57	1.57	2.42	2.15	1.11	3.89	2.86	1.86
0.93		0.60		0.23	0.96	0.37	0.75	0.21
0.10				0.40	0.32	0.48	0.09	0.07

5—8 各县（市）区固定资产投资增长情况（2022年）

单位：%

地　区	固定资产投资	项目投资	工业投资	房地产投资	基础设施投资	其他投资
总　计	**9.1**	**14.4**	**25.8**	**-0.6**	**13.5**	**0.1**
瑶 海 区	5.9	-18.1	-14.6	42.2	-27.3	-6.2
庐 阳 区	-29.9	-33.1	-14.5	-24.9	-25.5	-44.8
蜀 山 区	8.1	26.2	-19.4	-19.8	38.3	23.8
包 河 区	11.9	7.1	1.4	14.5	27.4	-9.6
高 新 区	0.5	-1.9	5.1	9.3	-2.2	-23.4
经 开 区	24.9	34.1	19.8	-8.6	124.2	16.8
新 站 区	0.2	20.9	29.9	-22.7	23.6	-18.0
巢湖经开区	21.5	30.6	41.2	-4.1	21.9	19.5
长 丰 县	46.1	65.4	115.3	7.5	41.5	-11.3
肥 东 县	3.1	2.0	23.2	5.5	20.7	-25.4
肥 西 县	14.5	21.7	13.2	-5.5	12.9	38.1
庐 江 县	4.2	8.5	1.5	-27.4	-11.0	65.2
巢 湖 市	-17.4	-16.8	-20.9	-19.8	-30.8	0.3

5—9 房地产开发情况（2022年）

单位：万元

指　　标	总　计	内资企业						港澳台投资企业	外商投资企业
			国有企业	国有独资企业	其他有限公司	股份有限公司	私营有限责任公司		
企业数（个）	747	726	8	45	492	6	165	16	5
计划总投资	136707920	132025435	1640754	11613342	97187180	981623	18209608	4191299	491186
自开始建设累计完成投资	91954923	88061184	870349	7397208	68564694	572906	9666440	3464701	429038
本年完成投资	14570872	14326561	346660	1748451	9554529	115287	2236476	201727	42584
按构成分									
建筑工程	6516801	6414314	162065	1083043	4115590	43037	861561	89381	13106
安装工程	248708	242667		28674	193975		14142	6041	
设备工器具购置	29278	29204		5370	21269		2525	74	
其他费用	7776085	7640376	184595	631364	5223695	72250	1358248	106231	29478
#土地购置费	7073389	6944456	176373	560398	4744177	72050	1236933	99500	29433
按工程用途分									
住　宅	11487636	11400682	275299	1357693	7517281	115262	1855428	75516	11438
#90平方米以下住房	2353223	2353223	116160	458458	1191844	115262	422250		
#144平方米以上住房	1137657	1137657	6670	114513	871401		101771		
办公楼	452438	418450	921	29513	323468		56202	32940	1048
商业营业用房	1158875	1106194	13154	121772	808709		144008	47297	5384
其　他	1471923	1401235	57286	239473	905071	25	180838	45974	24714
本年新增固定资产	11752137	11255176	7836	969014	9010754	42931	1197519	439658	57303
本年资金来源合计	35802742	35345674	2084518	3392659	21994725	446012	6528107	389253	67815
上年末结余资金	11130010	10972364	348755	658321	8211551	225230	1339551	144920	12726
本年资金来源小计	24672732	24373310	1735763	2734338	13783174	220782	5188556	244333	55089
#国内贷款	3639697	3639697	166664	487230	1964024	115000	740779		
利用外资									
自筹资金	6380756	6284397	1250208	1048005	2073285	257	1771008	96359	
定金及预收款	8565030	8453033	220904	594026	5749918	24910	1528804	96327	15670
个人按揭贷款	5357508	5303140	97987	435628	3502483	80615	1117835	14949	39419
其他到位资金	729741	693043		169449	493464		30130	36698	
本年各项应付款合计	6400233	5917614	30208	559402	4187562	37185	902173	462275	20344
#工程款	3383699	3211866	10571	122281	2540418	10832	419529	163977	7856
待开发土地面积（平方米）	2757167	2757167		226546	1689231		745244		
本年购置土地面积（平方米）	4285250	4285250	520108	1188960	1461777		1031300		

5—9 续表

单位：万元

指　　标	总　计	内资企业						港澳台投资企业	外　商投资企业
			国有企业	国　有独资企业	其　他有限公司	股　份有限公司	私营有限责任公司		
本年土地成交价款	4725216	4725216	109712	799970	2124810		1461479		
年初存货	43203018	42514053	1281789	4005050	30656903	945660	5056345	577236	111729
流动资产合计	96442740	94027985	3536362	7169405	64699595	1543988	15610890	2138674	276080
#存　货	45543136	44845973	1645185	4394185	29766973	859711	7571542	656315	40849
固定资产原价	2994158	2802268	46487	947486	1480053	16949	311256	177624	14267
累计折旧	717501	644353	16508	187476	351497	6346	82506	68936	4213
#本年折旧	123732	116853	1067	18496	83443	585	13257	6158	721
资产总计	124610710	121295210	5014833	18052672	76818820	2661738	16963801	2893107	422393
负债合计	94404563	92536466	3226345	11851693	59643322	1718310	14485606	1628057	240040
所有者权益合计	30206147	28758743	1788488	6200979	17175498	943429	2478195	1265050	182354
#实收资本	16357904	15577572	789050	1717976	10849178	414235	1715289	710831	69501
主营业务收入	17265236	16858574	350439	1354620	12852124	238415	1633121	354783	51879
#商品房屋销售收入	16485548	16090904	210276	1318262	12336150	192860	1603525	344604	50039
自持物业收入	132684	122719		18740	65369	24336	14274	9190	776
其他收入	647004	644951	140163	17618	450605	21219	15322	989	1064
主营业务成本	14712669	14370882	281991	1146497	11016600	184564	1389051	299408	42379
税金及附加	376149	370952	10090	35251	268236	10236	38283	4189	1009
其他业务利润	12260	10814		-74	7772	3	3114	1446	
销售费用	459629	443192	5560	24434	312604	12545	83921	10781	5655
管理费用	370362	355110	5416	42927	238223	9207	58291	11856	3396
财务费用	245262	234346	5043	7155	190287	19558	12136	9554	1362
#利息支出	205733	199607	8905	4127	164528	16923	5119	6117	9
营业利润	1699323	1572319	78041	98360	1124133	142737	63348	130212	-3209
营业外收入	49082	48315	85	7961	38214	36	1870	600	167
营业外支出	30618	30065	28	1201	20950	694	7175	398	156
资产减值损失（损失以“–”号记）	-97389	-97204	-2027	-6438	-87561		-1165	-185	
公允价值变动收益	11912	11912	11059	2	851				
投资收益	629861	513244	27666	14826	318735	139631	12386	117876	-1259
利润总额	1715578	1588361	78099	105121	1139250	142017	58043	130415	-3198
所得税费用	336244	320818	13508	31576	242272	5006	19822	14992	434
应付职工薪酬	308625	301460	3947	23670	214130	8282	47766	6173	992

注：以往年度资产减值损失以正数填报，2022年起年报制度变化，损失以“–”号记。

5—10　市区房地产开发情况（2022年）

单位：万元

指　　标	总　计	内资企业	国有企业	国有独资企业	其他有限公司	股份有限公司	私营有限责任公司	港澳台投资企业	外商投资企业
企业数　（个）	480	465	6	32	327	4	91	12	3
计划总投资	102165155	99385556	1560276	9177899	74545376	448458	12074951	2579599	200000
自开始建设累计完成投资	70564879	68131829	798452	6110944	54397632	234488	6004505	2234825	198225
本年完成投资	10534458	10360488	340759	1266516	6943230	67966	1560104	172922	1048
按构成分									
建筑工程	4583745	4517168	156164	758692	2893576	21117	597037	66577	
安装工程	133654	133263		16783	109258		7222	391	
设备工器具购置	13039	12965		482	11337		1146	74	
其他费用	5804020	5697092	184595	490559	3929059	46849	954699	105880	1048
#土地购置费	5298015	5197467	176373	429789	3595461	46700	867648	99500	1048
按工程用途分									
住　宅	8028268	7970127	272253	966261	5233202	67941	1276268	58141	
#90平方米以下住房	1313492	1313492	114614	249438	601591	67941	279167		
#144平方米以上住房	1051377	1051377	6670	106089	804505		90811		
办公楼	418819	384831	921	28638	304981		41945	32940	1048
商业营业用房	904786	868248	10299	72208	667788		110452	36538	
其　他	1182585	1137282	57286	199409	737259	25	131439	45303	
本年新增固定资产	8558735	8119077		734963	6842191	42931	498992	439658	
本年资金来源合计	25687990	25378658	2063125	2658707	14468354	445494	5058390	305161	4171
上年末结余资金	7302257	7196359	333907	525633	5092549	224946	922727	103699	2199
本年资金来源小计	18385733	18182299	1729218	2133074	9375805	220548	4135663	201462	1972
#国内贷款	2378427	2378427	166664	170570	1198614	115000	561579		
利用外资									
自筹资金	5536641	5441447	1250208	896553	1749610	23	1451798	95194	
定金及预收款	6395844	6310099	214359	535710	3979688	24910	1290782	83773	1972
个人按揭贷款	3518080	3504686	97987	404551	2053218	80615	804229	13394	
其他到位资金	556741	547640		125690	394675		27275	9101	
本年各项应付款合计	4190409	4112003	10571	447792	2894673	37071	581790	78406	
#工程款	2197505	2130161	10571	71917	1725894	10718	259754	67344	
待开发土地面积　（平方米）	1689243	1689243		226546	1068134		367414		
本年购置土地面积　（平方米）	2641140	2641140	520108	460261	882728		694938		

注：市区不含五县市及安巢经开区，不分共建项目。

5—10 续表

单位：万元

指标	总计	内资企业						港澳台投资企业	外商投资企业
			国有企业	国有独资企业	其他有限公司	股份有限公司	私营有限责任公司		
本年土地成交价款	3236534	3236534	109712	454157	1385469		1057951		
年初存货	29721972	29417437	1212510	3483059	20002153	924903	3562824	249256	55280
流动资产合计	71116472	69570819	3336004	6247705	45799703	1513446	11848086	1409216	136437
#存　货	31272492	30947631	1468035	3622761	19259643	835236	5322590	312668	12192
固定资产原价	2591259	2406501	46422	946791	1165640	16506	231113	171362	13396
累计折旧	618756	549273	16445	187118	279165	6079	60449	65733	3751
#本年折旧	103729	97168	1041	18390	67871	576	9286	5881	680
资产总计	96146878	93918912	4814472	16539172	55970672	2631020	12822173	1948103	279863
负债合计	71834130	70570233	3037133	10967476	42776370	1675406	11074729	1103836	160061
所有者权益合计	24312748	23348680	1777339	5571696	13194302	955614	1747444	844267	119802
#实收资本	12956173	12464776	782000	1560908	8420327	408475	1212722	464896	26501
主营业务收入	12395673	12043398	319572	1117391	9433513	238093	782663	344681	7594
#商品房屋销售收入	11841237	11498189	179410	1083829	9135746	192538	754500	337270	5779
自持物业收入	124390	117179		18573	60445	24336	13826	6434	776
其他收入	430046	428030	140163	14990	237322	21219	14337	977	1039
主营业务成本	10303317	10015616	255717	929409	7882999	184051	638343	284181	3521
税金及附加	282737	282915	9674	33914	197409	10234	28017	-376	198
其他业务利润	8933	7488		-1639	7715	3	1409	1446	
销售费用	290901	283021	5355	18988	181471	12545	61822	7852	28
管理费用	282633	269697	5300	38857	172172	8985	42223	10306	2630
财务费用	127468	124099	5129	-7054	101732	19542	4429	3372	-3
#利息支出	111567	111480	8904	3900	81045	16907	723	87	
营业利润	1606772	1454802	74099	100962	1100316	143168	15954	150756	1214
营业外收入	25011	24594	85	7695	15504	35	1141	259	158
营业外支出	24447	24293	7	55	18462	692	5076	122	32
资产减值损失（损失以“–”号记）	-76446	-76481	-2027	-6432	-67043		-979	36	
公允价值变动收益	11912	11912	11059	2	851				
投资收益	612730	494855	27666	12468	303815	139631	11275	117876	
利润总额	1605126	1452894	74177	108602	1095210	142450	12020	150893	1339
所得税费用	279406	264054	13508	29096	209652	5006	4197	14992	361
应付职工薪酬	224867	219868	3408	18927	156640	7604	31112	4352	647

5—11 房地产开发企业施工和销售情况（2022年）

单位：平方米

指标		合计	住宅	办公楼	商业营业用房	其他
全市						
房屋施工面积		81064366	52014490	5721208	6991891	16336777
#新开工面积		15335992	10730801	381300	889676	3334215
房屋竣工面积		23335924	15142614	1757366	1285558	5150386
#不可销售面积		626099	146229	172875	68823	238172
竣工房屋价值	（万元）	9399714	6602256	667248	685003	1445207
商品房销售面积		14591789	12378281	466353	498019	1249136
现房销售面积		2363517	1431358	172410	215117	544632
期房销售面积		12228272	10946923	293943	282902	704504
商品房销售额	（万元）	18115642	16681105	424618	599614	410305
现房销售额		1518901	986260	166230	178404	188007
期房销售额		16596741	15694845	258388	421210	222298
待售面积		4094853	749332	572864	977458	1795199
#待售1-3年面积		2030139	401226	252906	292571	1083436
待售3年以上面积		1002961	37816	169335	444572	351238
市区						
房屋施工面积		55881335	33576869	5325858	4595133	12383475
#新开工面积		9021739	6115720	337446	482192	2086381
房屋竣工面积		16397418	10063836	1741898	893008	3698676
#不可销售面积		589766	134119	172875	66173	216599
竣工房屋价值	（万元）	6861970	4573910	664154	507689	1116217
商品房销售面积		9545343	8007679	361896	339736	836032
现房销售面积		1875600	1198540	158121	157003	361936
期房销售面积		7669743	6809139	203775	182733	474096
商品房销售额	（万元）	12970479	11841948	353963	446434	328134
现房销售额		1281922	817337	157202	147073	160310
期房销售额		11688557	11024611	196761	299361	167824
待售面积		3174289	463956	528227	658775	1523331
#待售1-3年面积		1449054	237181	222431	107549	881893
待售3年以上面积		903358	34821	169335	347964	351238

5—12　各县（市）区房地产开发企业个数（2022年）

单位：个

地　区	企业个数	内资企业			港澳台投资企业	外商投资企　业
			国　有	私　营		
总　计	**747**	**726**	**53**	**174**	**16**	**5**
瑶海区	42	41	1	12	1	
庐阳区	61	59	5	11	2	
蜀山区	56	54	4	15	1	1
包河区	145	139	14	20	6	
高新区	59	57	7	11	2	
经开区	44	43	4	15		1
新站区	73	72	3	11		1
安巢经开区	15	15	2	2		
长丰县	66	65	3	12	1	
肥东县	65	64	3	31		1
肥西县	45	42	4	7	3	
庐江县	47	47	1	17		
巢湖市	29	28	2	10		1

5—13　各县（市）区房地产开发企业从业人数（2022年）

单位：人

地　区	从业人员平均人数	内资企业			港澳台投资企业	外商投资企　业
			国　有	私　营		
总　计	**15799**	**15166**	**1189**	**3241**	**546**	**87**
瑶海区	747	712	70	212	35	
庐阳区	1465	1446	85	127	19	
蜀山区	1033	991	100	258		42
包河区	3081	2900	361	351	181	
高新区	1628	1596	173	224	32	
经开区	933	928	51	325		5
新站区	1293	1265	83	368		28
安巢经开区	571	571	36	26		
长丰县	1345	1276	27	315	69	
肥东县	1088	1083	33	444		5
肥西县	1154	944	74	137	210	
庐江县	734	734	18	259		
巢湖市	727	720	78	195		7

5—14　各县（市）区房地产开发投资总规模及完成投资（2022年）

单位：万元

地　　区	计划总投资	自开始建设累计完成投资	本年完成投资	全部建成尚需投资
总　　计	**136707920**	**91954923**	**14570872**	**44752997**
瑶 海 区	7229763	4830532	851135	2399231
庐 阳 区	8050682	5440080	674199	2610602
蜀 山 区	11955447	8457218	871031	3498229
包 河 区	42573136	30138185	4626606	12434951
高 新 区	8043765	5700567	881972	2343198
经 开 区	8131774	3583445	800745	4548329
新 站 区	11014437	8575863	1451706	2438575
安巢经开区	1640340	1045941	138566	594399
长 丰 县	12269464	8803742	1310283	3465723
肥 东 县	8868305	5539010	1342372	3329295
肥 西 县	11484987	5840311	1100481	5644676
庐 江 县	3289452	2650168	237907	639284
巢 湖 市	2156368	1349862	283871	806506

5—15　各县（市）区按用途分的房地产开发投资（2022年）

单位：万元

地　　区	本年完成投资	住　　宅			办 公 楼	商业营业用房	其　他
			#90平方米以下	#144平方米以上			
总　　计	**14570872**	**11487636**	**2353223**	**1137657**	**452438**	**1158875**	**1471923**
瑶 海 区	851135	674109	166125	7735	4197	33453	139376
庐 阳 区	674199	498312	167988	50565	8955	72032	94900
蜀 山 区	871031	650821	132621	17825	15371	66136	138704
包 河 区	4626606	3515790	339615	708521	232307	462142	416367
高 新 区	881972	622668	54717	132004	73348	110960	74997
经 开 区	800745	554780	135978	71046	60833	95645	89487
新 站 区	1451706	1216309	266626	52017	18567	50711	166120
安巢经开区	138566	118817	25722	6442		10393	9356
长 丰 县	1310283	1136314	340684	10863	14101	49721	110148
肥 东 县	1342372	1123713	359303	21440	21618	54922	142119
肥 西 县	1100481	917385	339158	19607	395	125209	57493
庐 江 县	237907	214611	13953	17400		4076	19220
巢 湖 市	283871	244009	10734	22194	2748	23477	13637

5—16　各县（市）区房地产开发企业施工情况（2022年）

地　区	房屋施工面积（平方米）	新开工	竣工房屋面积（平方米）	房屋建筑面积竣工率（%）	竣工房屋价值（万元）	竣工房屋造价（元/平方米）
总　计	**81064366**	**15335992**	**23335924**	**28.8**	**9399714**	**4028**
瑶海区	3281783	1295795	1320383	40.2	399840	3028
庐阳区	4268921	1111287	682076	16.0	459136	6731
蜀山区	5830635	1319773	2149082	36.9	917609	4270
包河区	22894243	2707708	5036222	22.0	2518287	5000
高新区	6120890	611572	1792433	29.3	559785	3123
经开区	3738989	823378	916810	24.5	418402	4564
新站区	7893261	1152226	3823465	48.4	1257387	3289
安巢经开区	873832	98953	455646	52.1	141840	3113
长丰县	6626576	777298	1991534	30.1	822211	4129
肥东县	6543494	1728744	2347548	35.9	852882	3633
肥西县	8842400	3134991	1852626	21.0	676047	3649
庐江县	2416143	323395	458413	19.0	153225	3343
巢湖市	1733201	250872	509687	29.4	223065	4377

5—17　各县（市）区按用途分的房地产开发企业新开工房屋面积（2022年）

单位：平方米

地　区	本年新开工房屋面积	住　宅	办公楼	商业营业用房	其　他
总　计	**15335992**	**10730801**	**381300**	**889676**	**3334215**
瑶海区	1295795	1029300	39000	18691	208804
庐阳区	1111287	695194	9501	132102	274490
蜀山区	1319773	821138	19244	79982	399409
包河区	2707708	1998303	98229	148508	462668
高新区	611572	281049	78490	25396	226637
经开区	823378	593200	25000	27912	177266
新站区	1152226	697536	67982	49601	337107
安巢经开区	98953	96469			2484
长丰县	777298	565119	15348	70816	126015
肥东县	1728744	1132877	5480	24278	566109
肥西县	3134991	2362335	18410	287319	466927
庐江县	323395	281837		4073	37485
巢湖市	250872	176444	4616	20998	48814

5—18 各县（市）区商品房销售情况（2022年）

地　区	商品房销售面积（平方米）	#住　宅	现　房	期　房	商品房销售额（万元）	#住　宅	现　房	期　房
总　计	**14591789**	**12378281**	**2363517**	**12228272**	**18115642**	**16681105**	**1518901**	**16596741**
瑶海区	1044085	923589	293557	750528	1426520	1359069	150132	1276388
庐阳区	873482	747117	67612	805870	756701	678559	59055	697646
蜀山区	1240192	1167877	55567	1184625	1511768	1445467	56729	1455039
包河区	2793120	2170240	348357	2444763	5309744	4719315	307367	5002377
高新区	675812	565353	95760	580053	1129448	1008134	71282	1058166
经开区	884252	754458	64261	819991	1066298	944972	44173	1022125
新站区	1866852	1582154	941369	925483	1589873	1525897	588637	1001236
安巢经开区	80814	80561	49850	30964	73511	73340	43568	29943
长丰县	1197468	984864	121803	1075665	1099390	1005951	70835	1028555
肥东县	1200070	960002	189799	1010271	1082555	986707	59451	1023104
肥西县	2037901	1887222	19319	2018583	2537933	2440316	11184	2526749
庐江县	444118	354993	89911	354207	301197	275914	33574	267623
巢湖市	253624	199852	26354	227270	230707	217466	22915	207792

5—19 各县（市）区按用途分的商品房销售面积（2022年）

单位：平方米

地区	商品房销售面积	住宅	#90平方米以下	#144平方米以上	办公楼	商业营业用房	其他
总计	**14591789**	**12378281**	**1656767**	**1871287**	**466353**	**498019**	**1249136**
瑶海区	1044085	923589	600		5337	14290	100869
庐阳区	873482	747117	456		4680	48778	72907
蜀山区	1240192	1167877	337570	53863	7390	25258	39668
包河区	2793120	2170240	147415	662620	205290	166899	250691
高新区	675812	565353	252	183323	47216	28602	34642
经开区	884252	754458	164358	50726	62574	23105	44115
新站区	1866852	1582154	304766	635144	19460	25691	239548
安巢经开区	80814	80561	5594	349		253	
长丰县	1197468	984864	80473	51731	45396	38344	128865
肥东县	1200070	960002	134789	12143	49632	47989	142447
肥西县	2037901	1887222	478031	180985	18133	51119	81427
庐江县	444118	354993	2464	19037	1246	25085	62794
巢湖市	253624	199852		21367		2608	51164

5—20　房地产开发企业当年完成投资50强（2022年）

企业名称		企业名称	
合肥锦湖房地产开发有限公司	1	合肥骏沃房地产开发有限公司	26
合肥华侨城实业发展有限公司	2	合肥荣盛泽业房地产开发有限公司	27
合肥招盛房地产开发有限公司	3	合肥润创房地产开发有限公司	28
合肥和禹房地产开发有限公司	4	中国房地产开发合肥有限公司	29
安徽省文一投资控股集团滨江置业有限公司	5	合肥禹博房地产开发有限公司	30
合肥市庐阳房地产开发公司	6	合肥锦庆房地产开发有限公司	31
合肥市复兴置业投资有限公司	7	合肥金隅京韵房地产开发有限公司	32
合肥中海宏洋海晟房地产开发有限公司	8	合肥中海海荣房地产有限责任公司	33
合肥高新智城发展有限公司	9	安徽省高速登科房地产开发有限公司	34
合肥润琥房地产开发有限公司	10	合肥滨湖琥珀工程项目管理有限公司	35
合肥瑞盛房地产开发有限公司	11	合肥卓盛房地产开发有限公司	36
肥东县城乡建设投资有限公司	12	合肥居峰置业有限公司	37
肥西城改城市运营管理有限公司	13	合肥万科东昇地产有限公司	38
安徽绿隽置业有限公司	14	安徽粮海房地产开发有限公司	39
合肥联滨房地产开发有限公司	15	安徽省安高资产运营管理有限公司	40
安徽信万华房地产开发有限公司	16	合肥伟星星资置业有限公司	41
安徽舜鸿房地产开发有限公司	17	合肥中海海飞房地产有限公司	42
中铁四局集团合肥置业有限公司	18	合肥融创新越置业有限公司	43
金隅京华房地产开发合肥有限公司	19	合肥金玖房地产开发有限公司	44
安徽汇筑置业有限公司	20	合肥中海海瑞房地产开发有限公司	45
合肥兆悦房地产开发有限公司	21	合肥邦恒置业有限公司	46
合肥滨投文化创意发展有限公司	22	安徽蜀山城投置业有限责任公司	47
合肥光煜房地产开发有限公司	23	合肥伟星驰浩置业有限公司	48
合肥城建发展股份有限公司	24	安徽汇和置业有限公司	49
合肥融望置业有限公司	25	合肥融博置业有限公司	50

5—21 房地产开发企业在建开发项目施工面积50强（2022年）

企 业 名 称		企 业 名 称	
合肥市庐阳房地产开发公司	1	合肥嘉汇置业有限公司	26
安徽蜀山城投置业有限责任公司	2	合肥市复兴置业投资有限公司	27
合肥华南城有限公司	3	肥东县城乡建设投资有限公司	28
安徽新祥源房地产开发有限公司	4	合肥粤泰商业运营管理有限公司	29
合肥包河房地产开发有限责任公司	5	合肥和德房地产有限公司	30
中铁四局集团合肥置业有限公司	6	安徽绿隽置业有限公司	31
合肥高新智城发展有限公司	7	合肥光明置业有限公司	32
中国房地产开发合肥有限公司	8	合肥和禹房地产开发有限公司	33
合肥工投工业科技发展有限公司	9	肥西康居城市运营管理有限公司	34
合肥华侨城实业发展有限公司	10	安徽大富新时代地产有限公司	35
合肥锦湖房地产开发有限公司	11	安徽中安恒鑫房地产有限公司	36
安徽省文一投资控股集团滨江置业有限公司	12	合肥中建孚创房地产开发有限公司	37
合肥复地复润房地产投资有限公司	13	安徽乾泰房地产开发有限公司	38
合肥锦顺房地产开发有限公司	14	合肥和桂房地产有限公司	39
安徽蓝鼎置地集团有限公司	15	安徽信万华房地产开发有限公司	40
安徽宝利丰投资发展有限公司	16	安徽建银房地产开发有限公司	41
合肥中建孚茂房地产开发有限公司	17	合肥居峰置业有限公司	42
合肥万科东昇地产有限公司	18	安徽省高信房地产开发有限公司	43
安徽联投地产有限公司	19	合肥金郡房地产开发有限公司	44
安徽沪铁房地产开发经营有限公司	20	安徽盛泽置业有限责任公司	45
淮矿地产安徽东方蓝海有限公司	21	合肥苏宁悦城置业有限公司	46
肥西城改城市运营管理有限公司	22	合肥卓盛房地产开发有限公司	47
合肥城建发展股份有限公司	23	金隅京华房地产开发合肥有限公司	48
安徽省高速登科房地产开发有限公司	24	合肥皖投置业有限责任公司	49
合肥招盛房地产开发有限公司	25	合肥中筑置业发展有限公司	50

5—22 房地产开发企业销售面积50强（2022年）

企业名称		企业名称	
合肥市庐阳房地产开发公司	1	合肥和蓬房地产开发有限公司	26
合肥中建孚茂房地产开发有限公司	2	合肥锦湖房地产开发有限公司	27
肥西城改城市运营管理有限公司	3	安徽大富至诚房地产开发有限公司	28
安徽蜀山城投置业有限责任公司	4	安徽省高信房地产开发有限公司	29
合肥经开建设投资有限公司	5	安徽中安恒鑫房地产有限公司	30
合肥中建孚创房地产开发有限公司	6	肥西县城乡建设投资(集团)有限公司	31
肥东县城乡建设投资有限公司	7	合肥和冉房地产开发有限公司	32
合肥润琥房地产开发有限公司	8	合肥万科东昇地产有限公司	33
安徽省高速登科房地产开发有限公司	9	合肥城万置业有限公司	34
合肥市复兴置业投资有限公司	10	合肥滨投文化创意发展有限公司	35
长丰海悦建设有限公司	11	合肥和宸房地产开发有限公司	36
合肥联滨房地产开发有限公司	12	安徽悦玺置业有限公司	37
中铁四局集团合肥置业有限公司	13	合肥和墩房地产开发有限公司	38
合肥兆悦房地产开发有限公司	14	合肥华侨城实业发展有限公司	39
合肥骏沃房地产开发有限公司	15	安徽高悦置业有限公司	40
合肥招盛房地产开发有限公司	16	安徽玺栢置业有限公司	41
合肥锦庆房地产开发有限公司	17	安徽盛泽置业有限责任公司	42
合肥龙安房地产开发有限公司	18	合肥伟星星资置业有限公司	43
合肥星策置业有限公司	19	合肥招阳房地产开发有限公司	44
合肥溪境置业有限公司	20	祥源花世界生态文化旅游区开发有限公司	45
合肥珑庆房地产开发有限公司	21	合肥卓盛房地产开发有限公司	46
肥西康居城市运营管理有限公司	22	庐江碧城房地产开发有限公司	47
合肥包河房地产开发有限责任公司	23	合肥瑞盛房地产开发有限公司	48
安徽省安高资产运营管理有限公司	24	合肥联实置业有限公司	49
安徽汇筑置业有限公司	25	肥西和顺地产有限公司	50

主要统计指标解释

固定资产投资

固定资产投资额是以货币表现的建造和购置固定资产活动的工作量，它是反映固定资产投资规模、速度、比例关系和使用方向的综合性指标。固定资产投资按经济类型可分为国有、集体、个体、联营、股份制、外商、港澳台商、其他等。按照管理渠道，固定资产投资统计的范围包括：⑴500 万元以上项目投资；⑵房地产开发投资。

房地产开发投资

指房地产开发公司、商品房建设公司及其他房地产开发法人单位和附属于其他法人单位实际从事房地产开发或经营的活动单位统一开发的包括统代建、拆迁还建的住宅、厂房、仓库、饭店、宾馆、度假村、写字楼、办公楼等房屋建筑物和配套的服务设施，土地开发工程（如道路、给水、排水、供电、供热、通讯、平整场地等基础设施工程）的投资；不包括单纯的土地交易活动。

固定资产投资的资金来源

根据固定资产投资的资金来源不同，分为国家预算内资金、国内贷款、利用外资、自筹资金和其他资金来源。

⑴国家预算内资金：指中央财政和地方财政中由国家统筹安排的基本建设拨款和更新改造拨款，以及中央财政安排的专项拨款中用于基本建设的资金和基本建设拨款改贷款的资金等。

⑵国内贷款：指报告期内企、事业单位向银行及非银行金融机构借入的用于固定资产投资的各种国内借款。包括银行利用自有资金及吸收的存款发放的贷款、上级主管部门拨入的国内贷款、国家专项贷款（包括煤代油贷款、劳改煤矿专项贷款等）、地方财政专项资金安排的贷款、国内储备贷款、周转贷款等。

⑶利用外资：指报告期内收到的用于固定资产投资的国外资金，包括统借统还、自借自还的国外贷款，中外合资项目中的外资，以及对外发行债券和股票等。国家统借统还的外资指由我国政府出面同外国政府、团体或金融组织签订贷款协议、并负责偿还本息的国外贷款。

⑷自筹资金：指建设单位报告期内收到的，用于进行固定资产投资的上级主管部门、地方和企、事业单位自筹资金。

⑸其他资金来源：指报告期内收到的除以上各种拨款。

固定资产投资按建设性质分

建设项目的性质一般分为新建、扩建、改建、迁建、恢复。基本建设按建设项目划分建设性质，更新改造、国有单位其他固定资产投资及城镇集体投资等按整个企业、事业单位的建设情况确定建设性质，房地产开发单位、农村投资等投资不划分建设性质。

⑴新建：一般是指从无到有、“平地起家”新开始建设的单位。有的单位原有的基础很小，经过建设后其新增加的固定资产价值超过原有固定资产价值（原值）三倍以上的也算新建。

⑵扩建：一般是指为扩大原有产品的生产能力，在厂内或其他地点增建主要生产车间（或主要工程）、独立的生产线或分厂的企业；事业单位和行政单位在原单位增建业务用房（如学校增建教学用房、医院增建门诊部或病床用房、行政机关增建办公楼等）也作为扩建。

⑶改建：一般是指现有企业、事业单位为了技术进步，提高产品质量，增加花色品种，促进产品升级换代，降低消耗和成本，加强资源综合利用和三废治理、劳保安全等，采用新技术、新工艺、新设备、新材料等对现有设施、工艺条件进行技术改造或更新（包括相应配套的辅助性生产、生活福利设施）。有的企业为充分发挥现有生产能力，进行填平补齐而增建不增加本单位主要产品生产能力的车间等，也属于改建。

固定资产投资按构成分

固定资产投资活动按其工作内容和实现方式分为建筑安装工程，设备、工具、器具购置，其他费用三个部分。

⑴建筑安装工程（建筑安装工作量）：指各种房屋、建筑物的建造工程和各种设备、装置的安装工程。包括各种房屋建造工程，各种用途设备基础和各种工业窑炉的砌筑工程；为施工而进行的各种准备工作和临时工程以及完工后的清理工作等；铁路、道路的铺设，矿井的开凿及石油管道的架设等；水利工程；防空地下建筑等特殊工程；以及各种机械设备的安装工程；为测定安装工程质量，对设备进行的试运工作。在安装工程中，不包括被安装设备本身的价值。

⑵设备、工具、器具购置：指购置或自制达到固定资产标准的设备、工具、器具的价值，固定资产的标准按财务部门规定。新建单位、扩建单位的新建车间按照设计和计划要求购置或自制的全部设备、工具、器具，不论是否达到固定资产标准均计入“设备、工具、器具购置”中。

⑶其他费用：指在固定资产建造和购置过程中发生的，除建筑安装工程和设备、工具、器具购置以外的各种应摊入固定资产的费用。

土地购置费

指房地产开发企业通过各种方式取得土地使用权而支付的费用。土地购置费包括：（1）通过划拨方式取得的土地使用权所支付的土地补偿费、附着物和青苗补偿费、安置补偿费及土地征收管理费等；（2）通过“招、拍、挂”等出让方式取得土地使用权所支付的资金。以划拨方式取得土地所支付的资金在房地产项目竣工后计入新增固定资产，以出让方式取得土地所有权所支付的出让金不计入新增固定资产。土地购置费按当期实际发生额计入投资。土地购置费为分期付款的，应分期计入房地产开发投资。

住宅

指专供居住的房屋，包括别墅、公寓、职工家属宿舍和集体宿舍（包括职工单身宿舍和学生宿舍）等。但不包括住宅楼中作为人防用、不住人的地下室等。

办公楼

指企业、事业、机关、团体、学校、医院等单位使用的各类办公用房（又称写字楼）。

商业营业用房

指商业、粮食、供销、饮食服务业等部门对外营业的用房，如度假村、饭店、商店、门市部、粮店、书店、供销店、饮食店、菜店、加油站、日杂等房屋。

房屋施工面积

指报告期内施工的全部房屋建筑面积。包括本期新开工的房屋建筑面积、上期跨入本期继续施工的房屋建筑面积、上期停缓建在本期恢复施工的房屋建筑面积、本期竣工的房屋建筑面积以及本期施工后又停缓建的房屋建筑面积。多层建筑应填各层建筑面积之和。

房屋竣工面积

指报告期内房屋建筑按照设计要求已全部完工，达到住人和使用条件，经验收鉴定合格或达到竣工验收标准，可正式移交使用的各栋房屋建筑面积的总和。

商品房销售面积

指报告期内出售商品房屋的合同总面积（即双方签署的正式买卖合同中所确定的建筑面积）。本月销售面积指从本月 1 日起至本月最后一天止出售商品房屋的合同总面积。商品房销售面积由现房销售面积和期房销售面积两部分组成。

商品房销售额

指报告期内出售商品房屋的合同总价款（即双方签署的正式买卖合同中所确定的合同总价）。本月销售额指从本月 1 日起至本月最后一天止出售商品房屋的合同总价款。该指标与商品房销售面积同口径，由现房销售额和期房销售额两部分组成。

待售面积

指报告期末已竣工的可供销售或出租的商品房屋建筑面积中，尚未销售或出租的商品房屋建筑面积，包括以前年度竣工和本期竣工的房屋面积，但不包括报告期已竣工的拆迁还建、统建代建、公共配套建筑、房地产公司自用及周转房等不可销售或出租的房屋面积。按照商品房待售时间的长短可以划分为待售一年以下、待售一到三年（含一年）和待售三年以上（含三年）。

本年土地购置面积

指在本年内通过各种方式获得土地使用权的土地面积。

本年土地成交价款

指进行土地使用权交易活动的最终金额。在土地一级市场，是指土地最后的划拨款、“招拍挂”价格和出让价；在土地二级市场是指土地转让、出租、抵押等最后确定的合同价格。土地成交价款与土地购置面积同口径，可以计算土地的平均购置价格。

第六篇

能源生产和消费

简要说明

一、本篇包括的主要内容有：能源消费及品种构成，能源生产和消费弹性系数，地区能源消费和单位GDP能耗，分行业分主要能源品种的消费量等。

二、本篇 6-6、6-7、6-8 表由市供电公司提供；其他资料取自市统计局能源处，按照国家统计局报表制度逐级汇总整理。

6—1 能源消耗指标

年份	单位GDP能耗（等价值）		单位工业增加值能耗（规模以上，当量值）		单位GDP电耗	
	指标值（吨标准煤/万元）	比上年上升或下降(±%)	指标值（吨标准煤/万元）	比上年上升或下降(±%)	指标值（千瓦时/万元）	比上年上升或下降(±%)
2010	0.53	-3.50	0.50	-18.41	586.24	-0.49
2015	0.40	-6.44	0.37	-13.48	462.13	-2.62
2020	0.29	-1.97		-6.40	452.23	-2.35
2021	0.24	-3.20		-12.16	406.51	6.30
2022	0.25	2.80		-1.91	443.69	9.00

6—2 能源消费弹性系数

年份	能源消费比上年增长(%)	电力消费比上年增长(%)	合肥生产总值比上年增长(%)	能源消费弹性系数	电力消费弹性系数
2010	13.44	16.97	16.4	0.82	1.03
2015	3.35	7.57	10.3	0.33	0.73
2020	2.28	1.89	4.3	0.53	0.44
2021	5.70	16.09	9.2	0.62	1.75
2022	6.40	12.80	3.5	1.83	3.66

6—3 主要年份地区能源消费与单位GDP能耗

指标	2015年	2020年	2021年	2022年
能源消费总量（等价值）　（万吨标准煤）	**2103.20**	**2464.29**	**2604.02**	**2771.84**
农、林、牧、渔业能源消费	46.28	54.89	57.69	60.06
工业和建筑业能源消费	1078.53	1158.97	1241.82	1298.40
工业能源消费	937.84	1018.78	1096.86	1149.82
规模以上工业能源消费	781.22	895.43	987.84	1057.11
规模以下工业能源消费	156.62	123.35	109.02	92.71
建筑业能源消费	140.69	140.19	144.96	148.58
服务业能源消费	661.09	844.29	889.31	934.55
#交通运输、仓储、邮政业能源消费	240.67	281.48	301.75	301.75
居民生活用能	317.30	406.14	415.20	478.83
城市居民	220.86	287.19	294.94	341.25
农村居民	96.44	118.95	120.26	137.58
单位GDP能耗（等价值）　（吨标准煤/万元）	**0.40**	**0.29**	**0.24**	**0.25**

6—4 能源消费总量及电力生产和消费量

年　份	能源消费总量（万吨标准煤）	电力生产量（亿千瓦时）	电力消费量（亿千瓦时）
2010	1575.50	80.30	123.91
2015	2103.20	172.07	243.26
2020	2464.29	237.22	382.55
2021	2604.02	243.37	444.11
2022	2771.84	259.32	500.92

6—5 电力生产弹性系数

年　份	电力生产比上年增长（%）	合肥生产总值比上年增长（%）	电力生产弹性系数
2010	9.79	16.4	0.60
2015	-7.37	10.3	
2020	-3.20	4.3	
2021	2.20	9.2	0.24
2022	5.70	3.5	1.63

6—6 主要年份全社会用电情况

单位：万千瓦时

指　标	2015年	2020年	2021年	2022年
全社会用电量总计	**2432570**	**3825530**	**4441100**	**5009234**
全行业用电量合计	2010149	3121308	3714866	4069457
第一产业	20054	24475	28445	37539
第二产业	1378605	1985119	2336395	2514155
第三产业	611488	1111714	1350026	1517763
城乡居民生活用电量合计	422420	704222	726234	939777
城镇居民	294716	517235	534893	690299
乡村居民	127705	186987	191342	249479
分行业用电				
农、林、牧、渔业	20054	39124	37501	57606
工　业	1309297	1899843	2232786	2398671
建筑业	69307	85763	104070	116256
交通运输、仓储和邮政业	51185	129489	163163	167412
信息传输、软件和信息技术服务业	33621	66292	80729	96364
批发和零售业	115919	182621	229851	254525
住宿和餐饮业	35071	47113	56386	58284
金融业	11211	31180	40287	47593
房地产业	98626	191781	233239	274972
租赁和商务服务业	101293	68027	83525	92811
公共服务及管理组织	164562	380074	453329	504963

6—7 分行业工业用电量

单位：万千瓦时

行　　业	2021年	2022年
消费总量	**2232786**	**2398671**
煤炭开采和洗选业	33	36
石油和天然气开采业	1	5
黑色金属矿采选业	31399	36004
有色金属矿采选业	18044	18320
非金属矿采选业	646	1160
其他采矿活动	153	128
农副食品加工业	27709	30092
食品制造业	29208	33012
酒、饮料及精制茶制造业	11071	12790
烟草制品业	4487	4247
纺织业	17978	16443
纺织服装、服饰业	6431	8123
皮革、毛皮、羽毛及其制品和制鞋业	2884	3164
木材加工和木、竹、藤、棕、草制品业	8187	9370
家具制造业	13364	14493
造纸和纸制品业	18389	16743
印刷和记录媒介复制业	10776	11002
文教、工美、体育和娱乐用品制造业	2820	2846
石油、煤炭及其他燃料加工业	550	672
化学原料和化学制品制造业	169398	161729
医药制造业	25386	29496
化学纤维制造业	51922	50464
橡胶和塑料制品业	130332	125020
非金属矿物制品业	196377	181322
黑色金属冶炼和压延加工业	27492	22192
有色金属冶炼和压延加工业	20334	21743
金属制品业	111131	106472
通用设备制造业	66508	61165
专用设备制造业	61854	65546
汽车制造业	51010	77129
铁路.船舶.航空航天和其他运输设备制造业	24387	24220
电气机械和器材制造业	202879	298064
计算机、通信和其他电子设备制造业	572841	628044
仪器仪表制造业	1614	2054
其他制造业	54609	62876
废弃资源综合利用业	5071	5890
金属制品、机械和设备修理业	461	772
电力、热力生产和供应业	195290	191262
燃气生产和供应业	2249	2196
水的生产和供应业	57510	62364

6—8　主要年份电力建设情况

指　　标		2010年	2015年	2020年	2021年	2022年
全社会用电量	**（亿千瓦时）**	**123.91**	**243.26**	**382.55**	**444.11**	**500.92**
线损率	**（%）**	**5.66**	**6.03**	**4.20**	**4.10**	**3.60**
架空线长度	**（公里）**	**3190.40**	**5192.91**	**7549.91**	**8033.99**	**8491.90**
500KV		927.55				
220KV		600.85	1297.31	2078.25	2157.31	2409.32
110KV		803.37	1689.01	2266.37	2538.63	2709.79
35KV		858.63	2206.59	3205.30	3337.95	3372.79
电缆长度	**（公里）**	**96.21**	**891.65**	**603.07**	**671.17**	**809.70**
220KV			33.36	25.60	29.05	38.18
110KV		89.37	749.94	407.14	442.61	549.31
35KV		6.84	108.35	170.34	199.51	222.20
公用变电容量	**（万千伏安）**	**1339.11**	**2068.30**	**2739.50**	**2920.43**	**3184.68**
500KV		260.00				
220KV		528.00	1032.00	1374.00	1422.00	1590.00
110KV		511.65	914.85	1214.60	1345.90	1441.35
35KV		39.46	121.45	150.90	152.53	153.33
用电最高负荷	**（万千瓦）**	**273.89**	**506.30**	**845.20**	**853.40**	**1059.90**

6—9　主要年份规模以上工业主要能源品种消费量

指　　标		2010年	2015年	2020年	2021年	2022年
原　　煤	（万吨）	534.38	1097.18	1303.77	1357.61	1454.19
#洗 精 煤		47.06	0.07			
其他洗煤		17.71	0.03			
焦　　炭	（万吨）	56.75	58.68	0.38	0.26	0.51
天 然 气	（亿立方米）	0.70	1.61	4.57	5.34	5.89
汽　　油	（万吨）	2.10	2.08	0.67	0.60	0.56
煤　　油	（万吨）	0.07	0.04			
柴　　油	（万吨）	5.47	5.87	4.08	4.59	4.33
燃 料 油	（万吨）	0.22	0.01	0.42	0.17	0.22
热　　力	（万百万千焦）	861.35	1393.26	1395.03	1484.16	2494.79
电　　力	（亿千瓦时）	79.61	139.9	189.24	211.71	236.02
生物燃料	（万吨标准煤）		8.45	7.63	8.06	14.69

6—10 规模以上工业能源购进、消费及库存（2022年）

指标	年初库存量	购进量		工业生产消费量			年末库存量
		实物量	购自省外	实物量	用于原材料	运输工具消费	
原煤 （吨）	772565	14420366	3803406	14541921	983774		654025
#无烟煤	8	195		196			
一般烟煤	772193	14420171	3803406	14541531	983774		653854
焦炭 （吨）	5	5076	5021	5076			5
天然气 （万立方米）		61219		58931		1165	7
液化天然气 （吨）		4694	2965	1222			
汽油 （吨）	49	6898	304	5603		5019	65
煤油 （吨）	0	13		13			
柴油 （吨）	1096	45011	270	43272		29999	968
燃料油 （吨）	348	2097	685	2204			251
液化石油气 （吨）	0.3	438	35	423			0
润滑油 （吨）	404	1374	733	1030			404
其他石油制品 （吨）	28	7244	141	697	151		18
电力 （万千瓦时）		8295456		2360244		5165	
热力 （百万千焦）		7387540		24947904			

6—11　分行业规模以上工业主要能源品种消费量（2022年）

行　业	原　煤 （吨）	焦　炭 （吨）	天然气 （万立方米）	液化天然气 （吨）	汽　油 （吨）
消 费 总 量	**14541921**	**5076**	**58931**	**1222**	**5603**
黑色金属矿采选业					
有色金属矿采选业					
非金属矿采选业					
农副食品加工业			1474	482	87
食品制造业			2766		1
酒、饮料和精制茶制造业	28		30		166
烟草加工业			166		
纺织业			62		
纺织服装、鞋、帽制造业			190		66
皮革、毛皮、羽毛及其制品和制鞋业			8		
木材加工及竹、藤、棕、草制品业			108		20
家具制造业			11		44
造纸及纸制品业			394		35
印刷业、记录媒介的复制			274		65
文教体育用品制造业			12	21	22
石油加工、炼焦及核燃料加工业			16		
化学原料及化学制品制造业	1975793		3979		53
医药制造业			480		4
化学纤维制造业			11		
橡胶和塑料制品业			8762		236
非金属矿物制品业	1609007	5021	14371		217
黑色金属冶炼和压延加工业			3126		24
有色金属冶炼和压延加工业	31584		3119		14
金属制品业			2748	281	337
通用设备制造业		55	3070		580
专用设备制造业			360		365
汽车制造业			4032	29	244
铁路船舶航空航天和其他运输设备制造业			37		
电气机械和器材制造业			1313	11	507
计算机、通信和其他电子设备制造业			7740	73	344
仪器仪表制造业					157
其他制造业			10		
废弃资源综合利用业			207	325	1
金属制品、机械和设备修理业			39		16
电力、热力生产和供应业	10925510		16		1883
燃气生产和供应业					2
水的生产和供应业					112

煤　油 (吨)	柴　油 (吨)	燃料油 (吨)	液化石油气 (吨)	润滑油 (吨)	其他石油制品 (吨)	热　力 (百万千焦)	电　力 (万千瓦时)	生物燃料 (吨标煤)
13	**43272**	**2204**	**423**	**1030**	**697**	**24947905**	**2360244**	**146880**
	918						25589	
							16432	
							6937	
	45	302				573938	21093	
	8		167			126500	18332	1520
	1					297106	8771	287
						33235	2906	
			45			14244	12536	
						19423	3964	
							851	
	45						917	
	95					4	10355	
	45					15017	5906	1141
	104		38			39707	10593	
	21					4136	886	
							231	
	130				151	15575132	197014	6827
	1					458494	15804	
						830361	6553	
	923	2		4		1898604	131068	
	33656	1895	89	13		4024764	166743	7543
	3					201721	20503	
	14						12050	
	489		21		34	25469	59550	20
10	1586			381	113		78724	
	881			18		98123	32089	
3	1883	6	35	610	370	206586	75801	
	9						3764	
	617		29	5	30	211348	243747	
	100					248998	634853	
	7						2309	
	14						1036	
	14					44994	1393	
	143						1375	
	1425						488861	129544
	1						2463	
	93						38244	

6—12　分行业规模以上工业用水情况（2022年）

单位：万立方米

行　业	工业取水总　量	地表水	地下水	自来水	其他水	重复用水数　量
消 费 总 量	**113215.98**	**95097.87**	**152.71**	**15869.88**	**902.11**	**366364.18**
煤炭开采和洗选业						
黑色金属矿采选业	647.38	79.80		78.95		3051.56
有色金属矿采选业	124.35	22.99		27.96		1007.31
非金属矿采选业	106.41	77.56	0.13	1.27		61.46
农副食品加工业	259.08	3.29	2.71	244.74	8.34	2.44
食品制造业	455.58		0.59	451.73	2.94	1.45
酒、饮料和精制茶制造业	314.44			305.58	8.86	7.82
烟草加工业	22.47			21.24	1.23	9.10
纺织业	52.18	3.73		47.88	0.57	0.25
纺织服装、鞋、帽制造业	122.37	12.79		108.84	0.74	
皮革、毛皮、羽毛及其制品和制鞋业	15.02	0.76	0.34	13.91		3.34
木材加工及竹、藤、棕、草制品业	4.47		0.02	4.45		
家具制造业	55.87	4.29		51.57	0.01	0.22
造纸及纸制品业	40.23	11.31		28.44	0.48	16.35
印刷业、记录媒介的复制	79.83	0.17	0.23	77.90	1.54	
文教体育用品制造业	21.05		0.05	20.91	0.09	0.03
石油加工、炼焦及核燃料加工业	1.74			1.74		
化学原料及化学制品制造业	2646.63	1579.59	2.88	380.65	683.52	84935.32
医药制造业	298.67			287.37	11.30	6.84
化学纤维制造业	71.23			38.15	33.08	
橡胶和塑料制品业	492.41	0.58	1.80	462.30	27.73	2938.50
非金属矿物制品业	1407.57	538.80	113.28	735.70	3.37	3386.28
黑色金属冶炼和压延加工业	78.43	33.06		37.96	7.42	10361.39
有色金属冶炼和压延加工业	33.06			33.06		0.01
金属制品业	374.34	1.27	2.32	369.16	1.59	8.28
通用设备制造业	555.46	15.29	12.09	528.08		11.85
专用设备制造业	246.47	0.98	1.41	242.53	1.56	12.73
汽车制造业	631.02	31.12	0.54	596.31	3.04	2988.17
铁路船舶航空航天和其他运输设备制造业	126.59		0.95	125.64		0.24
电气机械和器材制造业	1850.68	0.05	1.09	1841.75	7.78	10.75
计算机、通信和其他电子设备制造业	5006.53	18.59	0.22	4891.88	94.53	51764.75
仪器仪表制造业	27.35			27.35		0.91
其他制造业	47.95	11.00	11.86	25.08		
废弃资源综合利用业	22.92	3.20		17.31	2.41	
金属制品、机械和设备修理业	17.95			17.95		0.42
电力、热力生产和供应业	5846.60	4858.50	0.20	402.05		205776.44
燃气生产和供应业	15.73			15.73		
水的生产和供应业	91095.89	87789.14		3306.75		

6—13 各县（市）区能源消耗指标（2022年）

地区	单位GDP能耗(等价值)		单位工业增加值能耗(规模以上，当量值)		单位GDP电耗	
	指标值(吨标准煤/万元)	比上年上升或下降(±%)	指标值(吨标准煤/万元)	比上年上升或下降(±%)	指标值(千瓦时/万元)	比上年上升或下降(±%)
全　市	**0.2455**	**2.8**		**-1.9**	**443.69**	**9.0**
瑶海区	0.2904	2.8		-0.3		
庐阳区	0.2330	6.4		-1.0		
蜀山区	0.1970	3.5		-9.3		
包河区	0.1823	2.2		-8.8		
高新区	0.1190	-0.2		2.1		
经开区	0.1566	5.7		7.1		
新站区	0.4224	2.7		8.8		
安巢经开区	0.2069	4.2		9.1		
长丰县	0.2972	6.7		-4.8	558.49	16.8
肥东县	0.4399	3.6		-16.7	530.96	26.8
肥西县	0.2361	3.5		-3.5	535.22	3.5
庐江县	0.2738	11.8		-8.4	537.59	5.9
巢湖市	0.5345	-3.8		-13.0	659.42	-1.6

6—14 各县（市）区规模以上工业用水情况（2022年）

单位：万立方米

地区	工业取水总量	地表水	地下水	自来水	其他水	重复用水数量
全　市	**113215.98**	**95097.87**	**152.71**	**15869.88**	**902.11**	**366364.18**
瑶海区	67060.69	67028.15	0.00	32.55		0.04
庐阳区	1524.29	950.65	2.58	110.77	0.07	45553.76
蜀山区	1001.25	503.42	0.23	494.21	0.15	3495.95
包河区	214.58	0.09	4.83	209.65		4.29
高新区	1418.14	0.88	0.53	1403.16	13.56	2973.17
经开区	2608.71	18.19	0.16	2535.90	54.13	2483.31
新站区	2606.72	0.09	0.76	2544.68	59.87	33884.99
安巢经开区	166.85	36.14	0.0004	123.16	7.55	76.86
长丰县	5127.94	2765.04	17.70	2216.30	40.36	18159.54
肥东县	15976.30	14306.02	24.60	978.03	665.15	127305.46
肥西县	4475.37	174.35	22.72	4249.71	23.54	345.96
庐江县	4609.83	3355.85	73.40	559.53		62982.66
巢湖市	6425.32	5959.00	5.20	412.25	37.74	69098.19

主要统计指标解释

能源消费总量

指全市国民经济各行业和居民家庭在一定时期消费的各种能源的总和。能源消费总量分为终端能源消费量、能源加工转换损失量和损失量三部分。

⑴终端能源消费量：指一定时期内全省生产和生活消费的各种能源在扣除了用于加工转换二次能源消费量和损失量以后的数量。

⑵能源加工转换损失量：指一定时期内全省投入加工转换的各种能源数量之和与产出各种能源产品之和的差额，是观察能源在加工转换过程中损失量变化的指标。

⑶能源损失量：指一定时期内能源在输送、分配、储存过程中发生的损失和由客观原因造成的各种损失量，不包括各种气体能源放空、放散量。

能源消费弹性系数

是指能源消费增长速度与国民经济增长速度之间的比值。计算公式为：

能源消费弹性系数＝能源消费量年平均增长速度/国民经济年平均增长速度

国民经济年平均增长速度，可根据不同的目的或需要，用国民生产总值、国内生产总值等指标来计算，本年鉴是采用国内生产总值指标计算的。

电力消费弹性系数

是指电力消费增长速度与国民经济增长速度之间的比值。计算公式为：

电力消费弹性系数＝电力消费量年平均增长速度/国民经济年平均增长速度

电力生产弹性系数

是指电力生产增长速度与国民经济增长速度之间的比值。计算公式为：

电力生产弹性系数＝电力生产量年平均增长速度/国民经济年平均增长速度

第七篇

财政、金融、保险

简要说明

一、本篇反映全市财政收支、金融保险证券业发展状况。

二、财政收支资料来源于市财政局财政决算。

三、金融保险证券业资料有以下三个部分：一是反映金融机构人民币存贷款情况，资料由中国人民银行安徽省分行和中国人民银行巢湖分行提供；二是反映保险业务情况，资料由国家金融监督管理总局安徽监管局提供；三是反映股票发行及筹资情况，资料由中国证券监督管理委员会安徽监管局和合肥市地方金融监督管理局提供。

7—1 主要年份一般公共预算收入

单位：万元

年份	全市	长丰县	肥东县	肥西县	庐江县	巢湖市
2000	243797	12975	18383	15435		
2005	576372	16574	30449	32510		
2010	2594283	81879	107614	137881		
2015	5715440	278430	251335	373959	169377	178739
2016	6148493	333302	316559	421228	175483	178428
2017	6559039	351083	356514	466847	176225	183327
2018	7124862	388338	418575	515176	192673	206164
2019	7459934	415482	458393	507121	204150	231590
2020	7629009	430458	487374	545263	205949	232186
2021	8442188	498759	557513	590325	236973	255215
2022	9092546	549015	600543	638460	262303	261875

7—2 主要年份一般公共预算支出

单位：万元

年份	全市	长丰县	肥东县	肥西县	庐江县	巢湖市
1995	85848	9612	12755	13369		
2000	257798	21331	27800	24010		
2005	734118	46544	63925	62713		
2010	3177157	201932	258515	250863		
2015	7726920	483106	517647	616229	497628	398609
2016	8598503	543990	570779	643069	517552	407601
2017	9653444	616596	723901	697684	584480	434571
2018	10049099	680315	760836	766358	626360	506823
2019	11226669	788569	918990	863962	710468	605142
2020	11643459	859546	957440	918210	821307	670168
2021	12237236	885007	909622	883616	749428	668083
2022	13801794	1269958	1104674	1029343	810659	680664

7—3 一般公共预算收入情况（2022年）

指　　标	全　市	市本级	瑶海区	庐阳区	蜀山区	包河区
一般公共预算收入	**9092546**	**4010548**	**196872**	**292985**	**361921**	**632845**
税收收入	6707340	2530706	124353	246981	306682	583207
增值税	2997746	1148811	50976	53881	108076	199783
企业所得税	789884	295530	9797	59966	36165	67653
个人所得税	276572	99249	4154	14746	20310	23118
资源税	20999					
城市维护建设税	434694	229036	6900	11363	22790	26951
房产税	361402		15831	45074	46635	59163
印花税	178191		7003	13397	15467	28138
城镇土地使用税	131329	78108				
土地增值税	519435		29691	48479	57237	178115
车船税	75587	22640				
耕地占用税	23904	4777				
契　税	893649	650782				
环境保护税	817	259				
其他税收收入	3131	1514	1	75	2	286
非税收入	2385206	1479842	72519	46004	55239	49638
专项收入	1263682	946339	1259	2203	5360	5173
教育费附加收入	194488	149399	-1			
地方教育附加收入	119619	89593	-1			
文化事业建设费收入	1176		239	122	210	180
残疾人就业保障金收入	37035	20143	1022	2071	3633	4068
教育资金收入	405685	310000				
农田水利建设资金收入	404685	310000				
森林植被恢复费	10039	1162		10	1517	925
水利建设专项收入	90618	66042				
其他专项收入	337					
行政事业性收费收入	195533	65977	13018	24792	9536	8575
罚没收入	151910	48181	32877	1141	2082	4286
国有资本经营收入						
国有资源（资产）有偿使用收入	481685	253404	11444	10046	16921	25251
捐赠收入	38121	208	12341	6409	6549	5875
政府住房基金收入	94780	75760			1873	
其他收入	159495	89973	1580	1413	12918	478

单位：万元

高新区	经开区	新站区	安巢经开区	长丰县	肥东县	肥西县	庐江县	巢湖市
536825	**456799**	**229463**	**62092**	**549015**	**600543**	**638460**	**262303**	**261875**
524396	433788	212321	51474	378161	448121	458278	215555	193317
252866	220390	101483	23490	219564	240328	175634	124269	78195
103190	63442	31434	1447	24882	27923	30311	19296	18848
50258	25142	10122	675	5824	5806	8225	3024	5919
3			9	3			12866	8118
27998	21753	9418	2800	18101	19335	17620	11025	9604
43839	46888	29377	3216	17609	16980	21734	6220	8836
25756	43421	10635	851	7486	7876	10511	3332	4318
			2519	12876	11604	12846	6519	6857
20482	12582	19849	9510	22588	42545	64763	4375	9219
			6	1170	24540	1573	1928	23730
			292	1198	3070	1702	9729	3136
			6655	46826	47110	113291	12655	16330
			4	19	97	38	222	178
4	170	3		15	907	30	95	29
12429	23011	17142	10618	170854	152422	180182	46748	68558
240	82	260	3836	114269	83738	62962	18745	19216
			1187	10829	12472	9543	6503	4556
			792	7190	8311	6361	4335	3038
240	36	48		39	9	29	6	18
			193	1688	1351	1715	712	439
			1000	43867	26318	20000	600	3900
				43867	26318	20000	600	3900
	46	212		442	1881	184	2895	765
			664	6347	6962	4920	3083	2600
					116	210	11	
3843	2514	852	49	12422	21555	25293	3421	3686
1128	1108	1827	395	3931	15685	11890	8370	19009
1514	8806	7124	5615	22193	30875	54984	7582	25926
500	2938	2401	216		13	671		
5201	6052	3406	338	1406	426		15	303
3	1511	1272	169	16633	130	24382	8615	418

7—4 一般公共预算支出情况（2022年）

指标	全市	市本级	瑶海区	庐阳区	蜀山区	包河区
一般公共预算支出	**13801794**	**4565356**	**364147**	**353113**	**534342**	**862373**
一般公共服务	812285	196720	33962	20809	41918	68558
国防	9714	3584	666	174	320	142
公共安全	479103	271780	6471	7277	711	10152
教育	2363239	513241	187744	130167	166022	278504
科学技术	2456708	679161	2286	11817	21151	121533
文化旅游体育与传媒	97195	57901	1048	792	1778	3556
社会保障和就业	1381453	274498	34024	37331	54892	59547
卫生健康支出	1140501	556534	23276	24388	33319	54189
节能环保	531658	322887	464	12294	4736	13631
城乡社区	1991980	852545	61586	74906	167487	198475
农林水	903136	77324	503	13510	8557	13876
交通运输	197378	108539	1	82	96	307
资源勘探信息等	429362	187598	2819	4421	6612	8374
商业服务业等	211882	44584	1368	6648	14146	10450
金融	208941	196796		152	775	1094
自然资源海洋气象等	115611	69755	13	29	20	100
住房保障支出	256025	58293	5294	5087	7426	15570
粮油物资储备	14242	5162			503	20
灾害防治及应急管理	49645	20461	956	3	921	2080
其他支出	4666					
债务付息支出	146650	67934	1666	3222	2948	2192
债务发行费用支出	420	59		4	4	23

单位：万元

高新区	经开区	新站区	安巢经开区	长丰县	肥东县	肥西县	庐江县	巢湖市
835807	**595914**	**687907**	**107537**	**1269958**	**1104674**	**1029343**	**810659**	**680664**
20704	19617	20174	13913	69988	102765	79617	66153	57387
410	313	316		546	1031	462	734	1016
32	6918			34416	37473	45447	27020	31406
89227	105317	88336	4250	167505	160825	168238	154789	149074
402109	193741	396557	18151	347971	126699	115753	4980	14799
1041	769	842	296	6459	6049	8377	4486	3801
22227	35758	22387	2472	160445	207164	130366	181660	158682
25995	37268	28391	3913	76965	66929	88534	66658	54142
5459	3968	7053	938	17351	112944	8918	9163	11852
172864	79980	70952	50475	51600	29492	110281	37670	33667
1615	4987	5633	42	163530	163917	166553	177661	105428
0	6	6	6	20197	19401	26520	12611	9606
70200	33633	11044	4699	61050	7905	9782	15197	6028
13241	47719	12202	60	46194	4296	6697	2883	1394
1970	904	1861	212	1710	1056	854	729	828
				9020	12097	12361	3965	8251
3228	18364	9137	3025	23645	31933	32947	24595	17481
350				566	731	2405	4221	284
1720	2205	460	1036	4462	4659	4571	3596	2515
		4648				18		
3368	4424	7857	4021	6307	7277	10609	11832	12993
47	23	51	28	31	31	33	56	30

7—5 主要年份金融机构人民币存贷款余额

单位：万元

年份	各项存款	#企业存款	#储蓄存款	各项贷款	#工业贷款	#商业贷款	#基建贷款	#技改贷款
1985	160091	88273	42370	280790	80746	126323	2745	18489
1990	486684	219001	180881	755916	265494		14925	43439
1992	757324	382454	277542	1053220	374042	400531	55880	94617
1993	936246	434244	369225	1262656	420083	483843	79474	112953
1994	1203300	593455	515692	1421154	455175	541639	59234	133913
1995	1990349	881383	784529	2026600	540096	658702	82117	163837
1996	2580461	1189464	1041589	2491756	630493	769874	89150	182444
1997	2886860	1349695	1201891	2816266	672568	894232	90884	194234
1998	3949428	1814406	1381081	3343465	710474	886614	215690	174411
1999	4495431	2130319	1622931	3408357	774521	948790	286343	154689
2000	5628039	2872524	1839468	5874987	775243	844288	2347847	296676
2001	7109443	3369064	2256445	7051032	100402	931833	2666502	392681
2002	8454604	3876764	2881104	8116509	1131488	838100	2692665	151223
2003	10596221	4925833	3592488	10080852	1386003	1005461	337163	241691
2004	12959637	6074327	4291387	12106744	1277991	903915	4297344	212174
2005	15218529	6991984	5161608	14198674	1330583	829668	4795826	174928
2006	18217274	8579243	6060114	17171861	1225335	1132992	5914557	55753
2007	22313309	11118737	6730856	21150833	1817752	1485643	6955009	59195
2008	27256789	13234083	8528294	26406068	1956787	1377408	8944078	77536
2009	37353091	19090347	10318141	34925338	2176081	1662964	11211794	51285
2010	45417842	21808730	12337343	42140848				
2011	57563020		16895400	52569251				
2012	69138402		20655745	61360262				
2013	82325791		23557723	70549939				
2014	91426847		25394998	81696401				
2015	109679060		30185366	96365681				
2016	131509496		32812636	115506045				
2017	138817185		34891815	128654570				
2018	153384492		40034070	136466876				
2019	161538599		46672164	153073898				
2020	182967355		55894046	176786571				
2021	202037490		63941404	199369693				
2022	226302644		79580409	232070010				

注：2015年起储蓄存款指标变更为住户存款。

7—6　金融机构人民币信贷资金平衡表（资金来源）（2022年）

（年末余额）　　单位：万元

项　目	全　市	市　区	长丰县	肥东县	肥西县	庐江县	巢湖市
资金来源合计	**245432471**	**202100451**	**6968232**	**8589938**	**11396248**	**7764013**	**8613589**
各项存款	226302644	184995959	6313422	8236734	10722723	7733809	8299998
境内存款	226149063	184848294	6313065	8235864	10720854	7732100	8298884
住户存款	79580409	52191099	3758283	5647604	6322628	5940941	5719854
活期存款	27817572	20139503	1335259	1786823	1784811	1350403	1420774
定期及其他存款	51762837	32051597	2423024	3860781	4537818	4590538	4299080
非金融企业存款	75680245	67687990	1688941	1025775	2622507	1078354	1576677
活期存款	27394109	23046443	849267	648993	1424410	654106	770890
定期及其他存款	48286136	44641547	839674	376782	1198097	424249	805787
财政性存款	7851376	7480733	66911	148622	67344	35631	52136
机关团体存款	47377655	43005630	499032	963230	1588352	677174	644236
非银行业金融机构存款	15659378	14482842	299898	450633	120023		305982
境外存款	153581	147664	356	870	1868	1709	1113
金融债券	749177	729177				20000	
卖出回购资产	29000		10000		19000		
借款及非银行业金融机构拆入	400250	400250					
应付及暂收款	5416741	4374072	162759	237319	243745	210072	188776
各项准备	3821618	3146309	133902	118027	170948	109480	142951
所有者权益	8534144	7069150	303375	311296	413533	217397	219393
实收资本	2916004	2450035	98653	116161	122314	88925	39916
其　他	178897	1896181	-465871	-313439	-173701	-526744	-237528

7—7 金融机构人民币信贷资金平衡表（资金运用）（2022年）

（年末余额） 单位：万元

项目	全市	市区	长丰县	肥东县	肥西县	庐江县	巢湖市
资金运用总计	**245432471**	**202100451**	**6968232**	**8589938**	**11396248**	**7764013**	**8613589**
各项贷款	232070010	195914630	6586217	7459152	9318058	5464605	7327348
境内贷款	231695109	195540203	6586154	7458998	9318058	5464507	7327189
住户贷款	84015566	65710611	3961594	4394467	5242961	2440476	2265457
短期贷款	12909241	8537058	907248	1002830	1004043	772912	685151
消费贷款	3709950	2242878	277986	427025	312285	263073	186702
经营贷款	9199291	6294179	629261	575805	691758	509838	498449
中长期贷款	71106325	57173553	3054346	3391638	4238918	1667565	1580305
消费贷款	61113238	49086959	2688032	3058136	3422072	1475614	1382426
经营贷款	9993086	8086594	366314	333501	816847	191951	197879
企（事）业单位贷款	147679543	129829592	2624561	3064530	4075097	3024030	5061733
短期贷款	30572897	25007009	1088659	1097218	1109167	910579	1360263
中长期贷款	99147864	88716427	1269694	1682242	2454415	1784355	3240731
票据融资	11769063	9919522	266207	285070	510514	327011	460738
融资租赁	6044614	6044614					
各项垫款	145106	142020			1000	2085	
非银行业金融机构贷款							
境外贷款	374901	374427	63	154		99	159
债券投资	5280355	2303489	291694	654858	808748	672553	549014
股权及其他投资	5619545	5559866	11140	23242	11503	8654	5140
买入返售资产	283417	204785		68668	9964		
存放非银行业金融机构款项	733	733					
联行往来（净）	29823	-3570004		264340	1122991	1559480	653017
境内存放二级准备金	1884853	1700053	46247	2329	108346	27878	
中央银行外汇占款							
应收及预付款	1076964	797923	50147	65883	81466	39224	42321
投资性房地产	7506	7506					
固定资产	1064118	881523	29034	53795	43518	19497	36750

7—8 上市公司数量

单位：家

年份	全市合计	上交所	科创板	深交所	仅发A股公司	发A、H股公司	发A、B股公司
2010	21	8		13	19	1	1
2013	30	10		20	28	1	1
2014	33	12		21	31	1	1
2015	34	12		22	32	1	1
2016	37	14		23	35	1	1
2017	44	19		25	42	1	1
2018	45	20		25	43	1	1
2019	46	21		25	44	1	1
2020	58	29	7	29	56	1	1
2021	68	36	13	32	66	1	1
2022	76	40	16	34	74	1	1

注：2022年上市公司总数中含2家北交所上市公司。

7—9 股票发行及筹资情况

年份	A股股票发行（万股）	筹资额合计（万元）	A股首发	配股	增发	公司债
2010	168322	3047497	974733	245577	1539190	288000
2013	194642	5097575	1756718	245577	2307280	788000
2014	205606	5505775	1868918	245577	2603280	788000
2015	308905	6588175	1890818	245577	3663780	788000
2016	530701	8851535	2516261	245577	5301697	788000
2017	635442	10448551	2883777	245577	6021497	1297700
2018	659607	12569551	2933077	245577	6102197	3288700
2019	756569	14095551	2958677	245577	6983597	3907700
2020	943874	16981124	3614487	543100	7406437	5417100
2021	1025981	21486492	4057466	939289	9564537	6925200
2022	1362620	23821740	4613649	939289	9869402	8399400

注：本页表中数据均为累计数，由市地方金融监督管理局提供。

7—10 保险公司业务经济技术指标

单位：万元

项目	保费收入		赔付	
	2021年	2022年	2021年	2022年
合计	**4175709**	**3893869**	**1558122**	**1446285**
按公司类型分				
财产保险公司	1482493	1638095	960733	1046157
人身保险公司	2693217	2255774	597389	400128
按业务性质分				
财产保险业务	**1281362**	**1381293**	**869299**	**911794**
企业财产险	51369	61765	22208	21188
家庭财产险	5584	18394	717	1359
机动车辆险	810933	872145	569159	570136
工程保险	27343	15980	26996	12496
责任保险	118479	114662	71492	53295
信用保险	29792	36247	10585	6789
保证保险	156107	150712	116014	143769
船舶保险	2796	3348	968	1317
货物运输险	14261	13561	5637	7041
特殊风险保险	568	1189	554	230
农业保险	39293	53913	26590	65061
其他保险	24839	39377	18380	29113
人身保险业务	**2894347**	**2512576**	**688823**	**534491**
寿　险	2150962	1724537	347149	318163
健康险	618993	670212	310012	182163
意外伤害险	124391	117827	31663	34165

主要统计指标解释

一般公共预算收入

指国家财政参与社会产品分配所取得的收入，是实现国家职能的财力保证。主要包括：

（1）税收收入：包括增值税、企业所得税、个人所得税、资源税、城市维护建设税、房产税、印花税、城镇土地使用税、土地增值税、车船税、耕地占用税、契税和烟叶税等。

（2）非税收入：包括专项收入、行政事业性收费收入、罚没收入、国有资本经营收入和国有资源（资产）有偿使用收入等。

一般公共预算支出

国家财政将筹集起来的资金进行分配使用，以满足社会各项事业发展和经济建设的需要，主要包括：

（1）一般公共服务：反映政府提供一般公共服务的支出。具体包括人大事务、政协事务、政府办公厅（室）及相关机构事务、发展与改革事务、统计信息事务、财政事务、税收事务、审计事务、海关事务、纪检监察事务、商贸事务、知识产权事务、民族事务、港澳台事务、档案事务、民主党派及工商联事务、群众团体事务、党委办公厅（室）及相关机构事务、组织事务、宣传事务、统战事务、对外联络事务、其他共产党事务支出、网信事务、市场监督管理事务、其他一般公共服务支出。

（2）公共安全：反映政府维护社会公共安全方面的支出。具体包括武装警察部队、公安、国家安全、检察、法院、司法、监狱、强制隔离戒毒、国家保密、缉私警察、其他公共安全支出等。

（3）教育：反映政府教育支出情况。具体包括教育管理事务、普通教育、职业教育、成人教育、广播电视教育、留学教育、特殊教育、进修及培训、教育费附加安排的支出、其他教育支出。

（4）科学技术：反映国家用于科学技术方面的支出。具体包括科学技术管理事务、基础研究、应用研究、技术研究与开发、科技条件与服务、社会科学、科学技术普及、科技交流与合作、科技重大项目、其他科学技术支出。

（5）文化旅游体育与传媒：反映政府在文化和旅游、文物、体育、新闻出版电影、广播影视、其他文化旅游体育与传媒支出。

（6）社会保障和就业：反映政府在社会保障与就业方面的支出。具体包括人力资源和社会保障管理事务、民政管理事务、补充全国社会保障基金、行政事业单位离退休、企业改革补助、就业补助、抚恤、退役安置、社会福利、残疾人事业、红十字事业、最低生活保障、临时救助、特困人员救助供养、补充道路交通事故社会救助基金、其他生活救助、财政对基本养老保险基金的补助、财政对其他社会保险基金的补助、退役军人管理事务、财政代缴社会保险费支出、其他社会保障和就业支出。

（7）卫生健康：反映政府用于卫生健康方面的支出。具体包括卫生健康管理事务、公立医院、基层医疗卫生机构、公共卫生、中医药、计划生育事务、行政事业单位医疗、财政对基本医疗保险基金的补助、医疗救助、优抚对象医疗、医疗保障管理事务、老龄卫生健康事务、其他卫生健康支出。

（8）节能环保：反映政府用于节能环保方面的支出。具体包括环境保护管理事务、环境监测与监察、污染防治、自然生态保护、天然林保护、退耕还林还草、风沙荒漠治理、退牧还草、已垦草原退耕还草、能源节约利用、污染减排、可再生能源、循环经济、能源管理事务、其他节能环保支出。

（9）城乡社区：反映政府用于城乡社区事务方面的支出。包括城乡社区管理事务、城乡社区规划与管理、城乡社区公共设施、城乡社区环境卫生、建设市场管理与监督、其他城乡社区支出。

（10）农林水：反映政府用于农林水事务方面的支出。具体包括农业农村、林业和草原、水利、巩固脱贫衔接乡村振兴、农村综合改革、普惠金融发展支出、目标价格补贴、其他农林水支出。

（11）交通运输：反映政府用于交通运输和邮政业方面的支出。具体包括公路水路运输、铁路运输、民用航空运输、邮政业支出、车辆购置税支出、其他交通运输支出。

信贷资金

指金融机构以信用方式积聚和分配的货币资金。金融机构信贷资金的来源有各项存款、金融债券、对国际金融机构负债、流通中现金、其他项目等；信贷资金的运用有各项贷款、有价证券及投资、黄金占款、外汇买卖、财政借款及在国际金融机构中的资产等。

存款

指企业、机关、团体或居民把货币资金存入银行或其他信贷机构保管，可随时或按约定时间支取款项，并取得一定利息的一种信用活动形式。根据存款对象或性质的不同可划分为住户存款、非金融企业存款、政府存款、非银行业金融机构存款等科目。它是银行信贷资金的主要来源。

贷款

指银行或其他信贷机构根据资金必须归还的原则，按一定利率，为企业、个人等提供资金的一种信用活动形式。我国银行贷款分为短期贷款、中长期贷款、融资租赁、票据融资、各项垫款、境外贷款等。

保费

指投保人为取得保险人在约定范围内所承担赔偿责任而支付给保险人的费用。

赔款

指保险人根据保险合同的规定，向被保险人支付的赔偿保险责任损失的金额。

给付

包括死伤医疗给付和满期给付。死伤医疗给付是指保险人根据人寿保险及长期健康保险合同的规定，因被保险人在保险期内发生保险责任范围内的保险事故支付给被保险人（或受益人）的金额。满期给付是指被保险人生存期满，保险人按人寿保险合同规定支付给被保险人的满期保险金额。

第八篇

物价和人民生活

简要说明

一、本篇价格指数资料，反映生产、流通、消费等环节的价格变动趋势和变动幅度。主要包括居民消费价格指数、工业生产者出厂和购进价格指数、住宅销售价格指数。

二、本篇城乡人民生活资料，反映我市城乡居民生活状况。包括就业、居民收支、消费水平、住房及主要消费品拥有量、文化、教育、卫生、公用设施等。

三、价格指数统计由国家统计局合肥调查队组织实施，依据国家统计局统一制定的价格统计调查制度向基层采集原始数据汇总后上报。

四、消费、零售价格指数是采用分层抽样调查方法编制的，以样本推断总体。

五、工业生产者出厂和购进价格指数采用重点调查和典型调查相结合的方法，调查实行月报，调查对象包括全市 400 多家工业企业。

六、住宅销售价格调查从 2011 年起执行国家统计局新方案，由原房屋销售价格指数调整为新建住宅和二手住宅销售价格指数，住宅销售价格指数根据网签数据计算得到。

七、本篇中有关居民生活状况的数据（2014-2022 年）来源于一体化住户调查资料，是对合肥地区住户调查样本汇总的结果。主要内容包括家庭人口及其构成、家庭现金收支、主要商品购买数量及支出金额、劳动就业状况、居住状况和耐用消费品的拥有量等。

国家统计局合肥调查队负责全市一体化住户调查的组织实施，严格按照国家统计局制定的《住户收支与生活状况调查方案》要求，开展数据收集、审核、录入、汇总和上报工作。

2014 年，国家统计局对城乡住户调查制度进行了较大改革，其中家庭总收入、可支配收入、消费支出等主要指标口径以及调查范围进行了调整，新老口径的数据不可直接进行比较。

8—1 居民消费价格指数（2022年）

（上年=100）

类　　别	指　　数	类　　别	指　　数
居民消费价格总指数	**102.4**	茶及饮料	107.9
食品烟酒	103.6	烟　酒	100.9
食　品	103.7	在外餐饮	104.8
粮　食	100.1	衣　着	101.2
薯　类	111.2	居　住	100.3
豆　类	103.5	自有住房	99.5
食用油	102.8	生活用品及服务	101.4
菜及食用菌	101.6	交通和通信	104.8
畜肉类	98.3	交　通	107.1
禽肉类	109.7	通　信	96.9
水产品	97.5	教育文化和娱乐	103.2
蛋　类	108.0	教　育	104.3
奶　类	103.8	文化娱乐	100.8
干鲜瓜果类	115.9	医疗保健	100.3
糖果糕点类	104.7	药品及医疗器具	100.3
调味品	104.1	医疗服务	100.3
其他食品类	105.3	其他用品和服务	102.1

8—2 商品零售价格指数（2022年）

（上年=100）

类　　别	指　　数	类　　别	指　　数
商品零售价格指数	**102.7**	交通、通信用品	99.9
食　品	104.0	家　具	102.6
饮料、烟酒	101.8	化妆品	100.2
服装、鞋帽	101.2	金银饰品	102.4
纺织品	102.5	中西药品及医疗保健用品	100.3
家用电器及音像器材	100.1	书报杂志及电子出版物	101.3
文化办公用品	101.7	燃料	114.0
日用品	99.6	建筑材料及五金电料	101.8
体育娱乐用品	101.1		

8—3 月度住宅销售价格指数（2022年）

（上年同月=100）

月份	新建商品住宅			二手住宅价格指数		
	环比	同比	定基	环比	同比	定基
1月	99.9	102.5	106.1	99.6	101.5	104.7
2月	99.3	101.2	105.3	99.7	100.5	104.4
3月	99.6	100.1	104.9	99.8	99.5	104.2
4月	99.9	99.5	104.8	99.2	98.2	103.3
5月	100.1	99.4	104.8	99.5	97.3	102.8
6月	100.5	99.7	105.3	100.6	97.6	103.4
7月	100.7	100.3	106.1	100.7	98.1	104
8月	100.3	100.4	106.4	100.2	98.4	104.3
9月	100.7	100.7	107.1	100.2	98.8	104.5
10月	100.6	101.5	107.8	99.9	98.8	104.4
11月	100.1	101.9	107.9	99.6	98.5	104
12月	99.9	101.6	107.8	99.7	98.6	103.6

8—4 主要年份分部门工业生产者出厂价格指数

（上年=100）

类别	2010年	2015年	2020年	2021年	2022年
总指数	**102.4**	**98.7**	**98.9**	**107.7**	**103.2**
冶金工业	109.5	93.6	100.1	126.0	99.5
电力工业	101.1	98.8	99.7	99.3	105.2
煤炭工业		98.8		133.2	123.8
石油工业	104.4	101.8	97.5	117.8	122.0
化学工业	102.2	96.6	99.7	109.4	106.4
机械工业	101.1	99.2	97.2	102.6	102.2
建筑材料工业	100.8	99.4	99.5	103.5	101.4
森林工业	98.9	100.1	96.1	102.3	102.0
食品工业	103.2	102.0	108.0	102.3	101.4
纺织工业	112.2	99.2	96.8	105.6	105.1
缝纫工业	102.2	104.5	102.3	102.7	103.7
皮革工业		100.7	99.7	99.3	99.7
文教艺术用品工业	101.1	100.2	99.3	101.4	102.1

注：1．从2011年起工业品出厂价格指数改称为工业生产者出厂价格指数。

2．2021年起工业生产者出厂价格指数、购进价格指数为全省统一，下同。

8—5 工业生产者出厂价格分类指数

（上年=100）

年份	全部工业品	生产资料	采掘工业	原材料工业	加工工业	生活资料	食品	衣着	一般日用品	耐用消费品
2010	102.4	103.1		102.9	103.1	100.7	102.6	103.1	98.5	100.1
2015	98.7	97.2	89.0	98.0	97.2	100.8	102.2	104.8	99.8	100.4
2018	99.6	99.8	100.7	100.1	99.8	99.1	99.6	113.7	97.0	98.9
2019	100.6	100.7	108.5	101.3	100.6	100.3	102.9	118.2	97.1	99.5
2020	98.9	98.4	103.8	99.3	98.3	99.6	108.0	100.7	100.5	96.5
2021	107.7	110.1	127.3	114.1	107.7	101.4	101.6	102.0	102.5	100.0
2022	103.2	103.7	112.6	106.9	100.8	101.6	102.1	102.9	101.7	100.3

8—6 工业生产者出厂价格轻重工业分类指数

（上年=100）

年份	轻工业	以农产品为原料	以非农产品为原料	重工业	采掘工业	原料工业	加工工业
2010	101.5	103.9	100.6	103.1		102.2	103.4
2015	100.6	101.6	100.1	97.5	89.0	98.6	97.4
2018	97.8	100.2	96.8	100.6	100.7	101.3	100.5
2019	99.1	102.9	97.5	101.4	108.5	101.0	101.4
2020	99.1	104.8	96.7	98.7	103.8	99.4	98.6
2021	102.8	103.0	102.5	110.1	127.3	114.4	107.3
2022	103.5	102.2	105.2	103.0	112.6	106.9	100.8

8—7 工业生产者购进价格分类指数

（上年=100）

年份	全部原材料	燃料、动力类	黑色金属材料	有色金属材料和电线类	化工原料	木材及纸浆	建筑材料	其他工业原材料及半成品	农副产品	纺织原料
2010	106.7	107.5	105.2	120.5	110.8	100.2	104.9	103.8	107.8	103.9
2015	94.4	95.7	88.9	90.1	95.3	99.5	101.6	98.9	95.0	99.1
2018	106.3	102.9	110.0	105.3	106.1	98.8	125.1	103.9	100.4	99.7
2019	99.9	98.9	101.0	100.9	95.9	95.2	111.5	100.7	97.7	96.3
2020	98.7	97.2	98.0	99.9	96.3	96.8	104.5	99.6	102.0	98.0
2021	111.5	117.8	119.8	121.2	114.6	102.9	110.0	105.6	103.8	104.4
2022	104.0	121.1	94.1	101.5	102.2	104.2	94.8	102.1	105.1	105.5

注：从2011年起，原材料、燃料、动力购进价格指数改称为工业生产者购进价格指数。

8—8 城乡居民人均收入及恩格尔系数

年　份	城镇居民人均可支配收入(元)	农村居民人均可支配收入(元)	城镇居民恩格尔系数(%)	农村居民恩格尔系数(%)
1995	4657	1300	50.20	59.59
2000	6389	1975	43.00	60.00
2005	9684	3207	45.70	49.07
2006	11013	3690	46.10	50.34
2007	13426	4486	42.60	52.73
2008	15591	5368	39.63	51.49
2009	17158	6065	37.10	51.95
2010	19051	7117	35.80	48.65
2011	22459	7862	38.03	48.30
2012	25434	9081	34.20	44.98
2013	28083	10352	35.57	43.10
2014	29348	14407	33.68	36.96
2015	31989	15733	33.17	36.71
2016	34852	17059	33.02	36.31
2017	37972	18594	31.72	36.15
2018	41484	20389	29.91	34.66
2019	45404	22462	28.95	33.88
2020	48283	24282	28.90	33.80
2021	53208	26856	27.70	32.30
2022	56177	28727	27.94	32.32

注：2014年数据为一体化新口径指标数据，以前年份农村居民收入口径为农民人均纯收入。

8—9 城乡居民人均收支（2022年）

单位：元

指　标	全体常住居民	城镇居民	农村居民
可支配收入	**48820**	**56177**	**28727**
工资性收入	28719	35032	11477
经营净收入	7149	6691	8400
财产净收入	3988	5179	736
转移净收入	8964	9275	8114
现金可支配收入	**45275**	**50907**	**29890**
现金工资性收入	28568	34859	11384
现金经营净收入	8101	7191	10587
现金财产净收入	450	345	736
现金转移净收入	8156	8512	7184
消费支出	**28966**	**32964**	**18044**
食品烟酒	8305	9210	5832
衣　着	1483	1721	834
居　住	7687	8983	4147
生活用品及服务	1468	1602	1104
交通通信	4532	5311	2405
教育文化娱乐	3652	4173	2229
医疗保健	1350	1388	1247
其他用品和服务	488	577	248
现金消费支出	**22005**	**24748**	**14515**
食品烟酒	8157	9036	5755
衣　着	1483	1721	834
居　住	1668	1687	1617
生活用品及服务	1456	1594	1078
交通通信	4528	5307	2401
教育文化娱乐	3652	4173	2229
医疗保健	599	677	383
其他用品和服务	463	552	218

8—10 主要年份城镇居民家庭基本情况

指　　标		2010年	2015年	2020年	2021年	2022年
调查户数	(户)	400	731	990	990	990
平均每户人口数	(人)	2.84	2.86	2.98	3.09	3.10
平均每户就业人口数	(人)	1.60	1.63	1.53	1.67	1.66
平均每一就业者负担人数（包括就业者本人）	(人)	1.78	1.76	1.95	1.84	1.86
平均每人住房建筑面积	(平方米)	26.30	35.30	34.90	34.15	34.05
#可支配收入		19051	31989	48283	53208	56177
平均每人消费性支出	(元)	14012	20049	28002	32445	32964
#食品烟酒		5010	6651	8090	8983	9210
衣　着		1531	1513	1547	1771	1721
居　住		1483	4598	7772	8624	8983
生活用品及服务		818	814	1314	1581	1602
医疗保健		750	986	1250	1436	1388
交通通信		1859	3081	4513	5157	5311
#交　通		955	2250	3720	4204	4324
通　信		904	831	793	953	987
教育文化娱乐		2043	2001	3114	4366	4173
#教　育		1032	1462	2459	3571	3166
其他用品和服务		516	403	403	529	577

注：人均住房面积指标2005年前后口径不同，2014年以后水费、电费不单独列示，合并为水电燃料及其他。食品烟酒指标2013年以前为食品指标，因一体化改革自2014年开始变为食品烟酒。

8—11 按收入等级分的城镇居民家庭基本情况（2022年）

指标		总平均	低收入户	中低收入户	中等收入户	中高收入户	高收入户
调查户数	（户）	990	198	198	198	198	198
比　重	（%）	100	20	20	20	20	20
平均每户家庭人口	（人）	3.10	3.65	3.51	3.03	2.96	2.34
平均每户就业人口	（人）	1.66	1.60	1.77	1.79	1.80	1.36
平均每户就业面	（%）	53.72	43.89	50.34	58.93	60.97	58.16
平均每一就业者负担人数（包括就业者本人）	（人）	1.86	2.28	1.99	1.70	1.64	1.72
平均每人可支配收入	（元）	56177	19988	38478	51249	67633	132047
平均每人消费性支出	（元）	32964	23909	26390	30339	37364	54968

8—12 按收入等级分的城镇居民家庭就业和人均现金收入（2022年）

指标		总平均	低收入户	中低收入户	中等收入户	中高收入户	高收入户
家庭基本情况	**（人）**						
家庭人口数		3.10	3.65	3.51	3.03	2.96	2.34
就业人口数		1.66	1.60	1.77	1.79	1.80	1.36
雇　主		0.04	0.04	0.03	0.06	0.05	0.03
公职人员		0.04	0.01	0.03	0.03	0.05	0.11
事业单位人员		0.13	0.06	0.08	0.16	0.14	0.20
国有企业雇员		0.12	0.09	0.06	0.09	0.15	0.20
其他雇员		1.08	0.97	1.32	1.25	1.25	0.61
农业自营		0.03	0.06	0.02	0.05	0.01	0.03
非农自营		0.22	0.37	0.23	0.16	0.16	0.19
离退休人数		0.31	0.10	0.22	0.30	0.39	0.54
就业人口负担系数		1.86	2.28	1.99	1.70	1.64	1.72
现金收支情况	**（元）**						
可支配收入		50907.4	17923.9	34564.7	45999.1	61877.2	120227.3
工资性收入		34859.1	14649.1	27308.3	37000.2	42478.5	65777.4
经营净收入		7190.8	3107.5	4245.0	3763.8	6670.6	23271.0
财产净收入		345.2	-374.8	383.0	491.5	356.5	1236.6
#利息净收入		-612.6	-800.6	-798.3	-423.3	-736.7	-119.7
红利收入		46.1	61.3	96.2	21.9		38.4
储蓄性保险净收益		1.3	5.5				
出租房屋收入		860.7	346.9	1116.6	818.6	921.3	1277.9
转移净收入		8512.3	542.1	2628.4	4743.5	12371.5	29942.4
#养老金或离退休金		6981.5	1091.7	2977.8	4952.8	10054.6	21030.1
社会救济和补助收入		148.9	64.5	62.2	58.6	152.7	526.5
赡养收入		706.3	616.5	361.0	630.6	618.1	1579.2
借贷性所得		83.3	43.4	269.3	53.1	6.9	8.9
#提取储蓄存款		13.4	33.6	16.0		2.4	8.9
借入款		59.8		249.8	21.4		
收回借出款		1.1	0.9			4.5	

8—13 城镇居民家庭人均现金支出

单位：元

指　　标	2021年	2022年
家庭总支出	**36297.5**	**36965.3**
消费支出	25073.0	24747.5
食品烟酒	8800.5	9036.5
衣　着	1769.9	1720.5
居　住	1795.6	1686.8
生活用品及服务	1567.3	1594.2
交通通信	5150.3	5307.2
教育文化娱乐	4365.7	4172.8
医疗保健	1108.7	677.3
其他用品和服务	515.0	552.2
财产性支出	983.4	803.0
生活贷款利息支出	980.1	769.0
转移性支出	2070.5	3284.5
交纳的个人收入税	159.6	406.8
社会保障支出	1630.1	2495.6
个人缴纳的养老保险	1119.8	1709.2
个人缴纳的医疗保险	413.3	563.2
个人缴纳的失业保险	54.6	88.1
其他社会保障支出	42.4	135.2
外来从业人员寄给家人的支出	31.5	11.5
赡养支出	154.0	285.9
其他转移性支出	95.2	84.7
购置资产支出	2150.5	1484.1
购　房	2118.3	1393.6
借贷支出	**3410.5**	**3041.9**
存入储蓄款	476.8	9.3
借出款	51.4	104.4
归还借款	62.0	47.0
购买有价证券	2.9	2.9
其他投资支出	69.5	50.0
归还住房贷款	2267.6	2567.2
归还汽车贷款	392.2	202.7
归还教育贷款	0.02	1.0
其他借贷支出	0.6	0.2

8—14 主要年份平均每百户城镇居民家庭耐用消费品拥有量

指　　标		2010年	2015年	2020年	2021年	2022年
家用汽车	(辆)	7.41	26.69	55.47	55.68	59.71
摩托车	(辆)	9.63	10.70	4.24	4.14	3.44
助力车	(辆)	28.89	53.26	83.37	76.40	79.36
洗衣机	(台)	95.80	93.19	97.81	99.90	100.85
电冰箱	(台)	100.00	96.65	101.80	102.93	103.15
微波炉	(台)	76.30	63.74	83.37	71.29	72.57
彩色电视机	(台)	137.53	119.62	127.84	121.94	121.84
计算机	(台)	65.93	71.40	77.97	80.62	83.89
照相机	(架)	37.28	32.00	24.08	19.39	20.21
空调器	(台)	140.99	147.76	209.59	227.81	232.82
热水器	(台)	95.80	97.03	102.73	101.01	100.64
健身器材	(件)	0.25	1.69	8.05	9.00	9.19
移动电话	(部)	184.69	202.25	250.99	254.02	251.88

8—15 主要年份城镇居民家庭居住情况

单位：%

项　　目	2010年	2015年	2020年	2021年	2022年
按房屋产权分	**100.00**	**100.00**	**100.00**	**100.00**	**100.00**
租赁公房	2.47	0.98	0.40	0.30	0.36
租赁私房	2.72	14.90	9.70	5.46	6.37
自建住房	2.72	12.74	14.75	15.37	14.38
房改私房	64.44	11.90	6.76	6.57	8.96
商品房	26.91	38.26	51.12	53.82	54.42
拆迁安置房		16.69	13.53	15.85	12.93
其　他	0.74	4.52	3.74	2.63	2.58
按住宅建筑式样分	**100.00**	**100.00**	**100.00**	**100.00**	**100.00**
单栋住宅		14.87	15.46	12.74	16.35
四居室	1.73	3.22	4.14	5.66	6.25
三居室	20.25	38.29	45.04	44.18	43.11
二居室	69.14	33.10	31.12	29.97	31.12
一居室	7.41	4.90	2.32	2.09	2.39
平房及其他		5.63	1.92	5.36	0.78
按饮水情况分	**100.00**	**100.00**	**100.00**	**100.00**	**100.00**
自来水	100.00	97.42	97.68	98.58	98.89
纯净水		2.58	2.32	1.42	1.11
按炊用燃料使用情况分	**100.00**	**100.00**	**100.00**	**100.00**	**100.00**
管道煤气、天然气	59.75	65.66	74.64	78.47	79.87
液化石油气	37.53	19.80	15.86	13.45	13.14
煤	1.48	0.40			
其　他	1.23	14.14	9.50	8.09	6.99

注：拆迁安置房为2014年一体化新口径指标。

8—16 主要年份农村居民家庭基本情况

指　　标		2020年	2021年	2022年
平均每户常住人口	**（人）**	**2.64**	**2.62**	**2.61**
平均每户整、半劳力	**（人）**	**1.84**	**1.52**	**1.93**
平均每个劳动力负担人口（含本人）	**（人）**	**1.43**	**1.72**	**1.35**
平均每人年收入	**（元）**			
可支配收入		24281.7	26855.5	28726.5
工资性收入		9020.1	10547.0	11476.6
经营净收入		7597.1	8022.7	8399.8
财产净收入		585.5	671.1	735.8
转移净收入		7079.0	7614.7	8114.3
现金收入		29546.7	26571.8	33124.9
工资性收入		8992.2	10504.1	11383.5
家庭经营收入		12717.7	8133.4	13261.5
财产性收入		630.7	671.1	782.5
转移性收入		7206.2	7263.1	7697.4
平均每人年支出	**（元）**			
总支出		21443.4	21589.6	24229.6
消费支出		14191.3	16927.0	18044.3
生产经营费用支出		4969.5	1721.5	2690.7
财产性支出		45.1	14.0	46.7
转移性支出		384.7	425.6	513.8
部分商业保险支出		12.6	42.1	42.4
购置资产及非经常性转移支出		1572.7	1725.3	2209.7
借贷性支出		267.4	734.1	681.9
现金支出		18508.6	17878.6	20684.7
现金消费支出		11312.8	13254.9	14515.5
生产经营现金费用支出		4913.2	1682.6	2674.7
现金财产性支出		45.1	14.0	46.7
现金转移性支出		384.7	425.6	513.8
部分商业保险支出		12.6	42.1	42.4
购置资产及非经常性转移支出		1572.7	1725.3	2209.7
借贷性支出		267.4	734.1	681.9

8—17　主要年份农村居民家庭平均每人生活消费支出

单位：元

项　　目	2020年	2021年	2022年
生活消费支出	**14191.3**	**16927.0**	**18044.0**
食品烟酒	4802.9	5473.5	5831.8
衣　着	669.9	812.3	833.6
居　住	3326.8	3811.5	4146.5
生活用品及服务	835.4	1038.8	1104.3
交通通信	1765.2	2224.8	2405.3
教育文化娱乐	1586.7	2144.7	2228.7
医疗保健	1018.9	1192.4	1246.8
其他用品和服务	185.6	229.1	247.5

8—18　主要年份农村居民家庭平均每人生活消费支出构成

单位：%

项　　目	2020年	2021年	2022年
生活消费支出			
食品烟酒	33.84	32.34	32.32
衣　着	4.72	4.80	4.62
居　住	23.44	22.52	22.98
生活用品及服务	5.89	6.14	6.12
交通通信	12.44	13.14	13.33
教育文化娱乐	11.18	12.67	12.35
医疗保健	7.18	7.04	6.91
其他用品和服务	1.31	1.35	1.36

8—19 主要年份农村居民家庭平均每人主要食品消费量

品　　名		2020年	2021年	2022年
粮食（原粮）	（公斤）	180.57	172.26	171.39
#谷　物		163.63	157.57	150.26
蔬　　菜	（公斤）	125.73	122.46	147.50
油　　脂	（公斤）	9.48	9.57	9.61
肉　　类	（公斤）	21.73	32.63	34.88
家　　禽	（公斤）	16.06	17.52	17.56
蛋及制品	（公斤）	13.13	15.51	19.13
水 产 品	（公斤）	11.38	12.79	11.87
食　　糖	（公斤）	0.99	0.84	1.18

8—20 主要年份平均每百户农村居民家庭耐用消费品拥有量

品　　名		2020年	2021年	2022年
生活用汽车	（辆）	23.11	27.04	26.70
摩 托 车	（辆）	13.50	11.27	10.46
助 力 车	（辆）	115.67	97.35	98.63
洗 衣 机	（台）	82.67	84.23	85.34
电 冰 箱	（台）	103.99	102.75	102.82
空 调 机	（台）	124.43	131.00	131.52
抽油烟机	（台）	32.27	38.66	39.36
电 话 机	（部）	17.60	4.76	4.43
移动电话	（部）	245.46	243.56	240.17
彩色电视机	（台）	121.54	123.64	127.13
照 相 机	（台）	1.78	2.75	3.04
家用计算机	（台）	29.02	29.54	27.00
热 水 器	（台）	94.26	89.74	90.49

8—21 各县市（区）居民家庭人均可支配收入（2022年）

单位：元

地区	全体居民人均可支配收入	城镇居民人均可支配收入	农村居民人均可支配收入
瑶海区	58044	58044	
庐阳区	64178	64178	
蜀山区	65319	65319	
包河区	66155	66155	
高新区	52841	52841	
经开区	52816	52816	
新站区	49661	49661	
长丰县	35519	45432	27587
肥东县	38088	47630	30197
肥西县	39690	50189	30899
庐江县	34224	42573	26794
巢湖市	38605	45456	28228

主要统计指标解释

居民消费价格指数

是度量消费商品及服务项目价格水平随着时间而变动的相对数，反映居民家庭购买的消费品及服务价格水平的变动情况。它是宏观经济分析和决策、价格总水平监测和调控以及国民经济经济核算的重要指标。其按年度计算的变动率通常被用来作为反映通货膨胀（或紧缩）程度的指标。

工业生产者出厂价格指数

是反映各工业行业产品出厂价格总水平的变动趋势和程度的相对数。为国民经济核算、测算工业发展速度、宏观经济分析和调控、理顺价格体系提供依据。

工业生产者购进价格指数

是反映工业企业作为生产投入，而从物资交易市场和能源、原材料生产企业购买原材料、燃料和动力产品时，所支付的价格水平变动趋势和程度的统计指标，是扣除工业企业物质消耗成本中的价格变动影响的重要依据。

目前，我国编制的工业生产者购进价格指数所调查的产品包括燃料、动力类、黑色金属材料类、有色金属材料和电线类、化工原料类、木材及纸浆类、建筑材料类、其他工业原材料及半成品类、农副产品类、纺织原料类共九大类。

住宅销售价格指数

是反映一定时期内住宅销售价格变化趋势和程度的相对数。

居民收入

可支配收入：指调查户在调查期内获得的、可用于最终消费支出和储蓄的总和，即调查户可以用来自由支配的收入。可支配收入既包括现金，也包括实物收入。按照收入的来源，可支配收入包含四项，分别为：工资性收入、经营净收入、财产净收入和转移净收入。计算公式为：

可支配收入 ＝ 工资性收入 ＋ 经营净收入 ＋ 财产净收入 ＋ 转移净收入

其中：经营净收入 ＝ 经营收入 － 经营费用 － 生产性固定资产折旧 － 生产税

财产净收入 ＝ 财产性收入 － 财产性支出

转移净收入 ＝ 转移性收入 － 转移性支出

工资性收入

指就业人员通过各种途径得到的全部劳动报酬和各种福利，包括受雇于单位或个人、从事各种自由职业、兼职和零星劳动得到的全部劳动报酬和福利。

经营净收入

指住户或住户成员从事生产经营活动所获得的净收入，是全部经营收入中扣除经营费用、生产性固定资产折旧和生产税之后得到的净收入。

财产净收入

指住户或住户成员将其所拥有的金融资产、住房等非金融资产和自然资源交由其他机构单位、住户或个人支配而获得的回报并扣除相关的费用之后得到的净收入。财产净收入包括利息净收入、红利收入、储蓄性保险净收益、转让承包土地经营权租金净收入、出租房屋净收入、出租其他资产净收入和自有住房折算净租金等。

转移性收入

指国家、单位、社会团体对住户的各种经常性转移支付和住户之间的经常性收入转移。包括养老金或退休金、社会救济和补助、政策性生产补贴、政策性生活补贴、经常性捐赠和赔偿、报销医疗费、住户之间的赡养收入，以及本住户非常住成员寄回带回的收入等。

居民消费支出

指住户用于满足家庭日常生活消费需要的全部支出，包括用于消费品的支出和用于服务性消费的支出。根据用途不同，消费支出可划分为食品烟酒、衣着、居住、生活用品及服务、交通通信、教育文化娱乐、医疗保健、其他用品及服务八大类。根据来源不同，消费支出可划分为现金消费支出、实物消费支出（含自产自用、来自单位、来自政府和其他社会组织）。

第九篇

自然资源、环境保护和城市建设

简要说明

一、自然资源包括土地、气象、林木、水资源。城市建设包括市政公用事业情况等。

二、本篇资料分别来源于市林业和园林局、气象局、水务局、自然资源和规划局、生态环境局、城乡建设局等部门。

9—1 自然资源

指　　标		2021年	2022年
区　域			
土地总面积	(平方公里)	11445.06	11445.06
土地资源	**(平方公里)**		
#造林面积		2.44	1.53
果园面积		10.28	10.29
茶园面积		8.31	8.53
主要矿产基础储量			
铁　矿	(矿石，亿吨)	9.78	9.71
铜　矿	(铜，万吨)	152.34	148.27
磷　矿	(矿石，亿吨)	0.20	0.20
水泥用灰岩	(矿石，亿吨)	11.34	11.00
水资源			
水资源总量	(亿立方米)	51.06	25.32
地表水		48.86	23.65
地下水		11.38	7.20
降水量	(毫米)	1119.20	805.80

9—2 分月气象情况（2022年）

月　份	平均气温 (摄氏度)	降水量 (毫米)	日照时数 (小时)
全　年	**17.3**	**812**	**2124**
1 月	4.2	78	87
2 月	4.2	35	84
3 月	13.8	185	185
4 月	18.0	100	215
5 月	21.4	24	208
6 月	27.9	105	245
7 月	29.9	112	226
8 月	30.3	14	238
9 月	23.9	2	178
10 月	17.0	71	193
11 月	13.5	76	117
12 月	3.0	11	149

9—3 土地利用情况

单位：公顷

年 份	土地调查面积	农用地	耕地	建设用地	城镇及工矿用地	交通用地	水利设施用地
2014	1144506	827654	561706	210719	173863	14506	22350
2015	1144506	824355	560483	214410	176453	15482	22475
2016	1144506	820334	558033	218530	179146	16886	22498
2017	1144506	818313	557414	220695	180510	17649	22536
2018	1144506	818336	558840	220865	180249	18071	22545
2019	1144510		486326		175245	37015	230661
2020	1144510		480917		185479	36760	232186
2022	1144510		481981		184074	39366	230130

注：由于用地分类变化，2019年起“交通用地”为“交通运输用地”数据，“水利设施用地”为“水域及水利设施用地”数据。

9—4 地质灾害及防治情况

年 份	发生地质灾害起数（次）	滑坡	崩塌	直接经济损失（万元）	地质灾害防治项目（个）	地质灾害防治投资（万元）
2014	1		1		5	148
2015	4	3	1		7	164
2016	12	8	4	30	6	359
2017					8	1428
2018					10	1167
2019					6	284
2020	1	1		50	21	453
2021					5	469
2022					11	

注：2017年起地质灾害防治投资包括治理和监测部分，灾情不包括险情。

9—5　水资源情况

年　份	水资源总量（亿立方米）	地　表水资源量	地　下水资源量	人　均水资源量（立方米／人）	单位GDP用水量（立方米）	单位工业增加值用水量（立方米）
2010	30.12	30.02	4.89	608.55		
2011	28.33	28.13	4.86	401.20		
2012	30.99	30.77	5.32	409.27		
2013	29.44	27.42	5.17	386.81		
2014	49.69	47.94	8.30	645.66		
2015	49.76	47.89	8.19	638.77	53.80	23.70
2016	87.73	85.80	13.09	1114.88	50.70	21.30
2017	37.64	35.70	7.30	472.57	43.20	17.20
2018	54.31	52.38	8.68	671.57	38.90	17.80
2019	21.52	20.57	4.46	262.79	32.80	25.70
2020	89.15	87.41	9.23	951.44	30.81	22.15
2021	51.06	48.86	11.38	539.46	27.19	18.64
2022	25.32	23.65	7.20	342.29	27.46	16.77

9—6　各县（市）水资源情况（2022年）

地　区	水资源总量（亿立方米）	地　表水资源量	地　下水资源量	地表水与地下水资源不重复量	人均水资源量（立方米／人）
全　市	**25.32**	**23.65**	**7.20**	**1.67**	**342.29**
#长丰县	3.03	2.76	1.02	0.27	431.75
肥东县	4.18	3.96	1.46	0.22	594.82
肥西县	3.32	2.91	1.07	0.41	454.04
庐江县	6.52	6.12	1.71	0.40	751.41
巢湖市	5.07	4.90	1.22	0.17	561.27

9—7 主要年份生态与环境

指 标		2010年	2015年	2020年	2021年	2022年
环境质量						
细颗粒物（PM2.5）日平均值	(毫克/立方米)			0.036	0.032	0.032
可吸入颗粒物（PM10）日平均值	(毫克/立方米)	0.111	0.092	0.058	0.063	0.063
二氧化硫日平均值	(毫克/立方米)	0.020	0.016	0.007	0.007	0.008
二氧化氮日平均值	(毫克/立方米)	0.030	0.033	0.039	0.036	0.031
饮用水源水质达标率	(%)	100.0	100.0	100.0	100.0	100.0
区域环境噪声平均值	(分贝(A))	55.40	54.40	57.90	58.90	58.50
交通干线噪声平均值	(分贝(A))	69.30	67.70	69.10	67.00	68.80
污染控制						
工业固体废物综合利用率	(%)	98.90	91.65	78.46	81.49	78.42
危险废物处置率	(%)	100.00	99.66	100.00	100.00	100.00
环境建设						
城市污水处理厂集中处理率	(%)	91.36	92.12	95.39	95.70	95.88
环境污染						
二氧化硫排放量	(万吨)	3.33	4.49	0.47	0.52	0.48
COD排放量	(万吨)	3.18	11.40	4.41	2.53	2.25
氨氮排放总量	(万吨)	0.29	0.92	0.08	0.08	0.06
城镇生活污水排放量	(亿吨)	1.92	4.50	4.46	3.90	1.80
#生活污水中化学需氧量排放量	(万吨)	2.78	4.53	4.28	2.36	2.11
#生活污水中氨氮排放量	(万吨)	0.26	0.55	0.08	0.07	0.06
环境污染治理						
建设项目环评执行率	(%)	100	100	100	100	100

9—8 环保系统机构、人员数

年份	机构总数(个)	人员总数(人)	科技人员	监测人员	监理人员
2010	23	398	218	119	141
2014	66	665	373	153	198
2015	66	664	375	163	198
2016	188	1007	828	187	591
2017	188	881	761	169	577
2018	192	804	676	140	523
2019	192	1101	724	138	578
2020	192	1393	969	68	885
2021	191	1304	1160	66	1077
2022	195	1299	1171	75	1079

注：2016年起数据包括乡镇、街道机构及工作人员。

9—9 生活污染物排放

年份	城镇生活污水排放量(万吨)	COD排放量(吨)	生活及其他二氧化硫排放量(吨)	生活及其他烟尘排放量(吨)
2010	19206	27823	1312	1110
2013	42108	47131	2710	3188
2014	43809	45502	2790	3317
2015	45022	45297	4067	3409
2016	40258	68306	2166	1456
2017	40232	68819	2166	1771
2018	39371	71055	1760	1107
2019	43431	79230	226	49919
2020	44608	42796	599	6081
2021	39005	23638	599	6081
2022	17974	21119	1103	11187

注：2011年起，生活及其他二氧化硫排放量、生活及其他烟尘排放量仅含生活。2013年起，生活烟尘排放量核算体系发生变化，国家要求排放量按照产排污系数法核定。

9—10 主要年份工业污染排放及处理利用情况

指标		2010年	2015年	2020年	2021年	2022年
企业基本情况						
汇总工业企业数	(个)	355	692	682	700	772
汇总企业工业总产值(现价)	(亿元)	1578.9	2580.6	4920.3	5799.9	6740.1
工业锅炉	(台)	163	273	311	222	249
	(蒸吨)	6495.9	10577.4	19852.2	1426.1	1220.2
工业炉窑数	(座)	142	164	185	162	277
工业废水						
工业废水排放量	(万吨)	3289.8	5335.0	5845.4	6676.1	6841.3
工业废水中的污染物排放量						
#六价铬	(吨)	0.0043	0.0212	0.0008	0.0006	0.0006
挥发酚	(吨)	0.0573	0.00002	0.0858	0.0210	0.0072
铅	(吨)		0.0169	0.0023	0.0023	0.0000
氰化物	(吨)	0.0298	0.0186	0.0799	0.0003	0.0022
石油类	(吨)	12.20	36.83	3.540	4.435	4.489
化学需氧量	(吨)	4008.7	6895.1	1289.0	1643.8	1324.5
工业废气						
工业废气排放量	(亿标立方米)	701.5	2073.1	76462.6	3762.1	3992.6
工业二氧化硫排放量	(吨)	31988.0	40828.7	4742.1	4552.9	3664.5
工业二氧化硫去除量	(吨)	22370.2	78454.2	96079.8	109061.0	110516.9
工业烟尘粉尘排放量	(吨)	15789.4	85035.7	4518.9	4593.9	3748.8
工业烟尘粉尘去除量	(吨)	1564517	2800373	3310080	3786649	4792230
工业固体废物						
工业固体废物产生量	(万吨)	339.5	818.0	1120.5	1308.7	1328.1
工业固体废物综合利用量	(万吨)	335.3	749.7	922.9	1154.2	1041.4
工业固体废物贮存量	(万吨)	3.65	59.07	244.81	232.20	241.07

9—11 主要年份城市煤气、天然气、液化气情况

指　　标		2010年	2015年	2020年	2021年	2022年
煤气、天然气						
天然气储气能力	(万立方米)	326.0	1031.0	2287.0	2287.0	2287.0
煤气、天然气管道长度	(公里)	2259.3	5012.4	6665.4	7056.3	7578.6
天然气供气总量	(万立方米)	22410.8	52333.0	114772.0	123582.4	136263.6
#家庭用量		6806.4	20930.0	40993.0	43776.4	48357.0
煤气、天然气用气户数	(万户)	64.7	144.6	214.6	227.8	239.1
#家庭用户	(万户)	64.5	144.0	213.7	226.9	238.1
煤气、天然气用气人数	(万人)	167.2	354.5	463.3	630.7	640.1
液化气						
储气能力	(吨)	3398	1850	1850	1850	1850
供气总量	(吨)	65284	30000	39000	52341	39502
#家庭用量		27474	15000	10850	7850	7483
用气户数	(万户)	28	10	8	5	5
#家庭用户		24	10	5	4	4
用气人口	(万人)	75	24	12	11	10

9—12 主要年份城市供水用水情况

指　　标		2010年	2015年	2020年	2021年	2022年
水厂个数	(个)	7	7	8	8	8
综合生产能力	(万立方米/日)	112.0	175.0	233.0	233.0	233.0
供水总量	(万立方米)	29453	43568	60317	64385	66754
#生产经营用水		4229	6697	10522	11644	11786
居民家庭用水		14282	20951	29684	32439	34776
公共服务用水		6651	8648	11333	12363	12806
用水人口	(万人)	240.62	375.18	474.40	641.72	650.35
供水管道长度	(公里)	2467.86	4591.79	7725.43	3613.09	3698.58

9—13 主要年份城市市政工程和环境卫生

指 标		2010年	2015年	2020年	2021年	2022年
市政工程						
道路长度	(公里)	2012.70	2206.47	3156.96	3188.26	3331.59
道路面积	(万平方米)	4323.30	6347.51	8912.53	9228.48	9699.54
桥梁数	(座)	181	501	694	836	900
排水管道长度	(公里)	7222.00	5934.69	8532.58	8762.97	9078.91
路灯盏数	(盏)	93691	189106	259634	274547	293814
环境卫生						
实际清扫面积	(万平方米)	3409.0	7310.0	8149.0	8900.8	9265.0
生活垃圾清运总量	(万吨)	66.42	129.16	188.97	209.20	208.82
生活垃圾处理总量	(万吨)	66.40	129.16	188.97	209.20	208.82
粪便清运总量	(万吨)	1.80	2.79	2.03	3.09	2.50
公共厕所	(座)	219	234	251	366	378
环卫机械总数	(台)	331	1770	1800	1836	1857
生活垃圾无害处理厂	(座)	1	2	4	4	6
生活垃圾无害处理能力	(吨/日)	1870	4478	7478	8000	9500
生活垃圾无害化处理	(万吨)	66.40	129.16	188.97	209.20	208.82

9—14 主要年份城市园林绿化情况

指 标		2010年	2015年	2020年	2021年	2022年
城区绿化覆盖面积	(公顷)	12737.0	18813.6	23381.0	25195.0	26220.0
建成区绿地面积	(公顷)	11582.0	16760.5	19498.4	20281.6	20416.2
#建成区公园绿地面积	(公顷)	3269.0	4951.1	6036.6	6430.0	7598.1
建成区公园绿地数量	(个)	43	51	210	304	358

注：1. 城市园林绿化指标数据仅包含市区，不包括四县一市。
　　2. 2018年及以后公园数量和面积统计口径调整，2000m²以上纳入统计。

主要统计指标解释

降水量

指降水深度，即降水平铺在地域面积上的深度。

水资源总量

一定区域内的水资源总量指当地降水形成的地表和地下产水量，即地表径流量与降水入渗补给量之和，不包括过境水量。

地表水资源量

指河流、湖泊、冰川等地表水体中由当地降水形成的、可以逐年更新的动态水量，即天然河川径流量。

地下水资源量

指当地降水和地表水对饱水岩土层的补给量。

土地调查面积

指行政区域内的土地调查总面积，包括农用地、建设用地和未利用地。

农用地

指直接用于农业生产的土地，包括耕地、园地、林地、牧草地及其他农用地。

工业废水排放量

指经过企业厂区所有排放口排到企业外部的工业废水量。包括生产废水、外排的直接冷却水、超标排放的矿井地下水和与工业废水混排的厂区生活污水，不包括外排的间接冷却水（清污不分流的间接冷却水应计算在内）。

城镇生活污水排放量

指城镇居民每年排放的生活污水。用人均系数法测算。测算公式为：

城镇生活污水排放量=城镇生活污水排放系数×市镇非农业人口×365

城镇生活污水中化学需氧量（COD）排放量

指城镇居民每年排放的生活污水中的COD的排放量。

化学需氧量（COD）

测量有机和无机物质化学所消耗氧的质量浓度的水污染指数。

工业废气排放量

指报告期内企业厂区内燃料燃烧和生产工艺过程中产生的各种排入大气的含有污染物的气体的总量，以标准状态（273K，101325Pa）计算。测算公式为：

工业废气排放量=燃料燃烧过程中废气排放量+生产工艺过程中废气排放量

生活SO_2排放量

指除工业生产活动以外的所有社会、经济活动及公共设施的经营活动中燃煤所排放的SO_2纯重量。

工业SO_2排放量

指报告期内企业在燃料燃烧和生产工艺过程中排入大气的SO_2总量。

工业烟尘排放量

指企业厂区内燃料燃烧过程中产生的烟气中夹带的颗粒物排放量。

生活及其他烟尘排放量

指除工业生产活动以外的所有社会、经济活动及公共设施的经营活动中燃烧所排放的烟尘纯重量。以生活及其他煤炭消费量为基础进行测算。

工业粉尘排放量

指企业在生产工艺过程中排放的能在空气中悬浮一定时间的固体颗粒物排放量。如钢铁企业的耐火材料粉尘、焦化企业的筛焦系统粉尘、烧结机的粉尘、石灰窑的粉尘、建材企业的水泥粉尘等。不包括电厂排入大气的烟尘。

工业固体废物产生量

指报告期内企业在生产过程中产生的固体状、半固体状和高浓度液体状废弃物的总量，包括危险废物、冶炼废渣、粉煤灰、炉渣、煤矸石、尾矿、放射性废物和其他废物等；不包括矿山开采的剥离废石和掘进废石（煤矸石和呈酸性或碱性的废石除外）。酸性或碱性废石指采掘的废石其流经水、雨淋水的pH值小于4或pH值大于10.5者。

工业固体废物综合利用量

指报告期内企业通过回收、加工、循环、交换等方式，从固体废物中提取或者使其转化为可以利用的资源、能源和其他原材料的固体废物量（包括当年利用往年的工业固体废物贮存量），如用作农业肥料、生产建筑材料、筑路等。综合利用量由原产生固体废物的单位统计。

工业固体废物综合利用率

指工业固体废物综合利用量占工业固体废物产生量（包括综合利用往年贮存量）的百分率。计算公式为：

工业固体废物综合利用率=工业固体废物综合利用量/（工业固体废物产生量+综合利用往年贮存量）×100%

工业固体废物贮存量

指报告期内企业以综合利用或处置为目的，将固体废物暂时贮存或堆存在专设的贮存设施或专设的集中堆存场所内的数量。专设的固体废物贮存场所或贮存设施必须有防扩散、防流失、防渗漏、防止污染大气、水体的措施。

供水总量

指各种水源工程为用户提供的包括输水损失在内的毛供水量。

生活垃圾清运量

指报告期内收集和运送到垃圾处理厂（场）的生活垃圾数量。生活垃圾指城市日常生活或为城市日常生活提供服务的活动中产生的固体废物以及法律行政规定的视为城市生活垃圾的固体废物。包括：居民生活垃圾、商业垃圾、集市贸易市场垃圾、街道清扫垃圾、公共场所垃圾和机关、学校、厂矿等单位的生活垃圾。

第十篇

农　业

简要说明

一、本篇资料反映我市农业生产和农村经济的基本情况，内容主要包括农林牧渔业产值、农业机械拥有量、主要产品产量、水利设施与灌溉防涝等。

二、本篇资料来源于按照安徽省统计局的《安徽省农村统计调查报表制度》实施的农村统计调查；部分指标及林业生产情况、渔业生产情况等指标均取自同级业务部门的统计资料；农田水利建设和灌溉防涝情况、农业机械和农产品加工机械拥有量、林业资源情况等资料由市水务局、市农机局、市林业和园林局提供。

农村统计调查的统计范围包括各县（市）区的各种经济类型的全部农林牧渔业以及各非农行业附属的农林牧渔业生产单位。但不包括农业科学试验机构进行的农业生产。

农村统计调查由各县（市）区统计局收集、汇总报送，采取抽样调查、典型调查、重点调查和其他调查所取得的。

10—1　分县区农林牧渔业总产值及构成

(按当年价格计算)　　　　　　　　　　　　　　　　　　　　　　　　　　　　单位：万元

年　份	全　市	市　区	长丰县	肥东县	肥西县	庐江县	巢湖市	构　成　(%)				
								农　业	林　业	牧　业	渔　业	农林牧渔专业及辅助性活动
1980	57602	4524	16687	20376	16015			81.9	1.3	15.9	0.9	
1985	136550	11094	40156	47134	38166			74.6	1.1	22.1	2.2	
1990	259565	24603	70841	88819	75302			66.1	1.6	29.5	2.8	
1995	527172	68651	140490	149728	168303			64.1	1.8	29.7	4.4	
1998	645502	86077	187823	216769	154833			52.6	2.0	36.2	9.2	
1999	628764	78222	176509	208543	165490			52.0	2.2	35.6	10.2	
2000	644408	84689	182587	213580	163552			47.9	2.6	38.9	10.6	
2001	670345	87097	186098	225125	172025			48.7	2.2	38.9	10.2	
2002	704136	75268	202098	238517	188253			50.2	2.8	37.2	9.8	
2003	714200	74983	199350	248187	191680			45.1	3.5	39.5	10.4	1.5
2004	925677	82418	222699	354019	266541			50.9	2.2	36.9	8.7	1.2
2005	955877	81249	233214	347508	293907			49.3	2.3	37.7	9.4	1.3
2006	1135542	105813	281695	406355	341679			48.6	2.6	38.1	9.5	1.2
2007	1383515	119622	372237	476963	414692			48.8	2.5	37.4	9.0	2.4
2008	1800429	146201	531963	600728	521537			47.6	2.3	39.8	8.0	2.3
2009	1857859	138721	554080	617773	547285			47.5	2.2	39.3	8.8	2.1
2010	2276350	203193	624352	785920	662885			46.9	2.3	38.2	10.8	1.8
2011	3648662	200862	733173	907016	805120	622800	379691	47.4	2.6	34.5	13.5	2.0
2012	4011797	205885	831284	977464	884972	674297	437895	48.9	2.7	33.3	13.2	1.9
2013	4321854	200100	896064	1058053	959746	731379	476512	48.4	2.8	32.8	14.1	1.9
2014	4503240	319148	934971	1110938	844455	784759	508969	49.0	2.9	32.0	14.1	2.0
2015	4682357	321075	974987	1150357	883324	820006	532608	50.2	3.2	30.3	14.3	2.1
2016	4570902	340455	895766	1075883	891822	818451	548525	50.5	3.8	29.0	14.7	2.0
2017	4626475	312560	948685	1078366	875672	846396	564796	50.9	4.2	27.8	15.0	2.1
2018	4748227	250068	998892	1118007	899020	881199	601041	51.6	4.5	26.3	15.5	2.2
2019	4944925	201297	1078456	1128227	942102	947293	647550	52.0	4.6	25.6	15.5	2.3
2020	5242558	199013	1158321	1216303	987255	997533	684133	52.4	4.6	24.5	15.9	2.6
2021	5508640	159314	1214782	1285646	1049954	1078057	720887	53.0	4.7	22.5	17.2	2.6
2022	5840878	164117	1283409	1328715	1156514	1114099	794024	52.4	4.9	22.4	17.5	2.8

注：2016—2017年数据根据第三次全国农业普查结果进行了修订。

10—2 农林牧渔业总产值指数

(上年=100)

年 份	农林牧渔业总产值	农 业	林 业	牧 业	渔 业	农林牧渔专业及辅助性活动
1980	101.5	96.3	138.1	120.0	148.7	
1985	110.3	104.8	111.8	126.9	137.4	
1990	107.0	105.5	135.1	110.0	103.8	
1995	108.8	109.2	89.0	103.4	147.1	
1998	99.0	91.5	105.3	106.4	110.4	
1999	107.7	107.8	110.3	105.8	112.9	
2000	100.4	90.5	120.6	111.6	103.5	
2001	102.1	103.0	86.7	102.5	99.9	
2002	105.9	111.4	119.3	100.0	103.7	
2003	97.6	80.7	109.4	111.2	114.2	113.7
2004	124.4	144.0	70.1	114.7	111.3	105.8
2005	100.8	94.4	103.4	106.2	104.2	108.6
2006	111.4	107.7	132.2	114.3	112.7	105.6
2007	109.2	113.9	115.9	103.9	113.3	104.0
2008	107.5	103.9	108.0	111.0	113.2	104.1
2009	106.5	103.5	101.7	109.7	113.4	93.6
2010	104.0	102.5	106.1	104.8	108.2	102.9
2011	103.5	103.9	117.9	100.0	108.4	102.6
2012	105.4	106.7	105.8	104.0	105.1	98.9
2013	103.2	102.7	107.6	101.2	108.4	106.6
2014	104.8	105.9	108.6	102.6	104.7	106.8
2015	104.4	105.4	111.0	102.0	104.8	104.8
2016	102.1	101.1	109.6	100.4	106.6	109.4
2017	103.7	104.0	110.2	101.6	104.4	106.6
2018	101.6	102.7	107.2	97.6	103.4	106.0
2019	101.5	104.0	105.1	94.1	103.5	108.8
2020	101.5	103.8	105.6	94.6	102.8	109.6
2021	106.3	105.6	104.4	108.1	106.2	105.7
2022	104.2	103.1	102.1	105.1	105.9	112.3

10—3　主要农产品产量

单位：万吨

年　份	粮　食	油　料	棉　花	肉　类	水产品	牛　奶
1980	106.71	6.40	0.45	3.15	0.39	0.16
1985	155.30	20.53	0.62	5.64	1.29	0.44
1990	167.68	17.72	0.81	10.07	1.80	0.57
1995	147.98	21.36	1.82	12.77	4.01	0.61
1998	178.63	15.69	1.74	20.12	9.05	0.83
1999	184.22	26.27	1.04	21.21	10.19	1.03
2000	142.98	27.07	1.22	22.90	10.27	1.18
2001	133.30	31.83	1.46	23.90	10.33	1.50
2002	161.36	26.62	1.44	24.71	10.62	1.46
2003	104.47	24.07	1.27	26.32	11.30	1.90
2004	166.55	35.24	1.62	29.70	11.21	2.27
2005	153.93	33.86	1.34	31.34	11.63	2.38
2006	179.60	32.01	1.68	36.61	13.21	3.39
2007	173.06	22.75	1.65	30.41	9.88	3.72
2008	186.63	31.39	1.87	33.91	10.97	4.31
2009	190.40	31.73	1.89	36.82	11.27	6.25
2010	193.52	25.85	1.85	38.02	12.29	9.20
2011	264.94	24.62	3.55	44.74	20.30	10.47
2012	278.10	33.47	3.36	47.21	21.57	11.17
2013	265.56	32.13	3.25	47.50	22.70	11.38
2014	292.50	31.84	3.16	48.26	23.50	11.16
2015	306.51	31.10	2.93	49.12	24.02	11.54
2016	293.40	16.80	0.97	44.96	21.84	7.89
2017	297.62	15.10	0.75	44.78	22.23	7.42
2018	301.35	14.88	0.83	43.60	22.94	7.46
2019	301.19	15.09	0.90	38.35	22.48	9.47
2020	288.95	15.71	0.51	32.79	22.56	6.66
2021	294.13	16.61	0.25	34.06	22.89	8.83
2022	294.23	18.19	0.19	35.52	23.86	9.69

注：2011—2017年粮食产量及2016—2017年油料、棉花、肉类、水产品、牛奶产量根据第三次全国农业普查结果进行了修订。

10—4 各县（市）区水利建设基本情况（2022年）

地　区	水库总数（座）	大型水库	中型水库	小型水库
全　市	**693**	**2**	**21**	**670**
瑶海区	3		1	2
庐阳区	2	1		1
蜀山区	16	1		15
包河区				
长丰县	185		12	173
肥东县	219		5	214
肥西县	79		1	78
庐江县	110		1	109
巢湖市	63		1	62
其　他	16			16

地　区	供水工程总供水量（万立方米）	耕地灌溉面积（千公顷）	实际耕地灌溉面积	堤防长度（公里）
全　市	**329757.20**	**421.21**	**362.31**	**1438.71**
瑶海区	14646.00	2.15	2.00	5.25
庐阳区	11072.51	1.28	1.28	8.30
蜀山区	23686.47	3.35	3.35	0.00
包河区	13966.88	2.09	2.00	116.76
长丰县	34540.00	92.66	92.48	35.30
肥东县	53653.20	100.15	74.44	179.21
肥西县	44858.31	64.12	50.01	238.92
庐江县	66950.61	97.78	89.94	438.78
巢湖市	40958.80	57.63	46.81	416.19
其　他	25424.42			

10—5　各县（市）区农业机械拥有量（2022年）

指　标		全　市	市　直	长丰县	肥东县	肥西县	庐江县	巢湖市
农业机械总动力	（万千瓦）	513.71	26.55	110.51	80.52	65.19	168.58	62.36
柴油发动机动力		431.76	22.00	105.50	69.87	54.16	128.96	51.27
汽油发动机动力		9.74	1.23	1.66	3.17	0.37	2.94	0.36
电动机动力		72.19	3.32	3.35	7.46	10.65	36.68	10.72
耕作机械								
大、中型拖拉机	（台）	17789	675	4901	2936	2497	4681	2099
小型拖拉机	（台）	172953	11724	49107	32850	18000	55488	5784
大、中型拖拉机配套农具	（部）	24922	548	6447	3970	4638	6524	2795
水稻插秧机	（台）	2451	50	276	408	317	1075	325
水稻直播机	（台）	420		167		5	172	76
谷物烘干机	（台）	1754	17	160	278	240	724	335
保鲜储藏设备	（台）	550	27	185	90	103	88	57
农产品初加工作业机械	（台）	22662	907	2040	3676	3835	7882	4322
#粮食加工机械		15004	697	1410	2760	2796	4284	3057
棉花加工机械		1768	55	75	345	263	700	330
油料加工机械		2540	128	335	470	670	609	328
畜牧机械	（台）	4574	225	432	1300	779	1398	440

10—6　各县（市）区农业现代化情况（2022年）

指　　标		全　市	瑶海区	庐阳区	蜀山区	包河区
农业机械化情况						
机耕面积	（千公顷）	629.02				
机播面积	（千公顷）	373.10				
机械植保面积	（千公顷）	313.47				
机械收割面积	（千公顷）	532.31				
农村主要物资消耗情况						
农用化肥施用量（折纯）	（吨）	203810	78	2	2062	384
氮　肥		52642	14		54	44
磷　肥		19005	17	1		17
钾　肥		15605	19			26
复合肥		116558	28	1	2008	298
农用塑料薄膜使用量	（吨）	14702		56	42	432
地膜使用量	（吨）	3441		25	10	31
地膜覆盖面积	（公顷）	27547		73	80	364
农用柴油使用量	（吨）	70911		12	209	32
农药使用量	（吨）	3105		0.01	18	1
农田水利建设情况						
耕地灌溉面积	（千公顷）	421.21	2.15	1.28	3.35	2.09

10—6　续表

指　　标		长丰县	肥东县	肥西县	庐江县	巢湖市
农业机械化情况						
机耕面积	（千公顷）	141.22	158.97	79.01	139.2	87.32
机播面积	（千公顷）	72.14	82.12	65.21	88.95	53.67
机械植保面积	（千公顷）	26.54	49	72.2	130.02	29.21
机械收割面积	（千公顷）	113.52	118.12	72.65	132.73	76.18
农村主要物资消耗情况						
农用化肥施用量（折纯）	（吨）	50316	41698	28276	54570	22985
氮　肥		13445	9806	13141	7469	7807
磷　肥		7676	2625	4598	3511	191
钾　肥		2024	1252	2652	9353	129
复合肥		27171	28015	7885	34237	14858
农用塑料薄膜使用量	（吨）	9260	2085	1599	472	612
地膜使用量	（吨）	1989	419	618	72	240
地膜覆盖面积	（公顷）	13056	4217	6805	842	1295
农用柴油使用量	（吨）	18728	6360	18341	21246	4755
农药使用量	（吨）	469	462	1079	651	385
农田水利建设情况						
耕地灌溉面积	（千公顷）	92.66	100.15	64.12	97.78	57.63

注：市区农业机械化情况为四城区合计数。

10—7 各县（市）区农林牧渔业总产值（2022年）

指 标	全 市	瑶海区	庐阳区
农林牧渔业总产值（按现行价计算）	**5840878**	**2479**	**20616**
农业总产值	**3061534**	**1419**	**10131**
谷物及其他作物	961685		38
谷 物	769053		4
薯 类	6416		
油 料	117224		
豆 类	13355		34
棉 花	4176		
糖 料	2483		
其他农作物	48978		
蔬菜、食用菌及花卉盆景园艺产品	1536187	1419	6352
蔬菜（含菜用瓜）	1261530	1419	5474
食用菌	26716		
花 卉	9896		878
盆景园艺	238045		
水果、坚果、茶、饮料和香料	544735		3741
#水果（含果用瓜）	500522		3741
茶及饮料原料	21249		
林业总产值	**285517**	**971**	**9881**
林木的培育和种植	256482	971	9763
竹木采运	29035		118
林产品			
牧业总产值	**1307583**		
牲畜饲养	89410		
#牛	20141		
羊	17674		
奶产品	51595		
猪的饲养	411093		
家禽饲养	699472		
肉 禽	477824		
禽 蛋	221648		
其他畜牧业	107608		
渔业总产值	**1022583**		
内陆水域产品	1022583		
#养 殖	835660		
农林牧渔专业及辅助性活动总产值	**163661**	**89**	**604**

单位：万元

蜀山区	包河区	长丰县	肥东县	肥西县	庐江县	巢湖市
26863	**70004**	**1283409**	**1328715**	**1156514**	**1114099**	**794024**
9188	**61620**	**688630**	**681067**	**517526**	**621899**	**432306**
5117	31	202555	233418	130819	231595	143417
4849	18	170967	165751	110843	198288	104518
		1895	1678	392	2148	303
228		15935	49502	14462	14730	21660
39	13	3293	4260	2324	2391	828
1		164	1446	1014	1045	506
		143	637	410	1007	286
		10158	10144	1374	11986	15316
2974	36072	219362	363517	329501	307582	249984
2251	34682	184514	312675	201884	279999	219515
	166	3805	9192	6052	6580	614
723	1224	3185	985	2033	860	8
		27858	40665	119532	20143	29847
1097	25517	263111	84132	57206	72130	34172
1097	25517	242253	83724	56961	54123	29525
			57	88	16880	4224
9532	**5948**	**54446**	**62712**	**64460**	**48440**	**26547**
4312	4460	50797	54215	62051	42210	25123
5220	1488	3649	8497	2409	6230	1424
6900	**77**	**295877**	**326731**	**389801**	**132326**	**153058**
1554	12	24401	47967	5104	5172	5084
1473		4545	7130	3077	2608	1242
81	12	7580	1518	2027	2564	3842
		12276	39319			
1026		116524	112396	110300	37065	33696
4320	65	141592	154389	236386	77115	82994
3751	50	96527	92380	172559	52117	59291
569	15	45065	62009	63827	24998	23703
		13360	11979	38011	12974	31284
482	**301**	**209358**	**224628**	**149708**	**276219**	**161887**
482	301	209358	224628	149708	276219	161887
482	301	137932	199096	130070	241975	125804
761	**2058**	**35098**	**33577**	**35019**	**35215**	**20226**

10—8 各县（市）区农作物播种面积和产量（2022年）

指标		全市	瑶海区	庐阳区
农作物总播种面积	**（公顷）**	**701993**	**102**	**620**
粮食作物播种面积	**（公顷）**	**525335**		**76**
产量	**（吨）**	**2942285**		**80**
#夏收粮食面积	（公顷）			
产量	（吨）			
#谷物播种面积	（公顷）			
产量	（吨）			
稻谷播种面积	（公顷）	355208		
产量	（吨）	2195121		
早稻播种面积	（公顷）	35126		
产量	（吨）	213962		
中稻和一季晚稻播种面积	（公顷）	284601		
产量	（吨）	1762764		
双季晚稻播种面积	（公顷）	35480		
产量	（吨）	218394		
小麦播种面积	（公顷）	128887		
产量	（吨）	600353		
玉米播种面积	（公顷）	19160		3
产量	（吨）	100140		17
其他谷物播种面积	（公顷）	2079		
产量	（吨）	11458		
豆类播种面积	（公顷）	15452		72
产量	（吨）	21379		54
薯类播种面积（按折粮类算）	（公顷）	4549		1
产量	（吨）	13835		9

蜀山区	包河区	长丰县	肥东县	肥西县	庐江县	巢湖市
4258	**3133**	**143521**	**163508**	**100178**	**168106**	**103245**
3826	**27**	**115293**	**111484**	**74483**	**131862**	**75479**
18056	**90**	**655464**	**637920**	**423242**	**758143**	**396757**
2017	13	70748	76153	53701	91206	50957
10062	70	448140	492785	328923	587433	285942
					34411	715
					209766	4196
2017	13	70748	76153	53701	21315	50241
10062	70	448140	492785	328923	159272	281746
					35480	
					218394	
1644		34327	24043	16864	31398	18532
7373		168303	105901	86001	138886	84479
119		3241	5095	767	5147	4640
560		17690	29339	3469	23946	24004
		2013		67		
		11158		300		
46	13	3348	5078	2839	2836	1059
61	20	5488	6656	3873	3649	1356
		1617	1115	246	1275	292
		4685	3240	676	4229	976

10—8 续表

指　　标		全　市	瑶海区	庐阳区
经济作物播种面积	**(公顷)**	**176658**	**102**	**543**
油料播种面积	(公顷)	61506		
产　量	(吨)	181932		
＃花生播种面积	(公顷)	12600		
产　量	(吨)	46195		
油菜籽播种面积	(公顷)	47488		
产　量	(吨)	128114		
芝麻播种面积	(公顷)	881		
产　量	(吨)	1401		
棉花播种面积	(公顷)	2709		
产　量	(吨)	1914		
糖料播种面积	(公顷)	166		
产　量	(吨)	6384		
蔬菜播种面积	(公顷)	96615	102	423
产　量	(吨)	2506502	2711	10527
瓜果类播种面积	(公顷)	10509		120
产　量	(吨)	279829		3941
＃西瓜播种面积	(公顷)	4357		67
产　量	(吨)	138787		2762
草莓播种面积	(公顷)	5373		43
产　量	(吨)	122997		953
其他作物播种面积	(公顷)	3870		

蜀山区	包河区	长丰县	肥东县	肥西县	庐江县	巢湖市
432	**3107**	**28228**	**52024**	**25695**	**36244**	**27766**
146		8373	24898	7070	8426	12202
356		24071	74382	21302	28366	32361
6		1421	5783	1857	976	2515
22		5596	22639	7954	2934	6928
138		6872	19048	5137	6720	9227
332		18330	51552	13196	18946	24791
1		80	14	68	254	460
2		145	23	122	462	642
0.3		104	900	674	742	287
0.2		75	663	465	479	232
		9	38	30	65	24
		366	1548	1059	2664	747
254	3017	13647	24704	16190	22701	13582
4548	69814	356755	638820	391531	564620	426771
32	89	5673	1393	1528	833	718
589	2056	139282	47820	41448	21463	19938
14	14	912	1200	1190	516	387
278	529	29677	43268	32628	14730	13272
17	72	4441	137	142	215	255
265	1449	103222	3356	2975	4508	4922
		152	91	164	3014	449

10—9 各县（市）区茶叶、水果生产情况（2022年）

指　　标		全　市	瑶海区	庐阳区	蜀山区	包河区
茶叶产量	（吨）	2647				
#绿毛茶		2623				
园林水果	（吨）	242450		1313	1234	28801
苹　果		810				
梨		18293		50		
柑橘类		796				
其他园林水果		222488		1263	1234	28801
#桃		108305		814	632	633
葡　萄		83371		193	411	19790
柿　子		11334		90		
年末实有茶园面积	（公顷）	8530				
#本年采摘面积		6330				
年末果园面积	（公顷）	10286		74	11	606
#梨　园		679		2		
桃　园		5091		49	5	25
葡萄园		2893		11	2	537

指　　标		长丰县	肥东县	肥西县	庐江县	巢湖市
茶叶产量	（吨）		9	11	1951	676
#绿毛茶			9	11	1951	652
园林水果	（吨）	49978	66168	36957	42969	12622
苹　果		766	32			12
梨		8705	5325	2493	1112	306
柑橘类		533				263
其他园林水果		39911	60811	34464	41857	12041
#桃		28836	48233	19106	2952	5293
葡　萄		6228	3446	13031	36542	3617
柿　子		3703	5226	1558	198	379
年末实有茶园面积	（公顷）		41	45	6584	1861
#本年采摘面积			35	10	4655	1630
年末果园面积	（公顷）	2095	2507	810	3130	926
#梨　园		319	185	57	68	32
桃　园		1393	1996	374	855	292
葡萄园		262	143	360	1410	160

10—10　造林面积

单位：公顷

年　份	营造林面积	人工造林	人工造林按用途分 用材林	经济林	防护林	特种用途林
2010	3276	3276	356	239	2670	
2015	11208	11207	5527	1452	3577	651
2017	4776	2302	577	393	1332	
2018	21424	4053	1556	2256	241	
2019	20669	6705	3544	2880	281	
2020	18537	6691	2414	3000	1277	
2021	20070	2436	1122	224	1089	
2022	10207	1531	506	398	591	36

10—11　各县（市）区造林面积（2022年）

单位：公顷

地　区	营造林面积	人工造林	人工造林按用途分 用材林	经济林	防护林	特种用途林
全　市	**10207**	**1531**	**506**	**398**	**591**	**36**
瑶海区	27	27			27	
庐阳区	208	39		18	21	
蜀山区	576	56	22		34	
包河区	19	19			19	
长丰县	1598	225		3	222	
肥东县	2457	278	188	1	89	
肥西县	2412	355	84	200	35	36
庐江县	1435	363	98	145	120	
巢湖市	1475	169	114	31	24	

10—12　各县（市）区畜牧业生产情况（2022年）

指　　标		全　市	瑶海区	庐阳区
出栏数				
大牲畜	（头）	24113		
#牛		24113		
猪	（头）	1644971		
羊	（只）	208305		
#山　羊		154483		
家　禽	（万只）	12009.3		
#鸡		10535.0		
年末存栏数				
大牲畜	（头）	43092		
#牛		43092		
#肉　牛		12584		
奶　牛		27905		
役用牛		2603		
猪	（头）	852095		
#能繁殖母畜		88295		
羊	（只）	103046		
#山　羊		68394		
家　禽	（万只）	3770		
肉类总产量	（吨）	355197		
牛		3718		
猪		136992		
羊		2980		
家　禽		211507		
蜂蜜产量	（吨）			
奶类产量	（吨）	96895		
蚕茧产量	（吨）			
禽蛋产量	（吨）	211306		

注：全市包括高新区、经开区、新站区数据。

蜀山区	包河区	长丰县	肥东县	肥西县	庐江县	巢湖市
1840		5271	8793	3600	3033	1507
1840		5271	8793	3600	3033	1507
4368		503281	487619	373098	145354	130961
978	90	84331	24488	22728	27874	47205
978	90	66044	24488	22728	18977	20566
105.1	1.4	2534.9	2340.0	4395.5	1309.5	1292.1
100.4	1.4	2259.0	1966.9	3969.8	1024.1	1187.1
23		12217	24763	990	3170	1838
23		12217	24763	990	3170	1838
23		2947	4677	990	2679	1188
		8130	19775			
		1140	311		491	650
1880		307349	261993	148530	71456	60141
210		27696	27224	20772	7033	5266
1164		29020	15735	6856	17279	31868
1164		25937	15735	6856	8494	9084
		645	988	1202	472	401
2932	27	94885	87534	104872	34712	29785
308		772	1339	501	547	236
381		43751	42492	30467	10407	9476
17	2	1052	305	278	472	844
2226	25	49311	43399	73626	23288	19229
		22159	74736			
576	17	48984	51268	60683	25225	23209

10—13 各县（市）区渔业生产情况（2022年）

指标		全市	瑶海区	庐阳区	蜀山区	包河区
水产品产量	**（吨）**	**238621**			**376**	**200**
内陆水域捕捞		5945			11	
鱼类		2713			6	
虾蟹类		2693			3	
贝类		300			2	
其他		239				
内陆水域养殖		232676			365	200
鱼类		104341			365	200
虾蟹类		123795				
贝类		791				
其他		3749				
内陆水域养殖面积	**（公顷）**	**28964**			**270**	**35**
池塘养殖面积		19413			270	35
湖泊养殖面积						
河沟养殖面积		1924				
水库养殖面积		7177				
其他养殖		450				

指标		长丰县	肥东县	肥西县	庐江县	巢湖市
水产品产量	**（吨）**	**46216**	**51213**	**42002**	**54485**	**44129**
内陆水域捕捞		400	1095	1429	2725	285
鱼类		284	573	830	910	110
虾蟹类		9	449	342	1810	80
贝类		40	58	192		8
其他		67	15	65	5	87
内陆水域养殖		45816	50118	40573	51760	43844
鱼类		10139	28042	23451	26265	15879
虾蟹类		35119	21095	15316	25400	26865
贝类		43	622	55		71
其他		515	359	1751	95	1029
内陆水域养殖面积	**（公顷）**	**4841**	**6678**	**7037**	**6100**	**4003**
池塘养殖面积		3644	2726	4558	4900	3280
湖泊养殖面积						
河沟养殖面积			983	451	490	
水库养殖面积		1170	2955	1712	620	720
其他养殖		27	14	316	90	3

主要统计指标解释

农林牧渔业总产值

农林牧渔业总产值是以货币表现的农林牧渔业的全部产品总量和对农林牧渔业生产活动进行的各种支持性服务活动的价值。它反映一定时期内农林牧渔业生产总规模和总成果，是观察农林牧渔业生产水平和发展速度，研究农林牧渔业内部比例关系、农林牧渔业与工业、农林牧渔业与国家建设、人民生活比例关系的重要指标，同时也是计算农林牧渔业劳动生产率和农林牧渔业增加值的基础资料。1957 年以前的农业总产值中包括了厩肥和农民自给性手工业（如农民自制衣服、鞋、袜，自己从事粮食初步加工等）。1958 年及以后的农业总产值，林业中增加了村及村以下竹木采伐产值；牧业中取消了厩肥产值；副业中取消了农民自给性手工业产值，增加了村及村以下办的工业产值；渔业中增加了海洋捕捞水产品产值。1980 年及以后的农业总产值，在副业中增加了农民家庭兼营工业商品部分的产值。从 1984 年起村及村以下工业产值划归工业。从 1993 年起取消副业，将野生动物的捕猎划入牧业，野生植物采集和农民家庭兼营商品性工业划归农业。2003 年起，取消农业中的农民家庭兼营商品性工业，增加了农林牧渔专业及辅助性活动。

粮食产量

指全社会的产量。包括国有经济经营的、集体统一经营的和农民家庭经营的粮食产量，还包括工矿企业办的农场和其他生产单位的产量。粮食除包括稻谷、小麦、玉米、高粱、谷子及其他杂粮外，还包括薯类和豆类。其产量计算方法，豆类按去豆荚后的干豆计算；薯类（包括甘薯和马铃薯，不包括芋头和木薯）1963 年以前按每 4 公斤鲜薯折 1 公斤粮食计算，从 1964 年开始改为按 5 公斤鲜薯折 1 公斤粮食计算。城市郊区作为蔬菜的薯类（如马铃薯等）按鲜品计算，并且不作粮食统计。其他粮食一律按脱粒后的原粮计算。

油料产量

指全部油料作物的生产量。包括花生、油菜籽、芝麻、向日葵籽、胡麻籽（亚麻籽）和其他油料。不包括大豆、木本油料和野生油料。花生以带壳干花生计算。

水产品产量

指人工养殖的水产品和天然生长的水产品的捕捞量。包括海水的鱼类、虾蟹类、贝类和藻类以及内陆水域的鱼类、虾蟹类和贝类，不包括淡水生植物。

猪、牛、羊肉产量

指当年出栏并已屠宰、除去头蹄下水后带骨肉（即胴体重）的重量。

期初（末）畜禽存栏头（只）数

指报告期初（末）养殖户（单位）饲养的大牲畜、猪、羊、家禽等畜禽的存栏数。

农作物播种面积

指实际播种或移植有农作物的面积。凡是实际种植有农作物的面积，不论种植在耕地上还是种植在非耕地上，均包括在农作物播种面积中。在播种季节基本结束后，因遭灾而重新改种和补种的农作物面积，也包括在内。

农用化肥施用量

指本年内实际用于农业生产的化肥数量，包括氮肥、磷肥、钾肥和复合肥。化肥施用量要求按折纯量计算数量。折纯量是指把氮肥、磷肥、钾肥分别按含氮、含五氧化二磷、含氧化钾的百分之一百成份进行折算后的数量。复合肥按其所含主要成分折算。

农业机械总动力

指主要用于农、林、牧、渔业的各种动力机械的动力总和。包括耕作机械、排灌机械、收获机械、农用运输机械、植物保护机械、牧业机械、林业机械、渔业机械和其他农业机械（内燃机按引擎马力折成瓦（特）计算、电动机按功率折成瓦（特）计算）。不包括专门用于乡、镇、村、组办工业、基本建设、非农业运输、科学试验和教学等非农业生产方面用的动力机械与作业机械。

第十一篇

工　业

简要说明

一、本篇主要包括以下几部分汇总资料：

1. 全部规模以上工业企业按地区和行业分组的主要经济指标和经济效益指标，主要包括资产总计、流动资产、固定资产合计、流动负债、所有者权益、营业收入、营业税金及附加、利润总额、利税总额、总资产贡献率、资产负债率、流动资产周转次数和成本费用利润率等指标。

2. 国有控股工业企业的主要经济指标。

3. 外商投资和港澳台投资工业企业主要经济指标。

4. 大中型工业企业的主要经济指标。

5. 民营规模以上工业企业主要经济指标。

6. 主要工业产品产量。

7. 主要工业产品生产能力。

8. 工业企业总产值和营业收入20强。

二、2011年开始，规模以上工业统计范围调整为年主营业务收入2000万元及以上工业企业。

三、资料来源：由市统计局工交处根据国家统计局和安徽省统计局工业统计报表制度收集、汇总、整理。

11—1　规模以上工业企业主要经济效益指标

年　　份	总资产贡献率 (%)	资产负债率 (%)	流动资产周转率 (次/年)	成本费用利润率 (%)	产品销售率 (%)
2010	20.94	59.64	2.17	12.27	97.16
2011	16.59	57.75	2.55	8.07	96.87
2012	18.84	58.32	2.82	8.41	96.96
2013	17.06	57.86	2.72	7.52	96.92
2014	13.04	57.23	2.59	6.12	96.71
2015	12.49	57.23	2.43	5.99	97.00
2016	11.78	56.93	2.21	6.00	97.46
2017	9.86	55.39	1.92	5.96	97.83
2018	7.60	57.17	1.50	5.10	98.54
2019	6.58	59.25	1.32	4.72	98.98
2020	6.64	60.75	1.26	4.96	98.99
2021	7.43	60.62	1.27	6.13	99.50
2022	5.23	57.19	1.34	4.07	99.03

注：产品销售率为快报数据。

11—2　按组成分主要经济效益指标（2022年）

项　　目	总资产贡献率（%）	资产负债率（%）	流动资产周转率（次/年）	成本费用利润率（%）
总　　计	**5.23**	**57.19**	**1.34**	**4.07**
#国有控股企业	5.20	49.87	1.49	3.08
按登记注册类型分				
内资企业	5.23	55.80	1.28	4.35
国有企业	22.94	46.44	1.04	4.73
集体企业		0.00	0.00	
有限责任公司	3.82	55.54	1.30	3.62
股份有限公司	6.09	52.50	1.20	7.93
私营企业	4.47	60.34	1.34	2.76
港、澳、台商投资企业	2.15	76.94	2.00	0.78
外商投资企业	8.30	53.30	1.14	8.17
按轻重工业分				
轻工业	10.38	54.61	1.28	7.48
重工业	3.90	57.85	1.36	3.13
按企业规模分				
大型企业	4.21	59.83	1.38	2.68
中型企业	6.82	49.39	1.28	7.30
小型企业	6.74	57.33	1.29	4.99

11—3　分行业规模以上工业企业主要经济效益指标（2022年）

行　业	总资产贡献率（%）	资产负债率（%）	流动资产周转率（次/年）	成本费用利润率（%）
总　计	**5.23**	**57.19**	**1.34**	**4.07**
黑色金属矿采选业	24.04	35.36	2.43	68.66
有色金属矿采选业	15.85	59.10	12.51	31.26
非金属矿采选业	20.93	61.40	1.51	31.87
农副食品加工业	9.95	53.10	1.56	7.16
食品制造业	10.95	48.66	2.44	5.29
酒、饮料和精制茶制造业	19.93	59.05	4.56	8.05
烟草制品业	106.87	30.86	2.04	14.26
纺织业	9.69	53.44	1.70	7.68
纺织服装、服饰业	4.94	69.08	0.86	3.26
皮革、毛皮、羽毛及其制品和制鞋业	5.96	61.92	1.49	1.83
木材加工及木、竹、藤、棕、草制品业	4.82	73.32	1.69	1.56
家具制造业	9.95	54.46	1.72	7.69
造纸及纸制品业	3.23	60.59	1.87	-0.39
印刷和记录媒介复制业	13.29	39.73	1.19	13.10
文教、工美、体育和娱乐用品制造业	15.67	59.59	1.76	8.18
石油加工、炼焦及核燃料加工业	-6.92	104.52	1.34	-12.48
化学原料及化学制品制造业	9.79	51.51	1.52	10.00
医药制造业	12.41	32.55	0.89	28.85
化学纤维制造业	18.04	27.91	2.44	15.64
橡胶和塑料制品业	9.11	45.59	1.62	6.91
非金属矿物制品业	7.40	71.88	1.14	5.78
黑色金属冶炼及压延加工业	5.85	29.96	3.19	2.19
有色金属冶炼及压延加工业	11.72	46.97	1.85	8.65
金属制品业	5.78	57.22	1.82	2.91
通用设备制造业	9.93	51.25	1.14	10.94
专用设备制造业	9.54	42.73	0.79	14.90
汽车制造业	1.85	74.31	1.58	-0.27
铁路、船舶、航空航天和其他运输设备制造业	7.33	42.00	0.55	13.96
电气机械和器材制造业	4.83	65.97	1.18	4.57
计算机、通信和其他电子设备制造业	1.28	54.71	1.28	0.27
仪器仪表制造业	6.87	40.38	0.72	8.46
其他制造业	3.31	49.03	0.54	6.45
废弃资源综合利用业	5.16	63.24	0.98	2.82
金属制品、机械和设备修理业	8.33	33.16	0.66	23.72
电力、热力生产和供应业	3.66	62.20	4.49	0.82
燃气生产和供应业	3.03	47.82	1.65	3.77
水的生产和供应业	0.91	37.73	0.70	1.28

11—4 规模以上工业企业主要经济指标（2022年）

项目	企业单位数（个）	#亏损企业	资产总计	#流动资产合计	#应收账款
总计	**2544**	**501**	**150642414**	**85623875**	**33213668**
总计中					
内资企业	2358	453	128062873	69232180	25412316
国有企业	26	4	4134479	2718590	511227
集体企业					
有限责任公司	583	146	53041282	27640880	11407199
股份有限公司	83	14	34371111	17142648	4709953
私营企业	1664	289	36508277	21723031	8779749
港、澳、台商投资企业	67	19	11237080	8730264	5816095
合资经营企业(港或澳、台资)	29	9	2210294	1247269	178099
合作经营企业(港或澳、台资)	1		8355	6782	323
港澳台商独资经营企业	32	9	7373330	6515482	5454326
港澳台商投资股份有限公司	4	1	1633790	951768	181106
外商投资企业	119	29	11342460	7661431	1985257
中外合资经营企业	36	8	2722354	2227289	514800
外资企业	77	21	6337665	3457439	1249029
外商投资股份有限公司	5		2280434	1974788	219746
总计中					
国有控股企业	217	39	47943277	19769195	5227556
总计中					
轻工业	812	150	31037163	20436658	6380911
重工业	1732	351	119605251	65187217	26832758
总计中					
大型企业	79	18	90574392	48862523	19380815
中型企业	266	58	31283361	17645645	6339202
小型企业	2199	425	28784661	19115706	7493651

单位：万元

#存　货	#产成品	固定资产原　价	累计折旧	负债合计	流动负债合　计
14566472	**5068443**	**59741606**	**24854488**	**86146929**	**68100357**
12496573	4412909	51470921	20400627	71455407	54626354
1086474	56145	1603469	742653	1919870	1682854
4257388	1753193	21986757	9097192	29457830	22939004
2211287	641976	14279099	6549339	18043139	13875235
4940985	1961207	13599520	4010205	22028170	16122862
1025176	152961	2918700	1533737	8645688	8165680
177865	50798	1279966	670361	1119521	736476
1790	1069	3446	2166	4488	4488
778359	69185	1335096	714707	6629344	6563569
65106	31887	298357	145520	889720	858542
1044723	502573	5351985	2920124	6045834	5308323
272959	168058	1032926	679051	1540808	1482999
666601	281321	4053492	2089124	3047693	2503725
105121	53151	264819	151293	1455894	1320160
3389240	1068932	31904306	14919677	23907046	17206152
3289795	1478801	8148966	3619431	16950576	15343532
11276676	3589642	51592640	21235057	69196353	52756825
7750141	2265726	37758188	16556234	54191462	41437330
3207780	1330937	12186856	4538047	15452072	12565920
3608551	1471780	9796562	3760207	16503395	14097107

11—4 续表1

项目	所有者权益合计	#实收资本	国家资本	集体资本	法人资本
总计	**64441489**	**30340726**	**2843503**	**305429**	**19763853**
总计中					
内资企业	56553471	26474903	2614574	299005	18900841
国有企业	2214609	603360	504238	1326	88993
集体企业					
有限责任公司	23559205	15334034	1674084	62975	11851902
股份有限公司	16327972	4291870	394075	199922	2573607
私营企业	14450360	6244609	42178	34782	4386339
港、澳、台商投资企业	2591392	1090509	148164	4924	358429
合资经营企业(港或澳、台资)	1090773	411339	146964	4924	171733
合作经营企业(港或澳、台资)	3867	2000	1200		300
港澳台商独资经营企业	743986	524985			61379
港澳台商投资股份有限公司	744070	146684			119517
外商投资企业	5296625	2775315	80765	1499	504582
中外合资经营企业	1181546	646580	80765	1499	320545
外资企业	3289971	2058454			126484
外商投资股份有限公司	824540	70181			57453
总计中					
国有控股企业	24036230	13348772	2658549	60114	10373545
总计中					
轻工业	14060825	5018520	205905	6175	2946544
重工业	50380664	25322206	2637598	299254	16817308
总计中					
大型企业	36382930	17165196	1125920	80653	12825094
中型企业	15831288	7159063	1115780	118628	4118873
小型企业	12227271	6016468	601803	106148	2819885

单位：万元

个人资本	港澳台资本	外商资本	营业收入	营业成本	税金及附加	销售费用
4592085	**597687**	**2238169**	**114594684**	**99221960**	**1215462**	**3223071**
4555384	59474	45625	88430543	75777997	1139628	2393228
8802			2816902	1769428	711687	27984
1738538	6534		35908716	31728279	148601	698685
1025714	52935	45620	20566098	17161516	95579	754395
1781299	5	6	29130324	25111296	183715	911899
11978	493805	73209	17429059	16545559	33905	280098
7130	55943	24645	1889224	1762400	7866	40350
	500		7584	5677	85	367
	429861	33745	14288575	13719519	16729	155164
4848	7500	14819	1239638	1055937	9170	83821
24724	44409	2119336	8735081	6898404	41929	549745
18741	20894	204135	2281424	1905388	9796	193694
3284	17490	1911196	4961515	3750037	26412	281342
2700	6024	4004	1487471	1238548	5718	74709
123717	45374	87473	29385086	25610199	854827	456226
1012498	173929	673469	26149417	20661482	813083	1375162
3579587	423758	1564701	88445266	78560477	402379	1847910
2146772	313057	673700	67363838	59733436	993756	1694930
766884	54412	984487	22639038	18853190	114043	707218
1678430	230218	579983	24591807	20635333	107663	820923

11—4 续表2

项 目	管理费用	研发费用	财务费用	#利息费用	营业利润	投资收益
总 计	**3385771**	**3850135**	**369983**	**748389**	**4337955**	**829889**
总计中						
内资企业	2761619	3292084	401610	692265	3564384	741449
国有企业	172365	55188	-1915	6858	94190	11547
集体企业						
有限责任公司	813360	1423453	146389	236884	1223450	111294
股份有限公司	733078	735189	43551	238508	1551055	518829
私营企业	1042528	1077925	213584	210015	695585	99779
港、澳、台商投资企业	163194	309740	-1702	15979	116817	11701
合资经营企业(港或澳、台资)	58417	26243	6133	9318	2904	6635
合作经营企业(港或澳、台资)	363	318	96	105	718	
港澳台商独资经营企业	69832	239377	-4126	2267	89897	-1649
港澳台商投资股份有限公司	34225	43290	-3838	4263	22396	6541
外商投资企业	460959	248312	-29925	40145	656754	76738
中外合资经营企业	57088	66936	-34517	4445	88358	-404
外资企业	370362	113334	11305	29772	418269	2563
外商投资股份有限公司	33295	68042	-6714	5927	150105	74580
总计中						
国有控股企业	885346	877402	164619	318711	858198	292398
总计中						
轻工业	965652	824934	-18836	137015	1746842	172229
重工业	2420120	3025201	388819	611374	2591112	657659
总计中						
大型企业	1465910	2141640	130554	460823	1779921	639177
中型企业	863573	813740	57620	116129	1514809	146833
小型企业	1056288	894755	181810	171436	1043225	43879

单位：万元

营业外收入	利润总额	所得税费用	亏损企业亏损总额	利税总额	本年应付职工薪酬	本年应交增值税	平均用工人数(人)
283958	**4477878**	**557780**	**1951826**	**7270599**	**7732606**	**1577259**	**547437**
251171	3679147	434810	1822279	6171353	6366679	1352578	453818
2684	95771	37079	54004	940081	340873	132624	12287
66938	1260703	151388	766886	1832309	2117515	423005	154480
38284	1541318	116593	200019	1941372	1669216	304475	81828
143265	781252	129735	801370	1457218	2238722	492251	205161
20529	134787	31304	62598	238723	576277	70031	44333
6724	9033	8510	60053	40270	170672	23371	11880
52.8	770	111		959	1413	104	232
12518	101037	25198	2003	146212	310420	28446	25107
1230	23041	-2566	542	50094	92636	17883	7046
12259	663944	91665	66950	860523	789649	154650	49286
2690	90620	18835	23179	123876	160144	23460	12114
7361	421659	68256	43771	567280	489758	119209	26741
2208	151643	4574		169285	139532	11924	10382
48734	861107	176407	857866	2267263	2298288	551329	120718
62937	1780570	209278	102952	3079193	1919745	485540	163635
221022	2697308	348502	1848875	4191406	5812861	1091719	383802
50654	1746963	244609	1418580	3449484	3984756	708765	220278
63288	1553546	171025	232743	2041943	1850289	374354	141634
170016	1177369	142145	300503	1779172	1897561	494140	185525

11—5　分行业规模以上工业企业主要经济指标（2022年）

行　业	企业单位数（个）	#亏损企业	资产总计	#流动资产合计	#应收账款
总　计	**2544**	**501**	**150642414**	**85623875**	**33213668**
黑色金属矿采选业	3	1	634529	117593	14802
有色金属矿采选业	2	1	253419	8139	30
非金属矿采选业	5		114313	43799	2578
农副食品加工业	97	14	2117204	1518501	295084
食品制造业	57	9	817522	471785	157930
酒、饮料和精制茶制造业	7	1	224374	93619	24891
烟草制品业	2		829898	601921	19457
纺织业	39	5	283456	161014	31106
纺织服装、服饰业	30	10	365953	278388	133370
皮革、毛皮、羽毛及其制品和制鞋业	23	5	77598	62670	24993
木材加工和木、竹、藤、棕、草制品业	9	1	50853	36282	18551
家具制造业	34	4	1045799	572119	135373
造纸和纸制品业	41	14	366427	189918	78135
印刷和记录媒介复制业	46	5	716786	520918	118998
文教、工美、体育和娱乐用品制造业	15	1	85724	69044	28182
石油加工、炼焦和核燃料加工业	2	2	12253	7848	1337
化学原料和化学制品制造业	103	17	5083306	2601258	667551
医药制造业	47	13	2441942	1238373	266320
化学纤维制造业	4	1	127363	63771	1768
橡胶和塑料制品业	189	30	4360826	2488048	959865
非金属矿物制品业	246	39	5221032	3596382	2279809
黑色金属冶炼和压延加工业	11	1	662764	368872	36307
有色金属冶炼和压延加工业	16	3	413181	251776	140668
金属制品业	175	25	4358973	3089691	1096803
通用设备制造业	236	38	8256852	5517511	1536784
专用设备制造业	192	25	5506839	3902010	1068578
汽车制造业	180	63	11547006	6696682	2937583
铁路、船舶、航空航天和其他运输设备制造业	16	2	787059	623912	160776
电气机械和器材制造业	323	57	30833988	21970509	8280486
计算机、通信和其他电子设备制造业	251	86	49877151	24092206	11469718
仪器仪表制造业	56	12	1457863	1186948	399334
其他制造业	12	2	497661	313904	35075
废弃资源综合利用业	12	3	183189	127780	28004
金属制品、机械和设备修理业	2		181237	118100	12856
电力、热力生产和供应业	32	6	6772945	1198026	665154
燃气生产和供应业	15	2	2033385	837031	45922
水的生产和供应业	14	3	2041744	587528	39493

单位：万元

#存　货	#产成品	固定资产原　价	累计折旧	负债合计	流动负债合　计
14566472	**5068443**	**59741606**	**24854488**	**86146929**	**68100357**
17883	10048	369873	115183	224354	159304
3816	1242	220625	49859	149763	114207
1826	522	82350	34447	70183	38244
359686	146966	499618	197805	1124308	948286
125869	30809	505070	217027	397800	360373
39596	21778	248933	140423	132490	121487
435051	23913	341548	197494	256096	252997
44768	20388	143720	59587	151476	130099
36052	21372	108164	48880	252813	225360
17726	6985	17943	7540	48051	42286
6657	3931	14880	6834	37287	33424
57753	17418	312330	93435	569537	550233
42667	13004	198525	72285	222017	172350
69684	26106	303879	166347	284786	261921
23228	12872	29891	13965	51087	46850
5259	2500	7308	4041	12807	12640
311243	140565	2232781	1010481	2618349	2242341
257409	78605	719805	289687	794740	711851
26301	11502	164420	107486	35547	29521
485809	230088	2397226	1332074	1988119	1676695
379983	138538	1873040	685792	3753065	3398460
89059	46445	430601	196983	198564	190382
40319	21661	120215	41671	194084	175719
844039	268075	1217771	516937	2494324	2163127
1167559	357239	2129514	976258	4231647	3473036
826031	275700	1117089	542934	2352912	2011188
1036804	419238	4407560	1960127	8580038	7512505
131230	85132	191880	96482	330568	272477
3482325	1671151	4583259	1577474	20340162	18039010
3791590	842930	22349918	8367477	27285764	17885046
185660	50416	174894	65236	588741	566207
51546	30610	55029	24742	243986	220819
25697	8402	51841	17914	115840	95655
33563	8341	51091	31013	60104	48520
71717	15	9677176	4727717	4212876	2914486
22950	11335	970937	341987	972290	580703
18119	12604	1420906	518865	770356	422550

11—5 续表1

行业	所有者权益合计	#实收资本	国家资本	集体资本	法人资本
总计	**64441489**	**30340726**	**2843503**	**305429**	**19763853**
黑色金属矿采选业	410175	168297	61506	33669	69262
有色金属矿采选业	103657	70518			70000
非金属矿采选业	44130	26860	16800		8200
农副食品加工业	992895	290747	2510	1000	165934
食品制造业	402894	267415	2334		182952
酒、饮料和精制茶制造业	91884	36553			14478
烟草制品业	573802	66892	66892		
纺织业	131980	76117	28338		29190
纺织服装、服饰业	113140	43585	11050		12818
皮革、毛皮、羽毛及其制品和制鞋业	29546	14371			4848
木材加工和木、竹、藤、棕、草制品业	13566	11097		9005	590
家具制造业	476262	138873	5451		73283
造纸和纸制品业	144409	120899			25305
印刷和记录媒介复制业	432000	110740	3844		51213
文教、工美、体育和娱乐用品制造业	34638	16065			3789
石油加工、炼焦和核燃料加工业	-554	6140	2160		2736
化学原料和化学制品制造业	2464956	950741	178859	4570	385505
医药制造业	1647201	525101	1581		245200
化学纤维制造业	91816	59130	26464		5633
橡胶和塑料制品业	2363779	987892	44656	1038	423914
非金属矿物制品业	1441826	797498	254711	6400	305791
黑色金属冶炼和压延加工业	464200	343108	264796		64586
有色金属冶炼和压延加工业	219097	64049			56054
金属制品业	1864648	820747	46519		380809
通用设备制造业	4025204	1445007	69432	7100	649629
专用设备制造业	3153926	1006775	47987	43560	309082
汽车制造业	2968539	1596721	190598	26722	1052431
铁路、船舶、航空航天和其他运输设备制造业	456490	151972	63686	7210	57072
电气机械和器材制造业	10493822	3581915	30413	22617	2943883
计算机、通信和其他电子设备制造业	22587733	13603204	747155	111599	10128956
仪器仪表制造业	869122	174031	11605	1782	76281
其他制造业	253675	113473		21901	89800
废弃资源综合利用业	67349	26906	2900		11967
金属制品、机械和设备修理业	121133	18729	9989		8740
电力、热力生产和供应业	2560068	2117252	361331	7256	1690325
燃气生产和供应业	1061095	231831	152428		48880
水的生产和供应业	1271388	259476	137510		114717

单位：万元

个人资本	港澳台资本	外商资本	营业收入	营业成本	税金及附加	销售费用	管理费用
4592085	**597687**	**2238169**	**114594684**	**99221960**	**1215462**	**3223071**	**3385771**
3861			286096	127868	9639	766	32369
518			101828	58119	4831	2	8734
1860			66028	40147	1270	1006	5047
59446	35582	26275	2371765	2088511	6716	103736	64410
25091	40273	16765	1151059	968381	5617	68371	48970
2880	16327	2868	426769	310504	2294	72701	9708
			1227626	328543	705942	17769	97128
18038		552	273261	237119	1002	9128	14950
9217	10500		238841	175019	1596	7316	45942
9523			93690	87413	266	1348	2532
1502			61362	53503	168	1343	2534
60138			984532	747222	5264	80552	39904
23467	11557	60570	355743	323754	1539	10573	14323
39276	7357	9051	619739	478439	3882	25303	31286
7026		5250	121858	98137	523	4319	7263
1244			10535	10134	71	387	1040
97721	1192	282894	3966280	3236112	18738	192012	231784
247242	13745	17333	1104574	403127	9100	258195	81928
570	26464		155825	128162	1138	447	4809
172730	19225	326330	4033617	3344533	21751	169167	129457
217569	8189	4839	4093830	3499398	24142	131652	140596
9226	4500		1176262	1122599	3715	4857	9970
6750		1244	466208	395382	2636	3243	15728
216154		177265	5631890	5197101	15128	65413	114303
458763	5788	254295	6304833	5146214	27566	137123	234696
280555	10343	315248	3086969	2243047	18924	135361	183053
151191	29034	146745	10602028	9636648	120524	224361	373520
4506		19497	345601	248943	2652	9700	31539
510424	14808	59771	26021371	22685136	78385	836976	449000
1852470	342805	420221	30813550	28099241	84818	512137	787867
82158		2205	854727	617988	4619	70830	46298
1170		602	169364	117424	745	17114	16826
5465		6574	125423	111590	1037	1554	5836
			77479	50369	116	1530	7836
1500		56840	5381041	5146597	21056	3423	54499
12837		17686	1382356	1296039	3562	30986	17295
		7250	410723	363499	4493	12372	22798

11—5 续表2

行 业	研发费用	财务费用	#利息费用	营业利润	投资收益
总 计	**3850135**	**369983**	**748389**	**4337955**	**829889**
黑色金属矿采选业	10007	1675	2400	118694	9214
有色金属矿采选业	2619	5769	5778	23763	
非金属矿采选业	1111	1319	1303	16112	
农副食品加工业	18083	6670	15058	159354	77069
食品制造业	10733	2479	3006	54160	1062
酒、饮料和精制茶制造业	1117	64	174	31386	171
烟草制品业	5843	-5048	15	63494	1576
纺织业	7753	-32	1334	14518	7274
纺织服装、服饰业	3683	581	796	7140	131
皮革、毛皮、羽毛及其制品和制鞋业	120	366	321	1673	27
木材加工和木、竹、藤、棕、草制品业	2563	504	359	724	
家具制造业	38272	65	3414	68140	91
造纸和纸制品业	7954	3915	3441	-3124	59
印刷和记录媒介复制业	18797	-405	3170	70079	-378
文教、工美、体育和娱乐用品制造业	2206	768	1024	8650	1
石油加工、炼焦和核燃料加工业	265	326	316	-1688	
化学原料和化学制品制造业	104293	9822	46259	362369	171217
医药制造业	125812	-2430	7725	246815	19426
化学纤维制造业	1079	-90	39	19513	-549
橡胶和塑料制品业	140028	16547	24580	254284	10672
非金属矿物制品业	64397	28353	25917	211721	960
黑色金属冶炼和压延加工业	22719	-566	658	24659	1985
有色金属冶炼和压延加工业	13088	2924	2425	36011	-164
金属制品业	109776	24197	25789	149704	11104
通用设备制造业	258546	8755	23729	611294	57074
专用设备制造业	159502	3067	22720	394802	48146
汽车制造业	330056	27869	55473	-47355	2971
铁路、船舶、航空航天和其他运输设备制造业	21298	-3882	636	40805	992
电气机械和器材制造业	899328	-68190	108027	1145535	133693
计算机、通信和其他电子设备制造业	1333074	195074	250452	47203	236339
仪器仪表制造业	81432	658	3366	63954	11322
其他制造业	11686	975	3842	11550	7783
废弃资源综合利用业	1878	475	854	2888	42
金属制品、机械和设备修理业	3564	-680	17	14744	
电力、热力生产和供应业	33415	101544	93264	62526	4151
燃气生产和供应业	588	3001	3647	48678	12964
水的生产和供应业	3450	3547	7065	3180	3467

单位：万元

营业外收入	利润总额	所得税费用	亏损企业亏损总额	利税总额	本年应付职工薪酬	本年应交增值税	平均用工人数（人）
283958	**4477878**	**557780**	**1951826**	**7270599**	**7732606**	**1577259**	**547437**
1065	118572	22314	1474	150562	27639	22351	1617
22	23518	4414	420	34389	6773	6041	640
61	15499	678		22614	5078	5845	739
5715	163309	5465	4332	188676	111878	18651	11654
4896	58183	9076	3672	86992	100090	23192	11461
707	31712	7900	1	44679	50304	10674	3531
481	63353	29186		881853	111976	112558	1536
7031	20644	2370	2134	26756	33130	5111	4280
585	7572	2734	4991	18826	59455	9659	5972
54	1676	17	240	4304	6809	2363	1294
279	942	80	20	2105	5351	995	628
2032	69703	2820	1795	103795	95867	28829	9217
1960	-1414	-1101	9871	8553	24989	8428	3043
3313	72485	8760	611	91919	65219	15552	6399
663	9213	1953	130	12465	16093	2728	2618
188	-1517		1517	-1165	1045	282	122
25140	377289	30501	16023	468882	251427	72855	16570
5689	249983	24868	30744	296579	168143	37496	11086
1664	21026	5364	876	23398	10527	1234	666
13348	262704	23310	17939	369134	394277	84679	32181
16573	223333	38970	9077	363490	204349	116015	21482
1171	25383	3742	121	39879	22151	10781	1374
1580	37245	5285	978	46034	20379	6153	2112
14158	160594	13529	10841	232355	275364	56632	26334
23852	632784	72537	26933	801053	563051	140704	42513
30828	405987	40488	14428	509660	410634	84750	28256
22730	-28421	31406	249120	179219	789311	87116	60712
2556	42938	5046	1495	59179	43639	13589	2588
28404	1132869	94211	133196	1389112	1280511	177859	97545
43907	82797	29176	1285649	444861	1975996	277246	108906
5800	69142	4766	8953	99834	131495	26072	8005
735	10583	715	3871	13007	27208	1680	1587
680	3420	232	2963	8618	6673	4161	766
189	14854	2128		15610	21930	640	1259
10307	43890	22948	93567	157196	297199	92250	11173
2387	50833	9526	2097	61799	57104	7403	3915
3207	5195	2363	11750	14375	59542	4688	3656

11—6 国有控股工业企业主要经济指标（2022年）

项目	企业单位数（个）	#亏损企业	资产总计	#流动资产合计	#应收账款
总计	**217**	**39**	**47943277**	**19769195**	**5227556**
按轻重工业分					
轻工业	40	6	3079687	1553292	191796
重工业	177	33	44863590	18215903	5035760
按企业规模分					
大型企业	25	9	33329063	13502334	3364896
中型企业	57	16	9403889	3765701	1013585
小型企业	135	14	5210325	2501160	849075
按行业分					
黑色金属矿采选业	1		279834	53942	8637
有色金属矿采选业	1		246281	4445	
非金属矿采选业	1		68639	19179	904
农副食品加工业	7	1	254302	186605	28587
食品制造业	2		12823	9642	831
烟草制品业	2		829898	601921	19457
纺织业	1	1	28045	9598	493
纺织服装、服饰业	5	1	131759	82430	4189
家具制造业	1		60336	54276	25401
印刷和记录媒介复制业	4		76816	51302	3738
化学原料和化学制品制造业	13	1	2912652	1197645	105120
医药制造业	3	1	154724	48657	6935
橡胶和塑料制品业	6		679881	223888	62628
非金属矿物制品业	19		1542791	631393	279726
黑色金属冶炼和压延加工业	3		479395	224202	6939
金属制品业	13	3	965140	676733	209445
通用设备制造业	16		1778989	1282638	236250
专用设备制造业	16		1649441	1047684	278260
汽车制造业	16	9	4859734	2416140	429391
铁路、船舶、航空航天和其他运输设备制造业	4		623248	494800	109974
电气机械和器材制造业	8	2	777474	259941	44443
计算机、通信和其他电子设备制造业	24	9	18595014	7397771	2639629
仪器仪表制造业	1	1	47658	38095	27238
其他制造业	3	1	393233	233329	18590
废弃资源综合利用业	1		7661	1868	
金属制品、机械和设备修理业	1		170539	112281	10836
电力、热力生产和供应业	24	5	6481940	1070419	599499
燃气生产和供应业	10	1	1870279	789106	39314
水的生产和供应业	11	3	1964757	549269	31103

单位：万元

#存　　货	#产成品	固定资产原　　价	累计折旧	负债合计	流动负债合　　计
3389240	**1068932**	**31904306**	**14919677**	**23907046**	**17206152**
658170	134145	1219015	512695	1224282	941727
2731071	934787	30685291	14406981	22682764	16264425
2170219	571914	23255753	11804637	16817575	12112682
806835	358330	5936146	2299906	4030910	2784422
412187	138687	2712407	815133	3058561	2309049
4581	3204	155074	54373	58949	54999
3270	699	219983	49529	148545	113000
1346	346	70042	26461	48793	28261
80785	42680	91295	38830	155229	140951
3777	2666	5533	2991	6027	5871
435051	23913	341548	197494	256096	252997
3907	1415	53198	25764	9203	4384
5250	2416	56506	20734	58324	55209
800	81	9025	7610	52134	49106
9898	5227	45625	27814	18315	16160
139210	69909	1420446	618971	1448311	1146601
16108	11941	107106	47823	54245	38674
50571	21904	394911	126083	221769	191423
98377	45759	1048698	325716	908620	792524
39821	9303	380380	173439	97763	92698
187716	93229	349011	182398	421811	380182
177530	77015	366775	203352	932661	571613
181243	42872	127930	50298	972723	733819
319994	188701	2181661	1130027	3513992	2850070
118773	79050	165350	87544	262120	210440
61915	19989	51478	25890	423910	220693
1259937	267418	12503377	5970543	7915538	5301088
7737	4029	2713	1805	35454	29982
35794	22882	33891	16118	212812	191918
1664	1009	7037	1991	3489	651
33443	8221	42870	26233	58280	46762
70779		9477065	4681039	4022375	2821439
21994	10450	846917	318618	855075	464399
17972	12604	1348861	480187	734484	400240

11—6 续表1

项目	所有者权益合计	#实收资本	国家资本	集体资本	法人资本
总计	**24036230**	**13348772**	**2658549**	**60114**	**10373545**
按轻重工业分					
轻工业	1855405	821310	169431	0	617759
重工业	22180825	12527463	2489118	60114	9755786
按企业规模分					
大型企业	16511489	8754124	1064075	39000	7551316
中型企业	5372978	3372168	1073548	16503	2158903
小型企业	2151763	1222481	520926	4611	663326
按行业分					
黑色金属矿采选业	220885	92968	61506		31462
有色金属矿采选业	97736	70000			70000
非金属矿采选业	19845	24000	16800		7200
农副食品加工业	99073	34595	1510		26451
食品制造业	6796	4100	2334		1266
烟草制品业	573802	66892	66892		
纺织业	18841	28041	28041		
纺织服装、服饰业	73434	14475	11050		3425
家具制造业	8202	5451	5451		
印刷和记录媒介复制业	58501	16065	3844		10209
化学原料和化学制品制造业	1464340	426557	178859		245998
医药制造业	100479	92751	1581		79928
橡胶和塑料制品业	458112	215577	40708		166767
非金属矿物制品业	634170	396720	250412	1300	140448
黑色金属冶炼和压延加工业	381632	284796	264796		20000
金属制品业	543329	192722	46519		146203
通用设备制造业	846328	198440	63566	1326	82416
专用设备制造业	676718	162105	39167	40250	73679
汽车制造业	1345742	462505	172936	4235	264240
铁路、船舶、航空航天和其他运输设备制造业	361128	102289	63686		37003
电气机械和器材制造业	353564	366110	4556		358359
计算机、通信和其他电子设备制造业	10679476	7480584	673977		6753009
仪器仪表制造业	12204	8255			6041
其他制造业	180420	79667		13003	66062
废弃资源综合利用业	4173	2900	2900		
金属制品、机械和设备修理业	112259	9989	9989		
电力、热力生产和供应业	2459565	2056753	361331		1638581
燃气生产和供应业	1015204	218541	149128		46880
水的生产和供应业	1230273	234927	137010		97917

单位：万元

个人资本	营业收入	营业成本	税金及附加	销售费用	管理费用	研发费用
123717	**29385086**	**25610199**	**854827**	**456226**	**885346**	**877402**
30785	2535571	1400522	713541	80784	186832	45079
92932	26849515	24209676	141285	375442	698515	832323
57451	19376936	16939093	797173	287597	542282	573547
33148	5717137	4931803	37246	111394	227660	201307
33118	4291014	3739302	20407	57234	115404	102549
	134275	56465	4132	420	12250	9773
	100731	56946	4814	2	8471	2619
	33926	19344	355	93	1059	1111
3800	387236	331883	1212	30447	9266	916
	12957	10490	109	407	498	540
	1227626	328543	705942	17769	97128	5843
	31176	32343	90	145	830	0
	67230	35868	679	586	33249	958
	64190	57898	129	217	1543	3526
2012	45391	35577	477	473	7824	1342
1700	1656440	1479508	8954	19914	64494	53024
11241	58686	23829	916	18504	13020	6885
8102	430080	375540	1985	14889	11176	14661
4560	1057510	865548	9706	10167	28372	23560
	780231	746882	2848	1037	6154	17543
	804485	722849	3042	12047	29189	28079
51132	1845467	1623397	7434	18709	45154	73533
9009	734215	589423	4402	19282	34088	35608
	4067716	3797769	29846	134562	163517	143431
1600	263632	183857	2093	5862	27304	14458
3195	237975	209558	1460	5405	6658	13148
12315	8199947	7266826	35700	92647	172944	378774
2214	10554	4683	10	1631	1819	2485
	87627	55037	351	11190	10993	5750
	5350	3668	106	148	760	
	69635	45840	51	249	7639	3154
	5327522	5110942	20769	3410	52924	32823
12837	1259860	1190743	3193	23643	16391	410
	383416	348945	4024	12372	20634	3450

11—6 续表2

项目	财务费用	#利息费用	营业利润	投资收益	营业外收入
总计	**164619**	**318711**	**858198**	**292398**	**48734**
按轻重工业分					
轻工业	-3516	8485	118208	5650	2717
重工业	168135	310226	739990	286748	46017
按企业规模分					
大型企业	105900	231829	339893	238740	22943
中型企业	20112	44959	262150	38069	7850
小型企业	38607	41923	256155	15589	17941
按行业分					
黑色金属矿采选业	-555	48	51894		110
有色金属矿采选业	5760	5768	24129		20
非金属矿采选业	1303	1303	10645		15
农副食品加工业	338	1029	14384	18	110
食品制造业	133	105	813		110
烟草制品业	-5048	15	63494	1576	481
纺织业	-46		-2257		657
纺织服装、服饰业	-1782	68	-889		94
家具制造业	23		809	-43	131
印刷和记录媒介复制业	-498	49	1143	349	62
化学原料和化学制品制造业	18362	34649	188392	170268	17406
医药制造业	3466	3512	-8350	-743	730
橡胶和塑料制品业	879	2865	27268	4555	335
非金属矿物制品业	6698	7733	114129	1000	1343
黑色金属冶炼和压延加工业	-1538	8	20473	2390	98
金属制品业	-1233	2249	35838	12100	1625
通用设备制造业	-1352	5197	107218	19634	1305
专用设备制造业	8613	14955	71315	24850	1747
汽车制造业	13546	38978	-188178	2272	1498
铁路、船舶、航空航天和其他运输设备制造业	-4589	11	39769	992	952
电气机械和器材制造业	-449	213	1345	17	248
计算机、通信和其他电子设备制造业	19910	97221	178356	24799	3450
仪器仪表制造业	894	910	-1033		11
其他制造业	1080	3735	8179	7783	440
废弃资源综合利用业	104	107	567		40
金属制品、机械和设备修理业	-610	14	13313		170
电力、热力生产和供应业	96744	88371	50239	4151	10205
燃气生产和供应业	1640	3557	41631	12964	2225
水的生产和供应业	2828	6044	-6438	3467	3117

单位：万元

利润总额	所得税费用	亏损企业亏损总额	利税总额	本年应付职工薪酬	本年应交增值税	平均用工人数（人）
861107	**176407**	**857866**	**2267263**	**2298288**	**551329**	**120718**
119769	36211	25707	970721	241814	137411	11213
741338	140196	832159	1296542	2056475	413919	109505
324733	92265	706868	1518599	1568301	396693	73924
265235	39095	116085	384576	493857	82094	30859
271139	45047	34914	364088	236131	72542	15935
51969	7603		63874	13506	7774	574
23938	4414		34720	6199	5968	530
10660			13680	1758	2664	184
14364	543	365	19550	14374	3973	1342
922	98		1135	1541	104	247
63353	29186		881853	111976	112558	1536
-1618		1618	-1247	4589	281	576
-924	876	3636	5183	28693	5428	1130
937	100		2218	3436	1152	163
1180	57		2837	11301	1180	881
197943	3155	9754	232747	119344	25850	7700
-7664	907	16640	-3382	14394	3367	1010
27523	1553		34128	30103	4620	2731
115404	24620		152124	59274	27014	4343
20280	3322		32259	15431	9131	805
36226	69	2015	47008	68212	7740	4932
108182	8651		158198	149921	42582	7520
72772	4257		96776	87455	19603	4843
-188516	24811	190444	-110858	371495	47812	22488
40418	4646		52741	35264	10231	1746
1570	575	3448	6673	20266	3642	1636
181418	25648	521761	324832	687878	107715	34030
-1033	-86	1033	-876	2791	147	129
7089	86	2145	8042	14164	601	607
606			1122	873	409	42
13408	1973		13587	20534	128	1105
31524	20354	91199	141620	295695	89326	11046
43682	7841	2058	52747	50631	5873	3392
-4506	1149	11750	3974	57191	4456	3450

11—7 外商投资和港澳台投资工业企业主要经济指标（2022年）

项　　目	企业单位数(个)	#亏损企业	资产总计	#流动资产合计	#应收账款
总　　计	**186**	**48**	**22579541**	**16391695**	**7801352**
按轻重工业分					
轻工业	75	13	8788893	6605009	1515917
重工业	111	35	13790647	9786685	6285436
按企业规模分					
大型企业	15	3	15368374	12657306	6618634
中型企业	39	12	4302717	2023606	671739
小型企业	132	33	2908450	1710783	510979
按行业分					
农副食品加工业	9		1167898	839574	100951
食品制造业	9	2	238577	142741	37867
酒、饮料和精制茶制造业	4		198553	81000	23521
纺织业	2	1	1204	845	313
纺织服装、服饰业	2	1	143983	130556	115802
家具制造业	2	1	498174	271732	43260
造纸和纸制品业	4	1	139278	44473	25127
印刷和记录媒介复制业	3		157691	131344	21513
文教、工美、体育和娱乐用品制造业	1		24679	24679	7918
化学原料和化学制品制造业	12	3	1133771	793624	370694
医药制造业	8	1	246096	145145	25537
化学纤维制造业	1		104359	50143	445
橡胶和塑料制品业	17	3	1478106	905186	379724
非金属矿物制品业	5		136112	110307	58044
黑色金属冶炼和压延加工业	1		45503	26298	6143
有色金属冶炼和压延加工业	1		4917	3966	965
金属制品业	4	2	221979	144512	19781
通用设备制造业	14	5	920523	338048	75771
专用设备制造业	12	3	674620	477847	101459
汽车制造业	21	8	768051	469538	174401
铁路、船舶、航空航天和其他运输设备制造业	1	1	23713	20636	5397
电气机械和器材制造业	17	4	4695194	3884599	759744
计算机、通信和其他电子设备制造业	26	8	7949513	6543902	5373082
仪器仪表制造业	1		9267	7432	769
其他制造业	1		38490	27345	2699
废弃资源综合利用业	1		13680	5422	1389
电力、热力生产和供应业	2	2	379389	114391	35665
燃气生产和供应业	4	2	1147843	650707	27952
水的生产和供应业	1		18382	5707	5422

单位：万元

#存 货	#产成品	固定资产原价	累计折旧	负债合计	流动负债合计
2069899	**655534**	**8270684**	**4453861**	**14691522**	**13474003**
629934	338311	2455430	1339262	4929894	4643656
1439965	317223	5815254	3114599	9761628	8830347
1253492	357868	3471093	2109614	11037865	10549291
395434	143266	3045355	1543128	2325882	1844389
420973	154401	1754236	801119	1327776	1080323
160198	55386	215310	89659	614450	474658
24856	10675	173225	104264	93278	90549
33400	19622	233552	133160	124078	113074
269	66	1290	1109	138	138
7513	2845	30320	20201	135293	112510
19045	2192	53246	20992	319090	316208
4820	433	123194	43328	57340	22316
6450	2465	62340	42881	41901	41360
11783	4744	4697	1741	11640	11640
35290	20791	499872	267801	642551	632553
42376	9980	144078	85006	113227	105579
20133	10044	151358	101856	11674	9325
209135	97292	1298949	892706	598258	509463
13424	9145	38101	17229	110946	101915
8633	1153	26886	14804	16031	12931
864	49	748	245	3434	3434
34831	16054	182438	78441	43151	38550
78640	20616	414226	142368	438005	435655
174041	61340	427235	275115	153337	147306
99759	38148	447563	213184	462639	410141
2126	1071	2520	432	2459	2459
272002	201695	649132	350532	2938112	2843670
759857	59227	1682275	719397	6964288	6590787
1372		5427	3793	1054	1054
2721	742	13888	6711	4729	4490
581	360	10429	3537	7780	930
25868		868026	631339	290575	175310
19887	9400	490243	184585	482860	259594
28		20119	7444	9207	6407

11—7 续表1

项　　目	所有者权益合　　计	#实收资本	国家资本	集体资本	法人资本	个人资本
总　　计	**7888017**	**3865824**	**228929**	**6424**	**863012**	**36701**
按轻重工业分						
轻工业	3858998	1343877	29164		448847	19755
重工业	4029019	2521946	199765	6424	414165	16947
按企业规模分						
大型企业	4330510	1292764	100000		268716	142
中型企业	1976834	1456930	76662		352869	16418
小型企业	1580673	1116130	52267	6424	241426	20141
按行业分						
农副食品加工业	553448	125193			62926	410
食品制造业	145299	99328	1200		41089	
酒、饮料和精制茶制造业	74475	33523			14328	
纺织业	1066	849	297			
纺织服装、服饰业	8690	10500				
家具制造业	179084	35170			31182	3988
造纸和纸制品业	81937	82287			10160	
印刷和记录媒介复制业	115790	22251			5843	
文教、工美、体育和娱乐用品制造业	13039	5250				
化学原料和化学制品制造业	491219	299922			15278	1300
医药制造业	132869	45416			888	13450
化学纤维制造业	92685	52927	26464			
橡胶和塑料制品业	879847	355984	1203		8888	1625
非金属矿物制品业	25167	23202	2099		7617	458
黑色金属冶炼和压延加工业	29472	9510			304	4706
有色金属冶炼和压延加工业	1483	1244				
金属制品业	178828	177878			614	
通用设备制造业	482518	291289		4524	28382	1500
专用设备制造业	521283	368812			39798	3423
汽车制造业	305412	262639	30671	782	53498	4500
铁路、船舶、航空航天和其他运输设备制造业	21255	23497			4000	
电气机械和器材制造业	1757082	325135		1117	249297	142
计算机、通信和其他电子设备制造业	985225	866734	7836		181654	1200
仪器仪表制造业	8213	2205				
其他制造业	33761	23266			23266	
废弃资源综合利用业	5900	6574				
电力、热力生产和供应业	88814	200000	59160		84000	
燃气生产和供应业	664983	107991	100000			
水的生产和供应业	9175	7250				

单位：万元

		营业收入	营业成本	税金及附加	销售费用	管理费用
港澳台资本	外商资本					
538213	**2192544**	**26164140**	**23443963**	**75834**	**829843**	**624152**
172649	673463	7866412	6291901	39226	665001	284938
365565	1519081	18297729	17152061	36608	164843	339214
270499	653406	19885903	18225070	47667	596092	280373
51820	959161	3277057	2642972	13577	164770	234486
215894	579977	3001181	2575921	14591	68981	109293
35582	26275	1175638	1034822	3995	66761	35322
40273	16765	416241	337162	2808	42898	12366
16327	2868	394230	287391	2190	71261	8925
	552	2604	2460	13	86	351
10500		31949	24023	323	949	4739
		435718	330165	2381	64123	19502
11557	60570	48279	51128	343	1100	2040
7357	9051	102188	70162	818	2971	4918
	5250	29810	21402	156	98.8	633
450	282894	1176339	815663	6087	134936	119021
13745	17333	232771	139033	1248	50597	14843
26464		128082	103931	1027	299	3611
17944	326324	1376426	1046020	10986	84451	33570
8189	4839	86639	70515	706	3331	2546
4500		35530	28545	441	221	1904
	1244	9431	8866	76	91	166
	177265	191268	137744	1190	13198	9275
2588	254295	417282	305989	1061	11435	43803
10343	315248	444065	392919	2847	5167	29533
26442	146745	1089384	978198	4608	12941	48883
	19497	19000	16982	3	87	349
14808	59771	3681989	3093141	16808	218386	56827
291145	384899	13727218	13232063	12188	20241	155544
	2205	6122	3805	43	400	803
		33651	24775	287	2377	1520
	6574	7144	5393	107	374	847
	56840	372538	410131	1585	1959	3988
	7991	487619	468882	1453	19107	8146
	7250	4985	2655	60		181

11—7 续表2

项目	研发费用	财务费用	#利息费用	营业利润	投资收益
总计	**558051**	**-31627**	**56124**	**773571**	**88440**
按轻重工业分					
轻工业	216158	-59768	22819	523266	80211
重工业	341894	28141	33305	250305	8228
按企业规模分					
大型企业	421518	-72608	23141	486888	87177
中型企业	62208	21189	22787	146477	601
小型企业	74325	19792	10196	140206	661
按行业分					
农副食品加工业	6489	-941	7138	100442	77057
食品制造业	1650	-400	572	21830	984
酒、饮料和精制茶制造业	540	-55	52	24983	171
纺织业		-1		-305	
纺织服装、服饰业	136	1514	3	391	
家具制造业	16654	-1946	1644	-721	-491
造纸和纸制品业	24	784	934	-6885	
印刷和记录媒介复制业	2820	-896	78	21581	76
文教、工美、体育和娱乐用品制造业		-73		7593	
化学原料和化学制品制造业	11377	-13806	7772	107196	685
医药制造业	20385	1956	846	8240	1334
化学纤维制造业	126	-386		19475	
橡胶和塑料制品业	52218	-127	5806	150589	
非金属矿物制品业	1730	722	256	7026	
黑色金属冶炼和压延加工业	1243	121	196	2569	-449
有色金属冶炼和压延加工业	427	-1		-194	1
金属制品业	7614	-381	522	22768	560
通用设备制造业	7153	1726	422	47280	354
专用设备制造业	8856	-3461	185	11147	1812
汽车制造业	13894	3570	2861	26604	-128
铁路、船舶、航空航天和其他运输设备制造业	2958	1		-1049	
电气机械和器材制造业	145536	-38823	7629	206050	2047
计算机、通信和其他电子设备制造业	252987	15412	12296	42117	275
仪器仪表制造业		-30		1102	
其他制造业	1249	111		3559	
废弃资源综合利用业		-334	97	758	
电力、热力生产和供应业	1808	5887	6233	-52729	4
燃气生产和供应业	178	-2067	286	362	4146
水的生产和供应业		295	295	1794	

单位：万元

营业外收入	利润总额	所得税费用	亏损企业亏损总额	利税总额	本年应付职工薪酬	本年应交增值税	平均用工人数（人）
32788	**798731**	**122969**	**129548**	**1099246**	**1365927**	**224681**	**93619**
11845	529561	68064	14195	675769	564967	106982	42626
20943	269170	54905	115353	423477	800960	117699	50993
15720	500096	65142	12529	661626	826227	113863	54730
7603	150925	33066	81498	224808	317342	60306	23158
9464	147710	24761	35521	212813	222358	50512	15731
1386	101260	2657		115559	58812	10305	5010
749	22112	3095	582	34362	30130	9443	3375
570	25182	6299		37666	48430	10294	3187
11	-310	-2	310	-297	322	0	41
15	394	43	102	444	7369	-273	975
532	-488	-3072	542	15919	40691	14027	2983
74	-6838	-1742	8715	-5644	4556	851	437
306	21882	3369		27624	10217	4924	734
134	7664	1916		8016	3549	197	850
1763	108179	24611	921	146904	65038	32638	2708
1735	9805	73	1081	14800	34487	3748	2563
1611	21032	5303		22652	6388	593	238
872	151260	18377	10470	202789	174909	40544	10163
852	7804	887		11857	7388	3348	619
779	3296	112		4854	3260	1118	249
212	18			110	397	16	35
729	23453	4022	2776	28696	23461	4053	1225
1165	48333	12313	2516	55406	38599	6013	2854
1114	9846	1402	2568	14813	86056	2119	4280
1952	28382	6508	4372	54814	125924	21824	7754
3	-1050		1050	-688	1699	360	100
2701	208052	20597	1972	246626	241673	21766	18419
10842	52139	15569	37019	94662	286573	30335	21128
7	1108	276		1240	1197	89	73
2	3542	583		3862	4866	34	300
7	725	47		1295	1254	464	83
282	-52455	-1597	52455	-46816	24059	4055	711
2300	2534	1036	2097	5657	34346	1670	2492
83	1872	288		2063	278	132	33

11—8 大中型工业企业主要经济指标（2022年）

项　　目	企业单位数（个）	#亏损企业	资产总计	#流动资产合计	#应收账款
总　　计	**345**	**76**	**121857753**	**66508168**	**25720017**
#国有控股企业	82	25	42732952	17268035	4378481
按轻重工业分					
轻工业	104	15	24804585	16352226	5094113
重工业	241	61	97053168	50155943	20625904
按企业规模分					
大型企业	79	18	90574392	48862523	19380815
中型企业	266	58	31283361	17645645	6339202
按行业分					
黑色金属矿采选业	3	1	634529	117593	14802
有色金属矿采选业	1		246281	4445	
农副食品加工业	5		1090410	825779	143851
食品制造业	9	2	447815	219259	76986
酒、饮料和精制茶制造业	2		161228	58125	5327
烟草制品业	1		809579	590109	17529
纺织业	5	1	173465	98970	15803
纺织服装、服饰业	5	3	219030	172646	117233
家具制造业	5	1	814387	405985	80761
造纸和纸制品业	1		45634	19745	15171
印刷和记录媒介复制业	5		280896	198986	45747
文教、工美、体育和娱乐用品制造业	2		30829	25657	8262
化学原料和化学制品制造业	9		3831259	1924006	430235
医药制造业	11	2	1984768	961495	200768
化学纤维制造业	1		16170	11298	1144
橡胶和塑料制品业	14	2	3010050	1650076	588911
非金属矿物制品业	9	1	1118362	416949	119819
黑色金属冶炼和压延加工业	1		410761	175222	4685
有色金属冶炼和压延加工业	2		274891	132524	44953
金属制品业	19	5	3154456	2213189	712893
通用设备制造业	30	3	6205334	4245232	1150780
专用设备制造业	25		3726276	2486114	619042
汽车制造业	32	14	9655526	5395552	2449865
铁路、船舶、航空航天和其他运输设备制造业	2		471466	380406	52576
电气机械和器材制造业	62	12	28244378	20023031	7377797
计算机、通信和其他电子设备制造业	65	21	45210923	20803470	10666696
仪器仪表制造业	7	2	971488	810426	262953
其他制造业	1		332891	199292	8971
金属制品、机械和设备修理业	1		170539	112281	10836
电力、热力生产和供应业	5	4	5186691	747807	433817
燃气生产和供应业	3	1	1666186	705214	25641
水的生产和供应业	2	1	1261256	377286	16166

单位：万元

#存　货	#产成品	固定资产原　价	累计折旧	负债合计	流动负债合　计
10957921	**3596663**	**49945044**	**21094281**	**69643534**	**54003250**
2977053	930245	29191899	14104543	20848485	14897103
2259819	1034488	5705744	2554681	13613990	12333922
8698102	2562175	44239300	18539600	56029543	41669328
7750141	2265726	37758188	16556234	54191462	41437330
3207780	1330937	12186856	4538047	15452072	12565920
17883	10048	369873	115183	224354	159304
3270	699	219983	49529	148545	113000
115786	57831	137772	63887	553361	415470
56444	10678	358101	168419	177681	168833
28774	19090	185338	95653	117596	108627
432413	22369	331476	194734	252147	249048
23023	11732	91171	34601	90212	74147
9395	2499	50928	20971	166297	141839
37143	8265	238062	62097	441352	427430
2619	709	21268	7101	38492	37309
26591	10239	89320	45168	104432	98962
11882	4781	11050	3768	14707	14707
175666	87488	1584565	755168	1894534	1556855
189060	51927	523156	191251	570436	502450
5114	660	7162	3089	14394	14002
329166	148722	1875565	1115586	1271172	1054600
91313	30057	821057	262442	542209	425355
25030	2553	343289	148460	71548	66687
24428	14716	106921	38285	98897	82959
650896	176644	805146	348088	1836391	1554830
882873	259680	1504617	721379	2919337	2486875
487100	157036	738988	351326	1482888	1180445
745010	301869	3671853	1599498	7338489	6471037
92450	63411	133746	75157	167008	132041
3048181	1464955	3968788	1341105	18747695	16566892
3198041	606159	21428462	8074197	25345268	16236054
105075	25415	85732	29354	371005	362707
21499	20415	17760	8297	178259	157525
33443	8221	42870	26233	58280	46762
54871		8397416	4426631	3273905	2479923
20100	9322	740879	281883	745836	359903
13384	8474	1042731	435745	386810	256673

11—8 续表1

项目	所有者权益合计	#实收资本				
			国家资本	集体资本	法人资本	个人资本
总计	**52214218**	**24324259**	**2241700**	**199280**	**16943967**	**2913656**
#国有控股企业	21884467	12126292	2137624	55503	9710219	90599
按轻重工业分						
轻工业	11190594	3471541	132729		2267605	525338
重工业	41023624	20852718	2108971	199280	14676362	2388318
按企业规模分						
大型企业	36382930	17165196	1125920	80653	12825094	2146772
中型企业	15831288	7159063	1115780	118628	4118873	766884
按行业分						
黑色金属矿采选业	410175	168297	61506	33669	69262	3861
有色金属矿采选业	97736	70000			70000	
农副食品加工业	537049	66875			57607	410
食品制造业	270134	195796			150476	650
酒、饮料和精制茶制造业	43632	16327				
烟草制品业	557433	66742	66742			
纺织业	83253	53551	28041		24510	1000
纺织服装、服饰业	52732	19100	5000		3600	
家具制造业	373035	54182			48382	5800
造纸和纸制品业	7142	6000			6000	
印刷和记录媒介复制业	176465	26179			15332	8770
文教、工美、体育和娱乐用品制造业	16122	7750			2500	0
化学原料和化学制品制造业	1936726	644080	136846		260943	9472
医药制造业	1414332	412224	1581		192091	216857
化学纤维制造业	1776	703			633	70
橡胶和塑料制品业	1738878	627346	28805		251232	64015
非金属矿物制品业	576153	345408	221412		120473	3523
黑色金属冶炼和压延加工业	339213	250000	250000			
有色金属冶炼和压延加工业	175994	37202			31841	5361
金属制品业	1318065	403644	27619		258844	81856
通用设备制造业	3285997	953889	60739		339960	319346
专用设备制造业	2243389	688101	35957	39000	170909	132097
汽车制造业	2317037	1156614	102111	3500	872951	51029
铁路、船舶、航空航天和其他运输设备制造业	304458	76524	39521		37003	
电气机械和器材制造业	9496683	2993780	23014	11996	2666520	234756
计算机、通信和其他电子设备制造业	19865655	12888897	716677	98113	9754426	1734480
仪器仪表制造业	600483	68058	10089		30503	27466
其他制造业	154632	67667		13003	54062	
金属制品、机械和设备修理业	112259	9989	9989			
电力、热力生产和供应业	1912787	1701569	190819		1453910	
燃气生产和供应业	920350	150341	127808			12837
水的生产和供应业	874446	97426	97426			

单位：万元

港澳台资本	外商资本	营业收入	营业成本	税金及附加	销售费用	管理费用
367469	**1658187**	**90002876**	**78586627**	**1107800**	**2402148**	**2329483**
44874	87473	25094072	21870896	834419	398992	769942
77672	468197	19356445	14951417	785454	1116044	680257
289797	1189990	70646432	63635210	322346	1286105	1649226
313057	673700	67363838	59733436	993756	1694930	1465910
54412	984487	22639038	18853190	114043	707218	863573
		286096	127868	9639	766	32369
		100731	56946	4814	2	8471
6024	2835	711889	578083	3135	63942	30480
39773	4897	770515	650042	3997	52551	23421
16327		346799	248837	1801	70059	7507
		1212608	317257	705765	17674	94238
		157467	138538	579	4548	9639
10500		100262	67084	880	1555	26924
		804706	600201	4382	72318	28241
		59801	53799	310	2356	2124
2077		271310	208008	1425	14417	11168
	5250	45208	33857	297	940	1873
	236820	2682943	2146624	13418	149535	180799
1696		812494	241773	6496	200717	58364
		21708	18028	108	29	897
1275	282020	2619203	2138957	16405	120289	69583
		722022	572237	6317	7664	25297
		478758	452959	2043		4380
		242153	184364	2301	1137	12456
	35325	4256440	3995606	9996	38180	54034
	233843	4996143	4122715	21215	81823	150805
5007	305131	1760239	1263189	10583	70712	102617
8592	118431	8756089	8005349	113046	188780	288391
		162338	103828	1401	2898	24336
13808	43687	23058332	20242773	66670	739954	338348
262391	322811	28250072	26045525	74267	410719	627390
		510236	387603	2824	40513	22280
	602	63260	35760	241	9134	9378
		69635	45840	51	249	7639
	56840	4886503	4778060	18039	2977	46947
	9695	539813	497046	2176	24423	13325
		247106	227873	3182	11290	15762

11—8 续表2

项目	研发费用	财务费用	#利息费用	营业利润	投资收益
总计	**2955380**	**188173**	**576953**	**3294730**	**786009**
#国有控股企业	774853	126012	276788	602043	276809
按轻重工业分					
轻工业	629633	-51181	99646	1433464	168749
重工业	2325746	239354	477307	1861266	617260
按企业规模分					
大型企业	2141640	130554	460823	1779921	639177
中型企业	813740	57620	116129	1514809	146833
按行业分					
黑色金属矿采选业	10007	1675	2400	118694	9214
有色金属矿采选业	2619	5760	5768	24129	
农副食品加工业	7769	-1049	6828	108527	79599
食品制造业	4326	1104	1725	41719	943
酒、饮料和精制茶制造业	540	-56	52	19062	171
烟草制品业	5112	-5040	15	63514	1444
纺织业	3874	-755	692	11990	7255
纺织服装、服饰业	271	1156	119	3787	
家具制造业	30310	-1244	2296	64605	-527
造纸和纸制品业		58	67	1435	-19
印刷和记录媒介复制业	9085	-1693	501	36716	360
文教、工美、体育和娱乐用品制造业	685	-3	74	7559	
化学原料和化学制品制造业	62341	-3923	35034	314833	170318
医药制造业	95632	-4224	5657	225876	17821
化学纤维制造业	953	27	34	899	-549
橡胶和塑料制品业	94511	6014	16068	200289	7155
非金属矿物制品业	18770	3423	5505	89474	1256
黑色金属冶炼和压延加工业	17532	-1439		16311	2390
有色金属冶炼和压延加工业	8874	2531	1994	33020	-166
金属制品业	71934	12350	15626	116144	10872
通用设备制造业	180546	-1810	14428	547034	53027
专用设备制造业	75777	2200	16055	278448	40900
汽车制造业	278149	18131	47593	-85679	2672
铁路、船舶、航空航天和其他运输设备制造业	8573	-4312	10	30735	992
电气机械和器材制造业	763985	-87139	91820	985343	130194
计算机、通信和其他电子设备制造业	1117150	176130	230939	5636	213912
仪器仪表制造业	44534	-1667	1298	38492	10863
其他制造业	4840	1393	3650	10248	7783
金属制品、机械和设备修理业	3154	-610	14	13313	
电力、热力生产和供应业	29670	72078	67586	-35031	2861
燃气生产和供应业	410	1981	3095	18022	12964
水的生产和供应业	3450	-2872	9	-10416	2306

单位：万元

营业外收入	利润总额	所得税费用	亏损企业亏损总额	利税总额	本年应付职工薪酬	本年应交增值税	平均用工人数（人）
113942	**3300509**	**415634**	**1651324**	**5491427**	**5835045**	**1083119**	**361912**
30793	589968	131360	822952	1903174	2062158	478787	104783
25724	1439699	172183	46297	2596082	1406995	370930	104136
88218	1860810	243452	1605027	2895345	4428050	712189	257776
50654	1746963	244609	1418580	3449484	3984756	708765	220278
63288	1553546	171025	232743	2041943	1850289	374354	141634
1065	118572	22314	1474	150562	27639	22351	1617
20	23938	4414		34720	6199	5968	530
1649	108854	2900		123487	55789	11498	5332
1378	42843	7186	364	61540	68762	14700	6992
562	19253	4821		29625	45207	8571	2905
125	63030	29105		880651	107960	111856	1373
6297	17673	2151	1618	20922	19038	2671	2079
115	3782	2012	3876	9535	37268	4874	2839
939	65231	2394	542	95333	76700	25720	6530
9	1379	411		2842	4740	1153	401
791	37395	3815		45613	29308	6794	2568
322	7800	1916		9204	6437	1107	1264
8090	314058	22849		374637	170265	47162	9623
2953	227097	22174	19281	257397	125416	23804	7271
46	848	60		1577	3698	621	359
5712	204336	18723	10972	280931	275976	60190	18351
1949	91289	18999	971	117304	56631	19699	4462
0	16056	2209		25236	11284	7137	597
475	33213	4469		41454	12761	5940	1155
5344	119446	10529	3953	161165	160063	31723	13527
5104	551246	65375	7236	680374	393152	107912	26625
6637	274960	27923		332999	238304	47456	13699
11575	-76531	23795	218611	97395	634389	60880	44241
480	30925	3117		41405	29678	9080	1477
9657	956637	79310	116194	1144562	1076359	121254	76273
27339	27093	21821	1161008	326127	1694621	224768	88795
1344	39672	2648	6074	57076	73924	14580	3879
414	9134			9553	9883	179	361
170	13408	1973		13587	20534	128	1105
9379	-53511	2951	88380	39418	272907	74891	10121
2176	20027	3273	2058	23863	45603	1660	3163
1826	-8643		8711	1333	44549	6795	2398

11—9 民营规模以上工业企业主要经济指标（2022年）

项目	企业单位数（个）	#亏损企业	资产总计	#流动资产合计	#应收账款
总计	**2172**	**421**	**84314214**	**52435557**	**20711284**
按轻重工业分					
轻工业	712	133	21533463	14249293	5002190
重工业	1460	288	62780752	38186264	15709094
按企业规模分					
大型企业	43	8	45018979	25094134	9731763
中型企业	178	34	18288440	12181368	4741882
小型企业	1951	379	21006795	15160055	6237639
按行业分					
黑色金属矿采选业	2	1	354695	63651	6165
有色金属矿采选业	1	1	7139	3694	30
非金属矿采选业	4		45675	24620	1674
农副食品加工业	84	13	877915	632497	186903
食品制造业	48	7	590613	341674	121761
酒、饮料和精制茶制造业	3	1	25822	12619	1370
纺织业	36	3	254208	150572	30300
纺织服装、服饰业	23	8	90211	65402	13379
皮革、毛皮、羽毛及其制品和制鞋业	23	5	77598	62670	24993
木材加工和木、竹、藤、棕、草制品业	9	1	50853	36282	18551
家具制造业	33	4	985463	517843	109972
造纸和纸制品业	37	13	227150	145445	53008
印刷和记录媒介复制业	39	5	482280	338271	93747
文教、工美、体育和娱乐用品制造业	14	1	61046	44366	20264
石油、煤炭及其他燃料加工业	2	2	12253	7848	1337
化学原料和化学制品制造业	81	13	1101178	660018	226108
医药制造业	39	11	2141250	1097194	243574
化学纤维制造业	3	1	23004	13628	1323
橡胶和塑料制品业	168	27	2213838	1364644	522248
非金属矿物制品业	225	39	3634478	2940687	1997588
黑色金属冶炼和压延加工业	7	1	137866	118372	23226
有色金属冶炼和压延加工业	15	3	408264	247811	139703
金属制品业	158	20	3171855	2268446	867577
通用设备制造业	208	33	5571169	3907603	1225681
专用设备制造业	166	23	3196882	2387661	691483
汽车制造业	147	47	6018156	3880542	2374182
铁路、船舶、航空航天和其他运输设备制造业	11	1	140097	108476	45405
电气机械和器材制造业	298	51	26897383	19294779	7720834
计算机、通信和其他电子设备制造业	203	70	23417415	10193532	3464791
仪器仪表制造业	54	11	1400939	1141421	371327
其他制造业	8	1	65939	53231	13786
废弃资源综合利用业	10	3	161847	120490	26615
金属制品、机械和设备修理业	1		10698	5820	2020
电力、热力生产和供应业	8	1	291005	127607	65655
燃气生产和供应业	2		109429	23591	1738
水的生产和供应业	2		58605	32552	2968

单位：万元

#存　　货	#产成品	固定资产原　　价	累计折旧	负债合计	流动负债合　　计
9416306	**3509272**	**21327753**	**6511393**	**50005241**	**39514767**
2230311	1145284	4752922	1910742	12301069	11251799
7185995	2363988	16574831	4600651	37704173	28262968
4492314	1449228	11631659	2897723	28113241	20327991
2088720	860203	4246351	1409955	9586219	8301552
2835272	1199842	5449743	2203714	12305782	10885224
13303	6844	214799	60810	165405	104305
546	543	642	330	1217	1207
480	175	12308	7986	21390	9984
178165	78869	245750	93901	465454	442109
102256	20433	330874	112407	311794	277252
6196	2156	15381	7263	8412	8412
40593	18907	89232	32714	142135	125577
23288	16110	21338	7945	59196	57641
17726	6985	17943	7540	48051	42286
6657	3931	14880	6834	37287	33424
56952	17337	303305	85825	517403	501128
37847	12571	75331	28957	164677	150034
53335	18414	195913	95652	224570	204401
11444	8128	25195	12224	39447	35211
5259	2500	7308	4041	12807	12640
143893	53992	332219	135293	553381	489020
216556	57685	531001	191088	681843	616581
6168	1458	13062	5630	23873	20196
226160	110949	709837	315480	1175561	983279
278513	91584	802849	353543	2810604	2572145
40605	35989	23334	8741	84770	84753
39456	21612	119468	41425	190650	172285
621493	158792	686321	256098	2029363	1744396
914597	260883	1354142	633954	2867292	2471276
472728	172059	564063	218054	1230173	1133384
625123	195568	1841049	647217	4665838	4314725
10332	5010	24011	8506	65989	59578
3274725	1551953	3978455	1258405	17972845	15969799
1777630	517294	8217098	1700418	12448541	6030344
176551	46387	166754	59639	552233	535171
13031	6986	7250	1912	26445	24411
23452	7034	34375	12386	104571	94074
120	120	8221	4780	1824	1758
938	15	200111	46679	190502	93047
71		92011	16484	83032	83032
119		51926	31234	26665	15904

11—9 续表1

项目	所有者权益合计	#实收资本				
			国家资本	集体资本	法人资本	个人资本
总计	**34254979**	**13731898**	**134917**	**238891**	**8829108**	**4452587**
按轻重工业分						
轻工业	9206633	3034433	8510	6175	2036180	981122
重工业	25048345	10697465	126407	232716	6792928	3471466
按企业规模分						
大型企业	16905738	7348477	61845	41653	5134231	2089179
中型企业	8702220	2638929	42231	102125	1738074	729236
小型企业	8647021	3744491	30841	95113	1956802	1634173
按行业分						
黑色金属矿采选业	189290	75329		33669	37800	3861
有色金属矿采选业	5921	518				518
非金属矿采选业	24285	2860			1000	1860
农副食品加工业	412459	152279	1000	1000	94433	55646
食品制造业	261991	174113			149022	25091
酒、饮料和精制茶制造业	17409	3030			150	2880
纺织业	112073	47228			29190	18038
纺织服装、服饰业	31016	18610			9393	9217
皮革、毛皮、羽毛及其制品和制鞋业	29546	14371			4848	9523
木材加工和木、竹、藤、棕、草制品业	13566	11097		9005	590	1502
家具制造业	468060	133422			73283	60138
造纸和纸制品业	62472	38612			15145	23467
印刷和记录媒介复制业	257710	72424			35161	37264
文教、工美、体育和娱乐用品制造业	21599	10815			3789	7026
石油、煤炭及其他燃料加工业		6140	2160		2736	1244
化学原料和化学制品制造业	547797	227622		4570	125675	96021
医药制造业	1459407	401140			165092	235550
化学纤维制造业		6203			5633	570
橡胶和塑料制品业	1029349	418056	2745	1038	248360	164628
非金属矿物制品业	797733	387245	3230	5100	163793	213009
黑色金属冶炼和压延加工业	53096	48802			44282	4520
有色金属冶炼和压延加工业	217614	62805			56054	6750
金属制品业	1142491	450148			233993	216154
通用设备制造业	2703875	963847	5866	1250	543920	406132
专用设备制造业	1966708	482265	8820	3310	195872	268263
汽车制造业	1353889	911410	4494	21704	738191	146691
铁路、船舶、航空航天和其他运输设备制造业	74108	26185		7210	16069	2906
电气机械和器材制造业	8924534	2987557	25857	21499	2433114	507087
计算机、通信和其他电子设备制造业	10965219	5314387	65342	111599	3240558	1838954
仪器仪表制造业	848705	163570	11605	1782	70239	79944
其他制造业	39494	10540		8898	472	1170
废弃资源综合利用业	57276	17432			11967	5465
金属制品、机械和设备修理业	8874	8740			8740	
电力、热力生产和供应业	100503	60500		7256	51744	1500
燃气生产和供应业	26397	5300	3300		2000	
水的生产和供应业	31940	17300	500		16800	

单位：万元

港澳台资本	外商资本	营业收入	营业成本	税金及附加	销售费用	管理费用
23484	**52911**	**62272038**	**52939636**	**297827**	**2211232**	**1964808**
1777	670	17772335	14571620	68377	876861	540553
21707	52242	44499703	38368016	229450	1334371	1424255
1275	20294	30222429	26328630	156876	1034292	699286
7388	19876	14386902	12000214	66498	465031	419848
14821	12741	17662707	14610793	74452	711908	845675
		151821	71403	5508	346	20118.5
		1098	1173	17		263
		32102	20803	915	913	3988
	200	1063685	928188	2506	34126	26438
		746978	639725	2869	26124	37057
		32539	23113	104	1440	783
		239481	202316	899	8897	13769
		139662	115128	593	5781	7955
		93690	87413	266	1348	2532
		61362	53503	168	1343	2534
		920341	689325	5135	80336	38361
		307464	272627	1196	9473	12283
		472160	372699	2587	21858	18544
		92048	76735	367	4220	6630
		10535	10134	71	387	1040
742	614	1194455	984751	4006	40755	51491
497		927732	324000	7616	201172	60927
		27743	24231	110	148	1198
1280	6	2238007	1932007	8827	69828	85842
	2113	3017670	2620219	14108	119499	111086
		360501	347172	426	3599	1911
		456778	386516	2560	3152	15562
		4636137	4336508	10896	40168	75839
3200	3479	4063006	3233812	19159	107308	147613
	6000	1915411	1265259	11748	111757	120475
	330	5603992	4994472	87075	78338	184178
		62969	48105	556	3751	3886
		23273222	20327490	63824	754825	395985
17765	40170	8974533	7687332	37194	399421	460476
		838051	609501	4566	68798	43676
		48086	37611	107	3548	4312
		112930	102529	824	1032	4230
		7843	4529	65	1281	197
		53520	35655	287	14	1575
		72165	61757	262	6246	70
		22322	11899	409		1984

11—9 续表2

项目	研发费用	财务费用	#利息费用	营业利润	投资收益
总计	**2494786**	**206599**	**384690**	**2741532**	**451694**
按轻重工业分					
轻工业	634505	9345	109593	1186296	84839
重工业	1860281	197253	275098	1555237	366856
按企业规模分					
大型企业	1204824	58039	208845	1012489	315745
中型企业	564378	23474	55335	1051052	108055
小型企业	725584	125086	120511	677991	27895
按行业分					
黑色金属矿采选业	234	2229	2353	66800	9214
有色金属矿采选业		10	10	-365	
非金属矿采选业		16		5467	
农副食品加工业	11626	7293	7120	57472	241
食品制造业	8861	2787	2453	35141	78
酒、饮料和精制茶制造业	576	119	122	6403	
纺织业	7753	15	1334	17080	7274
纺织服装、服饰业	2589	849	725	7638	131
皮革、毛皮、羽毛及其制品和制鞋业	120	366	321	1673	27
木材加工和木、竹、藤、棕、草制品业	2563	504	359	724	
家具制造业	34746	41	3414	67330	135
造纸和纸制品业	7930	3131	2507	3761	59
印刷和记录媒介复制业	14635	990	3043	47354	-803
文教、工美、体育和娱乐用品制造业	2206	841	1024	1057	1
石油、煤炭及其他燃料加工业	265	326	316	-1688	
化学原料和化学制品制造业	41250	5363	3907	75345	263
医药制造业	107526	-6698	3638	248298	18694
化学纤维制造业	953	296	39	38	-549
橡胶和塑料制品业	73528	16078	15909	76453	6117
非金属矿物制品业	40188	21575	18096	96819	-40
黑色金属冶炼和压延加工业	3933	851	454	1617	43
有色金属冶炼和压延加工业	12660	2924	2425	36204	-166
金属制品业	74083	25810	23018	91097	-1556
通用设备制造业	178363	8569	18349	457813	37085
专用设备制造业	116412	-2067	7594	311970	21514
汽车制造业	174265	10471	13675	113127	836
铁路、船舶、航空航天和其他运输设备制造业	3882	706	625	2084	
电气机械和器材制造业	782766	-63609	101786	1002002	130456
计算机、通信和其他电子设备制造业	704357	160110	141302	-176528	211277
仪器仪表制造业	78948	-207	2456	63885	11322
其他制造业	4687	-216	107	-187	
废弃资源综合利用业	1878	705	650	1563	42
金属制品、机械和设备修理业	410	-70	4	1430	
电力、热力生产和供应业	592	4801	4893	12287	
燃气生产和供应业		1265	-60	2543	
水的生产和供应业		424	727	7824	

单位：万元

营业外收入	利润总额	所得税费用	亏损企业亏损总额	利税总额	本年应付职工薪酬	本年应交增值税	平均用工人数（人）
208357	**2858379**	**267251**	**1025997**	**3998408**	**4325503**	**842202**	**350451**
50543	1213703	112629	64097	1545615	1229064	263535	119316
157814	1644676	154622	961900	2452793	3096439	578667	231135
14566	983699	94424	701784	1363559	1760086	222984	102567
49497	1083749	97826	93639	1390439	1102839	240192	91712
144294	790931	75001	230573	1244409	1462578	379026	156172
955	66603	14712	1474	86688	14133	14577	1043
2	-420		420	-331	573	72	110
46	4839	678		8935	3320	3181	555
4245	60533	2470	3967	70634	50544	7596	6311
4187	38742	5994	3090	55957	71252	14346	8215
138	6529	1601	1	7014	1874	380	344
6363	22571	2372	207	28301	28219	4830	3663
476	8102	1816	1253	13199	23393	4504	3867
54	1676	17	240	4304	6809	2363	1294
279	942	80	20	2105	5351	995	628
1901	68765	2721	1795	101577	92431	27677	9054
1885	5424	641	1155	14198	20433	7577	2606
2945	49423	5335	611	61458	43701	9447	4784
530	1550	37	130	4448	12543	2532	1768
188	-1517		1517	-1165	1045	282	122
6410	80142	4272	5347	100215	70591	16067	6433
4442	250417	23913	13023	289849	135915	31816	8984
53	-6	61	876	746	4140	641	428
12151	83957	3380	7470	132482	190550	39698	19481
14931	106861	14312	9077	208845	141139	87877	16898
295	1808	308	121	2766	3460	532	320
1368	37227	5285	978	45924	19983	6137	2077
11804	100915	9438	6050	156651	183692	44839	20177
21457	477280	51696	24418	588806	377874	92367	32476
27968	322992	34829	12365	398098	239170	63358	19274
19499	130798	90	55525	243559	359095	25686	33785
1602	3570	400	444	7126	6677	2999	742
25687	987357	83393	127776	1205996	1058781	154815	80664
29644	-154009	-11667	731673	23719	1009218	140535	54430
5781	69068	4576	7919	99470	127508	25836	7803
293	-48	47	1726	1104	8178	1045	680
634	2089	184	2963	6201	4546	3288	641
18	1445	155		2023	1396	512	154
103	12365	2594	2368	15576	1504	2924	127
17	2560	586		3593	4394	772	340
7	7829	926		8338	2073	100	173

11—10 各县（市）区规模以上工业企业主要经济指标（2022年）

指标	全市	瑶海区	庐阳区	蜀山区	包河区	高新区
企业单位数 （个）	2544	25	70	64	97	380
#亏损企业	501	6	10	13	21	73
资产合计	150642414	1471990	1780513	4252029	7227583	30737310
流动资产合计	85623875	579845	1130571	2451782	3104518	21246800
应收账款	33213668	166513	338354	725829	950068	6882106
产成品存货	5068443	12776	93733	101024	191081	1404053
固定资产原价	59741606	1041702	770928	1762572	5948674	5307870
负债合计	86146929	568124	1088550	2338751	4166438	16096453
所有者权益合计	64441489	903866	691963	1913276	3040000	14636392
实收资本	30340726	141056	358433	663243	1635718	3589827
#国家资本	2843503	90297	157556	106449	260396	350542
外商资本	2238169	552	0	55570	30031	204181
营业收入	114594684	484080	1886200	2980429	5725183	23516136
营业成本	99221960	428342	1620832	2594314	5145820	18216724
销售费用	3223071	19887	101634	94963	116547	1161645
税金及附加	1215462	4002	9643	49022	23451	820118
管理费用	3385771	26600	58860	112328	139005	846984
财务费用	369983	-963	4458	11653	47769	-97102
#利息费用	748389	722	10407	21866	53894	82786
利润总额	4477878	886	32478	138221	173542	1813469
亏损企业亏损额	1951826	10314	19464	27392	38176	244899
利税总额	7270599	16720	82897	248578	290748	3053455
本年应交增值税	1577259	11833	40776	61335	93755	419869
平均用工人数 （人）	547437	4155	11612	14956	24631	88848

单位：万元

经开区	新站区	安　巢 经开区	长丰县	肥东县	肥西县	庐江县	巢湖市
338	154	67	361	269	356	192	171
87	41	20	70	43	62	28	27
31024686	20940185	872152	19303737	8141134	13737007	6306348	4847740
17647712	8924684	605392	9305499	4679139	10074194	3507671	2366068
6728283	2974371	275698	4330258	2063053	5037603	1980803	760729
1002424	417361	64717	452722	254485	697822	177130	199113
13020206	9329977	245388	8709963	4021885	4377283	2643120	2562037
18681758	10421095	571301	10832697	5215623	9466863	4174213	2525063
12339275	10519088	301525	8471039	2905100	4266575	2130716	2322675
5895527	6842340	184732	5466017	1672499	1768101	1057964	1065269
192903	589349	13834	52382	489273	110971	131742	297809
1146470	419137	9101	146119	80560	122550	9600	14299
25459246	9106632	723209	12978003	6812879	16097593	4665061	4160034
22959174	7805267	628249	11473685	6078588	14551345	3984815	3734805
688885	205812	20373	240043	131999	316159	58224	66900
100628	37384	3504	44671	24386	50718	28585	19351
696988	305201	33008	361245	199024	343740	139930	122859
124819	80084	4584	56246	54453	22645	38505	22833
168071	126686	4056	85296	64286	62469	38993	28856
158963	315032	12048	469847	237307	493795	338362	293929
901786	531004	23796	26344	34858	15170	12193	66431
518590	505250	28216	652408	328451	705411	464400	375475
259000	152834	12664	137890	66757	160899	97454	62195
119572	43121	8686	72949	34341	77960	25391	21215

11—11　主要工业产品产量（2022年）

产品名称		产量	产品名称		产量
饲料	万吨	120	钢材	万吨	138
精制食用植物油	万吨	49	叉车	万台	12
乳制品	万吨	33	泵	万台	477
饮料酒	千升	39790	挖掘机	台	3343
卷烟	亿支	298	医疗仪器设备及器械	台	322716
纱	吨	15428	工业机器人	套	2943
布	万米	1702	汽车	万辆	57
口罩	万个（只）	4280	＃轿车	万辆	11
服装	万件	3894	客车	辆	4167
人造板	立方米	66018	载货汽车	万辆	8
家具	万件	244	变压器	万千伏安	2168
＃木质家具	万件	95	电力电缆	万千米	24
软体家具	万件	19	光缆	万芯千米	59
机制纸及纸板（外购原纸	吨	126693	太阳能电池	万千瓦	2743
硫酸（折100%）	吨	220538	家用电冰箱	万台	2079
烧碱（折100%）	万吨	15	房间空气调节器	万台	788
纯碱（碳酸钠）	万吨	34	微波炉	万台	9
合成氨（无水氨）	万吨	38	家用洗衣机	万台	2249
农用氮、磷、钾化学肥料	万吨	26	微型计算机设备	万台	2950
＃氮肥（折含氮100%）	万吨	26	彩色电视机	万台	634
初级形态塑料	万吨	21	＃智能电视	万台	304
合成洗涤剂	万吨	51	半导体分立器件	亿只	8
中成药	吨	2445	集成电路	万块	161804
橡胶轮胎外胎	万条	3017	液晶显示屏	万片	39494
＃子午线轮胎外胎	万条	1451	智能手环	万台	971
塑料制品	万吨	71	智能手表	万个	614
水泥	万吨	1446	电子元件	万只	84668
砖	万块	91927	工业自动调节仪表与控制系统	台（套）	239342

11—12　主要年份主要工业产品生产能力

产 品 名 称		2010年	2015年	2020年	2021年	2022年
家用电冰箱	(万台)	2360	3278	3155	3186	3130
房间空气调节器	(万台)	995	1400	1557	1492	1367
彩色电视机	(万台)	603	979	2160	2160	1462
卷　烟	(亿支)	369	409	288	292	298
农用氮磷钾化学肥料总计	(吨)	354566	330630	385100	385100	385100
发电设备容量总计	(万千瓦)	152	363	519	541	537
汽　车	(万辆)	73	88	98	105	100
#乘用车				66	73	73
商用车				32	32	27
微型计算机	(万台)	10	4368	4799	5019	5177
太阳能电池	(万千瓦)		413	1941	2431	3254
钢　材	(万吨)	305	399	216	229	234
水　泥	(万吨)	810	3163	2217	2410	2445

11—13 工业企业总产值20强（2022年）

企 业 名 称	位 次
联宝（合肥）电子科技有限公司	1
安徽江淮汽车集团股份有限公司	2
国网安徽省电力有限公司（合肥供电公司）	3
合肥鑫晟光电科技有限公司	4
阳光电源股份有限公司	5
合肥晶澳太阳能科技有限公司	6
合肥长安汽车有限公司	7
通威太阳能（合肥）有限公司	8
合肥比亚迪汽车有限公司	9
安徽中烟工业有限责任公司（合肥卷烟厂）	10
合肥美的洗衣机有限公司	11
阳光新能源开发股份有限公司	12
合肥京东方显示技术有限公司	13
格力电器（合肥）有限公司	14
合肥晶合集成电路股份有限公司	15
阳光储能技术有限公司	16
合肥海尔电冰箱有限公司	17
安徽晶科能源有限公司	18
安徽合力股份有限公司	19
合肥华凌股份有限公司	20

11—14 工业企业营业收入20强（2022年）

企 业 名 称	位 次
联宝（合肥）电子科技有限公司	1
国网安徽省电力有限公司（合肥供电公司）	2
安徽江淮汽车集团股份有限公司	3
阳光电源股份有限公司	4
合肥晶澳太阳能科技有限公司	5
合肥鑫晟光电科技有限公司	6
合肥国轩高科动力能源有限公司	7
合肥长安汽车有限公司	8
安徽鸿翔建材有限公司	9
合肥比亚迪汽车有限公司	10
安徽合力股份有限公司	11
通威太阳能（合肥）有限公司	12
阳光新能源开发股份有限公司	13
安徽中烟工业有限责任公司（合肥卷烟厂）	14
合肥美的洗衣机有限公司	15
合肥京东方显示技术有限公司	16
科大讯飞股份有限公司	17
安徽晶科能源有限公司	18
合肥华凌股份有限公司	19
合肥晶合集成电路股份有限公司	20

主要统计指标解释

工业

指从事自然资源的开采，对采掘品和农产品进行加工和再加工的物质生产部门。具体包括：(1)对自然资源的开采，如采矿、晒盐等(但不包括禽兽捕猎和水产捕捞)；(2)对农副产品的加工、再加工，如粮油加工、食品加工、缫丝、纺织、制革等；(3)对采掘品的加工、再加工，如炼铁、炼钢、化工生产、石油加工、机器制造、木材加工等，以及电力、自来水、煤气的生产和供应等。

工业统计调查单位为独立核算法人工业企业。

独立核算法人工业企业指从事工业生产经营活动的单位。独立核算法人工业企业应同时具备以下条件：①依法成立，有自己的名称、组织机构和场所，能够承担民事责任；②独立拥有和使用资产，承担负债，有权与其他单位签订合同；③独立核算盈亏，并能够编制资产负债表。

国有控股企业

指在企业的全部资本中，国家资本股本占较高比例，并且由国家实际控制的企业。包括：（1）在企业的全部实收资本中，国有经济成分的出资人拥有的实收资本（股本）所占企业全部实收资本（股本）的比例大于50%的国有绝对控股。（2）在企业的全部实收资本中，国有经济成分的出资人拥有的实收资本（股本）所占比例虽未大于50%，但相对大于其他任何一方经济成分的出资人所占比例的国有相对控股；或者虽不大于其他经济成分，但根据协议规定拥有企业实际控制权的国有协议控股。（3）投资双方各占50%，且未明确由谁绝对控股的企业，若其中一方为国有经济成分的，一律按国有控股处理。

轻工业

指主要提供生活消费品和制作手工工具的工业。按其所使用的原料不同，可分为两大类：(1)以农产品为原料的轻工业，是指直接或间接以农产品为基本原料的轻工业。主要包括食品制造、饮料制造、烟草加工、纺织、缝纫、皮革和毛皮制作、造纸以及印刷等工业；(2)以非农产品为原料的轻工业，是指以工业品为原料的轻工业。主要包括文教体育用品、化学药品制造、合成纤维制造、日用化学制品、日用玻璃制品、日用金属制品、手工工具制造、医疗器械制造、文化和办公用机械制造等工业。

重工业

指为国民经济各部门提供物质技术基础的主要生产资料的工业。按其生产性质和产品用途，可以分为下列三类：(1)采掘(伐)工业，是指对自然资源的开采，包括石油开采、煤炭开采、金属矿开采、非金属矿开采等工业；(2)原材料工业，指向国民经济各部门提供基本材料、动力和燃料的工业。包括金属冶炼及加工、炼焦及焦炭、化学、化工原料、水泥、人造板以及电力、石油和煤炭加工等工业；(3)加工工业，是指对工业原材料进行再加工制造的工业。包括装备国民经济各部门的机械设备制造工业、金属结构、水泥制品等工业，以及为农业提供的生产资料如化肥、农药等工业。

工业总产值

(1)定义：

工业总产值是工业企业在一定时期内生产的以货币形式表现的工业最终产品或提供工业性劳务活

动的总价值量。它反映一定时间内工业生产的总规模和总水平。

(2)计算原则：

工业生产的原则，即凡是企业在报告期生产的经检验合格的产品，不管是否在报告期销售，均包括在内。

最终产品的原则，即凡是计入工业总产值的产品，必须是本企业生产的经检验合格的，不需要再进行任何加工的最终产品。如果企业有中间产品(半成品)对外销售，则对外销售的中间产品应视为企业的最终产品。

工厂法原则，即工业总产值是以工业企业作为基本计算(核算)单位，即按企业的最终产品计算工业总产值。按这种方法计算的工业总产值，不允许同一产品价值在企业内部重复计算，不能把企业内部各个车间(分厂)生产的成果相加，但允许企业间的重复计算。

(3)内容及计算方法：

工业总产值(新规定)包括三项内容：即本期生产成品价值、对外加工费收入、在制品半成品期末期初差额价值三部分。

本期生产成品价值：指企业本期生产，并在报告期内不再进行加工，经检验、包装入库的全部工业成品(半成品)价值合计，包括企业生产的自制设备及提供给本企业在建工程、其他非工业部门和福利部门等单位使用的成品价值。本期生产成品价值为按自备原材料生产的产品的数量乘以本期不含增值税(销项税额)的产品实际销售平均单价计算；会计核算中按成本价格转账的自制设备和自产自用的成品，按成本价格计算生产成品价值。生产成品价值中不包括用订货者来料加工的成品(半成品)价值。

对外加工费收入：指企业在报告期内完成的对外承接的工业品加工(包括用订货者来料加工产品)的加工费收入和对外工业修理作业所取得的加工费收入。对外加工费收入按不含增值税(销项税额)的价格计算，可根据会计“产品销售收入”科目的有关资料取得。

对于本企业对内非工业部门提供的加工修理、设备安装的劳务收入，如果企业会计核算基础较好，能取得这部分资料，而且这部分价值所占比重较大，应包括在对外加工费收入中。

自制半成品在制品期末期初差额价值：指企业报告期在制品期末减期初的差额价值，本指标一般可以从会计核算资料中取得。如果会计产品成本核算中不计算半成品、在制品的成本，则总产值中也不包括这部分价值，反之则包括。

工业增加值

指工业企业在报告期内以货币表现的工业生产活动的最终成果。

工业增加值有两种计算方法：一是生产法，即工业总产出减去工业中间投入加上应交增值税；二是收入法，即从收入的角度出发，根据生产要素在生产过程中应得到的收入份额计算，具体构成项目有固定资产折旧、劳动者报酬、生产税净额、营业盈余，这种方法也称要素分配法。

资产总计

指企业拥有或控制的能以货币计量的经济资源，包括各种财产、债权和其他权利。资产按流动性分为流动资产、长期投资、固定资产、无形资产、递延资产和其他资产。该指标根据企业会计“资产负债表”中“资产总计”项目的期末数增列。

流动资产

指企业可以在一年内或者超过一年的一个生产周期内变现或者耗用的资产，包括现金及各种存款、短期投资，应收及预付款项、存货等。

固定资产原价

指企业在建造、购置、安装、改建、扩建、技术改造某项固定资产时所支出的全部货币总额。它一般包括买价、包装费、运杂费和安装费等。

负债合计

指企业所承担的能以货币计量，将以资产或劳务偿付的债务，偿还形式包括货币、资产或提供劳务。负债一般按偿还期长短分为流动负债和长期负债。根据会计“资产负债表”中“负债合计”的年末数填列。

所有者权益合计

指企业投资人对企业净资产的所有权。企业净资产为企业全部资产与企业全部负债的差额，包括实收资本、资本公积、盈余公积、未分配利润等。根据会计“资产负债表”中“所有者权益”项的期末数填列。

营业收入

指企业从事销售商品、提供劳务和让渡资产使用权等生产经营活动形成的经济利益流入。包括“主营业务收入”和“其他业务收入”。根据会计“利润表”中“营业收入”项目的本年累计数填报。

营业成本

指企业从事销售商品、提供劳务和让渡资产使用权等生产经营活动发生的实际成本。“营业成本”应当与“营业收入”进行配比。包括“主营业务成本”和“其他业务成本”。根据会计“利润表”中“营业成本”项目的本年累计数填报。

税金及附加

指企业因从事生产经营活动按税法规定应缴纳的消费税、城市维护建设税、资源税、环境保护税、教育费附加、房产税、城镇土地使用税、车船税、印花税等相关税费。根据会计“利润表”中“税金及附加”项目的本年累计数填报。

利润总额

指企业在生产经营过程中各种收入扣除各种耗费后的盈余，反映企业在报告期内实现的盈亏总额，包括营业利润、补贴收入、投资净收益和营业外收支净额。根据会计“利润表”中的对应指标的本期累计数填列。

本年应交增值税

指企业按税法规定，从事货物销售或提供加工、修理修配劳务等增加货物价值的活动本期应交纳的税金。指企业在报告期应交增值税额。计算公式为：

本年应交增值税=销项税额-（进项税额-进项税额转出）-出口抵减内销产品应纳税额-减免税款+出口退税+简易计税

本年进项税额指工业企业在报告期内购入货物或接受应税劳务而支付的、准予从销项税额中抵扣的增值税额。

本年销项税额指工业企业在报告期内销售货物或提供应税劳务应收取的增值税额。

所得税费用

所得税费用由两部分组成：当期所得税和递延所得税。当期所得税是指企业按照税法规定计算确定的针对当期发生的交易和事项，应交纳给税务部门的所得税金额，即应交所得税。递延所得税是指按照所得税准则规定应予确认的递延所得税资产和递延所得税负债应有的金额相对于原已确认金额之间的差异。执行《企业会计准则》或《小企业会计准则》的企业，根据会计“利润表”中“所得税费用”项目的本期金额数填报；执行其他企业会计制度的企业，根据会计“利润表”中 “所得税”项目的本期金额数填报。

平均用工人数（人）

是指报告期企业平均实际拥有的、参与本企业生产经营活动的人员数。其计算公式为：

月平均人数=报告月内每天实有人数之和/报告月日历日数

季平均人数=季内各月平均人数之和/3

年平均人数=年内各月平均人数之和/12

总资产贡献率

反映企业全部资产的获利能力，是企业经营业绩和管理水平的集中体现，是评价和考核企业盈利能力的核心指标。计算公式为：

总资产贡献率（%）=（利润总额+税金总额+利息支出）/平均资产总额×100%

税金总额为产品销售税金及附加与应交增值税之和；平均资产总额为期初期末资产之和的算术平均值。

资产负债率

该指标既反映企业经营风险的大小，也反映企业利用债权人提供的资金从事经营活动的能力。计算公式为：

资产负债率（%）=负债总额/资产总额×100%

资产与负债均为报告期期末数。

流动资产周转次数

指一定时期内流动资产完成的周转次数，反映投入工业企业流动资金的周转速度。计算公式为：

流动资产周转次数产品销售收入/全部流动资产平均余额

全部流动资产平均余额为期初和期末的流动资产之和的算术平均值。

成本费用利润率

反映企业投入的生产成本及费用的经济效益，同时也反映企业降低成本所取得的经济效益。计算公式为：

成本费用利润率（%）=利润总额/成本费用总额×100%

成本费用总额为产品销售成本、销售费用、管理费用、财务费用之和。

产品销售率

该指标反映工业产品已实现销售的程度，是分析工业产销衔接情况，研究工业产品满足社会需求的指标。计算公式为：

产品销售率(%)=工业销售产值/工业总产值(现价）×100%

第十二篇

建筑业

简要说明

一、本篇资料反映我市建筑业概况和发展情况，主要包括建筑业企业生产经营情况，指标有企业个数、从业人员数、建筑业总产值、房屋建筑面积、机械设备、资产负债、利润税金、劳动生产率、技术装备等。

二、建筑业企业资料由市统计局固定资产投资统计处提供。资料来源于依据国家统计局制定的《建筑业统计报表制度》收集的有关年报资料。

12—1 建筑业企业概况

指　　标	总　计	国有经济	集体经济
企业单位数　（个）			
2005	487	84	21
2010	703	75	20
2012	835	84	12
2013	840	79	7
2014	856	76	6
2015	867	76	4
2016	901	76	3
2017	953	74	3
2018	1364	73	13
2019	1423	71	11
2020	1622	67	6
2021	1843	74	6
2022	1909	78	7
末从业人员　（万人）			
2005	24.43	5.71	1.03
2010	58.90	23.05	1.05
2012	72.34	24.60	0.38
2013	81.31	27.64	0.32
2014	74.69	25.80	0.33
2015	74.87	23.00	0.28
2016	72.15	23.05	0.24
2017	71.74	22.64	0.24
2018	80.04	26.86	1.70
2019	84.31	27.79	1.51
2020	84.21	28.83	1.82
2021	80.93	27.94	2.10
2022	82.02	28.90	4.05
总 产 值　（万元）			
2005	3097388	1006327	79664
2010	13595612	7393799	194459
2012	21453448	10780257	76422
2013	25352143	12849414	58832
2014	28760610	14321786	56559
2015	30065964	14517864	47500
2016	31523631	15147503	46105
2017	34622450	17149502	43285
2018	39192700	20182407	606761
2019	40799710	19878161	766538
2020	44659565	22598241	886552
2021	50815439	26641371	737384
2022	56132673	30961579	1683061

注：统计口径为总承包和专业承包建筑业。

12—2 主要年份建筑业企业主要经济指标

指　　标		2010年	2015年	2020年	2021年	2022年
企业单位数	(个)	703	867	1622	1843	1909
年末从业人数	(万人)	58.90	74.87	84.21	80.93	82.02
自有固定资产原价	(万元)	1636977	2730797	3083325	3174974	3110929
自有固定资产净值	(万元)	1070320	1929989	1664468	1707763	1601887
自有机械设备净值	(万元)	659840	755525	468200	563589	441150
自有机械设备总台数	(台)	120052	166199	89911	75892	91165
自有机械设备总功率	(万千瓦)	228.53	374.08	181.96	229.26	177.80
建筑业总产值	(万元)	13595612	30065964	44659565	50815439	56132673
建筑工程		11916633	26039048	38759701	43966131	49407582
安装工程		1121492	2515456	3814463	4103808	4631318
其　　他		557487	1511461	2085401	2745500	2093774
固定资产本年折旧	(万元)	147126	187549	220469	213580	215144
应付职工薪酬	(万元)		3907108	6652997	6713191	6358930
主营业务收入	(万元)	12798111	26086688	38289076	44238224	46449258
主营业务税金及附加	(万元)	540660	854110	188105	179336	158567
利润总额	(万元)	498995	870173	1179456	1127110	1176492
利税总额	(万元)	1084002	1751991	2220372	2106961	2223497
劳动生产率（按总产值计算）	(元/人)	203436	415873	531104	618488	632321
房屋建筑施工面积	(万平方米)	9008	22429	24904	23745	22202
房屋建筑竣工面积	(万平方米)	3290	6412	5592	5420	5015
技术装备率	(元/人)	11203	10091	5568	6860	4969
动力装备率	(千瓦/人)	3.88	5.00	2.16	2.79	2.00
房屋建筑面积竣工率	(%)	36.53	28.59	22.45	22.83	22.59
产值利润率	(%)	3.67	2.89	2.64	2.22	2.10
产值利税率	(%)	7.97	5.83	4.97	4.15	3.96

注：应付职工薪酬包含应付工资和福利费。

12—3 主要年份国有建筑业企业主要经济指标

指 标		2010年	2015年	2020年	2021年	2022年
企业单位数	(个)	75	76	67	74	78
年末从业人数	(万人)	23.05	23.00	28.83	27.94	28.90
自有固定资产原价	(万元)	847702	1351925	1550414	1580658	1560523
自有固定资产净值	(万元)	522805	765778	790444	810771	769515
自有机械设备净值	(万元)	417507	289108	221378	359532	254350
自有机械设备总台数	(台)	40045	40273	18328	18276	14535
自有机械设备总功率	(万千瓦)	112.20	131.94	86.86	139.52	107.25
建筑业总产值	(万元)	7393799	14517865	22656568	26641371	30961579
建筑工程		6742691	13249327	20848545	24381870	28876417
安装工程		425619	884638	1331877	1471078	1803753
其 他		225489	383900	476146	788423	281409
固定资产本年折旧	(万元)	98369	108787	98246	96733	91014
应付职工薪酬	(万元)		1566092	3084446	2990364	2839753
主营业务收入	(万元)	7005711	13308223	20196974	23814039	26684725
主营业务税金及附加	(万元)	315004	413222	53153	60169	56475
利润总额	(万元)	240383	303138	622961	672481	771238
利税总额	(万元)	586036	726000	1050299	1055226	1192929
劳动生产率（按总产值计算）	(元/人)	250129	616732	797323	933593	977070
房屋建筑施工面积	(万平方米)	3353	12439	13395	12436	12399
房屋建筑竣工面积	(万平方米)	773	1880	2114	1809	1860
技术装备率	(元/人)	18113	12570	7791	12599	8027
动力装备率	(千瓦/人)	4.87	5.74	3.06	4.89	3.38
房屋建筑面积竣工率	(%)	23.06	15.12	15.78	14.54	15.00
产值利润率	(%)	3.25	2.09	2.75	2.57	2.49
产值利税率	(%)	7.93	5.00	4.64	4.03	3.85

12—4 建筑业企业主要生产指标（2022年）

指 标		合 计	总 承 包	专业承包
企业单位个数	（个）	1909	1100	809
签订的合同额	（万元）	115282093	104552826	10729267
上年结转建筑合同额		45780519	42239419	3541101
本年新签建筑合同额		69501574	62313407	7188167
直接从建设单位承揽工程完成的产值	（万元）	48605763	42916619	5689144
自行完成施工产值		48088818	42430627	5658191
分包出去工程产值		516945	485992	30953
从建设单位以外承揽工程完成的产值	（万元）	8043855	6366946	1676909
建筑业总产值	（万元）	56132673	48797573	7335100
＃装配式建筑工程产值		972400	944023	28377
＃装饰装修产值		1741136	735311	1005824
＃在外省完成产值		17664021	16662830	1001190
＃建筑工程		49407582	44394365	5013217
安装工程		4631318	3168769	1462549
其　他		2093774	1234439	859334
竣工产值	（万元）	19039712	16940496	2099216
房屋建筑施工面积	（万平方米）	22202	21062	1140
＃本年新开工		6157	5518	639
房屋建筑竣工面积	（万平方米）	5015	4500	515
房屋竣工价值	（万元）	9429043	8924728	504315
从事建筑业活动的平均人数	（人）	887725	724920	162805
年末从业人员	（人）	820188	671566	148622
＃工程技术人员		100756	80258	20498

内资企业	#私　营	港澳台商投资企业	外商投资企业	国有及国有控股企业	房屋建筑业	土木工程建筑业	建筑安装业	建筑装饰和其他建筑业
1907	1689	2		78	635	708	210	356
115231168	28222773	50925		76448064	48881276	58548068	4418619	3434130
45733907	10566669	46613		31011310	22551888	20836726	1249076	1142829
69497261	17656105	4313		45436754	26329388	37711342	3169543	2291301
48582515	16652342	23248		26958561	21414311	22328490	2759072	2103891
48065570	16544518	23248		26550044	21368441	21881152	2746176	2093050
516945	107824			408517	45871	447338	12896	10840
8043855	3066688			4411535	2699879	4652026	394926	297024
56109425	19611206	23248		30961579	24068320	26533178	3141102	2390074
972400	406324			285036	923673	20828	1393	26506
1727202	1242420	13933		304203	677984	103889	183290	775972
17649392	2743288	14629		14219818	6337134	10488130	412237	426520
49400463	16149822	7119		28876417	21852583	23941123	1827074	1786802
4617084	1947863	14233		1803753	1653486	1763866	1071583	142383
2091878	1513521	1896		281409	562251	828189	242445	460889
19030912	6017090	8800		10701948	10047503	6986134	1188998	817076
22200	7393	2		12399	19920	1713	277	292
6157	2498			3059	4978	828	160	191
5014	2104	2		1860	4469	267	209	70
9420243	3052805	8800		4340696	8512987	376572	394175	145310
887603	457637	122		316882	432368	350720	49884	54753
820089	431370	99		289010	425632	301346	47274	45936
100717	54226	39		36920	41737	43726	7988	7305

12—5 建筑业企业主要财务指标（2022年）

项目	企业数（个）	流动资产合计	存货	固定资产原价	累计折旧	本年折旧
总计	**1909**	**43433984**	**3090980**	**3110929**	**1509043**	**215144**
#国有及国有控股企业	78	25830038	677991	1560523	791008	91014
按登记注册类型分						
内资企业	1907	43410089	3089374	3109580	1508271	215083
国有企业	8	595963	98830	69335	37571	6149
股份合作企业	3	3341	708	2119	820	67
有限责任公司	196	26583467	1012556	1606554	814268	89168
股份有限公司	11	3695207	234323	251853	77849	12132
私营企业	1689	12532111	1742958	1179719	577762	107567
港澳台商投资企业	2	23895	1606	1350	772	61
港澳台商独资经营企业	2	23895	1606	1350	772	61
外商投资企业						
中外合资经营企业						
按国民经济行业分						
房屋建筑业	635	17293156	1573544	965857	413000	59048
土木工程建筑业	708	21230619	1028959	1768421	918610	122549
#铁路道路隧道和桥梁工程建筑业	490	15825211	620405	1302876	694313	91375
建筑安装业	210	3065803	288844	239276	115576	22871
建筑装饰和其他建筑业	356	1844405	199634	137375	61856	10676
#建筑装饰业	297	1330780	167148	79102	35649	6621
按资质等级分						
施工总承包	1100	37541832	2394099	2617400	1271562	167964
特级	23	22229601	752423	1418421	666833	81704
一级	157	10319785	1080045	637240	348156	31735
二级	331	2599419	344223	350654	159921	28705
三级及以下	589	2393027	217408	211085	96652	25819
专业承包	809	5892151	696882	493530	237481	47180
一级	412	3603829	382238	241829	116780	26070
二级	253	1566485	225595	138435	57751	10857
三级及以下	144	721837	89049	113266	62950	10253

单位：万元

资产总计	负债合计	所有者权益	实收资本	个人资本	营业收入	主营业务收入	营业成本
54932891	**43234364**	**11698527**	**5485979**	**905859**	**46834884**	**46449258**	**43278805**
34481449	28813869	5667580	2741424		26908852	26684725	25000033
54908418	43222265	11686153	5480863	905859	46812513	46426887	43260462
943266	799524	143742	65671		1490552	1489280	1407912
4878	2018	2859	928		7589	7589	6564
34338697	28136030	6202667	2997172	93494	27239196	26987696	25328932
5256239	4183772	1072467	257818		2396517	2376194	2138562
14365338	10100921	4264417	2159274	812365	15678660	15566129	14378491
24473	12099	12374	5116		22371	22371	18343
24473	12099	12374	5116		22371	22371	18343
21199470	17474528	3724942	1595678	345827	18583624	18494014	17265446
28016910	21712280	6304630	3174512	404255	22742050	22500015	21118355
21228094	16615130	4612964	2308926	290131	16605221	16416544	15490506
3612245	2644001	968245	361936	63583	3197629	3172588	2810909
2104265	1403555	700710	353852	92195	2311582	2282642	2084095
1478774	997201	481573	274057	81364	1787022	1758753	1611812
48129283	38318918	9810365	4630169	681699	39914315	39598577	37128617
30654604	25185590	5469014	2574530	8620	24190897	23985316	22519573
11597603	8903238	2694366	1088301	335130	10161730	10092672	9480912
3146206	2121789	1024417	615220	234532	2851537	2833100	2638954
2730870	2108301	622568	352118	103417	2710151	2687489	2489178
6803608	4915446	1888162	855810	224160	6920569	6850682	6150188
4178315	3067267	1111047	541541	163846	4180368	4148424	3699556
1748987	1297448	451539	170026	44998	1652681	1621418	1472404
876307	550731	325576	144243	15316	1087520	1080841	978228

12—5 续表

项　　目	主营业务成本	营业税金及附加	主营业务税金及附加	其他业务利润	销售费用	管理费用
总　　计	**42863115**	**166329**	**158567**	**65131**	**179675**	**1207276**
#国有及国有控股企业	24767190	57615	56475	56567	28188	363219
按登记注册类型分						
内资企业	42844772	166262	158500	65131	179675	1205311
国有企业	1405482	1869	1869	311	2263	16448
股份合作企业	6564	24	18		425	344
有限责任公司	25059756	62534	60938	58665	28274	448471
股份有限公司	2118319	7412	7412	79	15966	48536
私营企业	14254651	94424	88263	6076	132747	691513
港澳台商投资企业	18343	67	67			1965
港澳台商独资经营企业	18343	67	67			1965
外商投资企业						
中外合资经营企业						
按国民经济行业分						
房屋建筑业	17173294	82157	79671	1520	30341	386693
土木工程建筑业	20857448	63017	60301	58244	44685	532898
#铁路道路隧道和桥梁工程建筑业	15336290	43586	41501	36305	18107	339561
建筑安装业	2774303	10353	9222	486	88046	163686
建筑装饰和其他建筑业	2058070	10803	9372	4881	16603	124000
#建筑装饰业	1587782	8409	7287	4820	11486	101090
按资质等级分						
施工总承包	36788938	137241	133951	58944	67439	835716
特　级	22302922	77467	77175	54419	27813	374419
一　级	9414374	33813	32783	2489	21682	183536
二　级	2621409	14380	13544	1314	6367	128952
三级及以下	2450234	11581	10449	722	11577	148808
专业承包	6074177	29089	24616	6186	112236	371560
一　级	3664540	18019	15250	1108	90938	217711
二　级	1440529	7386	5818	4608	13728	106891
三级及以下	969108	3684	3548	470	7570	46959

单位：万元

研发费用	财务费用	营业利润	利润总额	所得税费用	应付职工薪酬（本年贷方累计发生额）	应交增值税	建筑业企业在境外完成的营业收入
867236	**273828**	**1166645**	**1176492**	**192909**	**6358930**	**876000**	**1009639**
658918	174229	763358	771238	121215	2839753	364076	962073
867236	273900	1164577	1174388	192369	6356910	875578	1009639
39463	196	24392	24122	1966	266160	17313	172683
119		231	278	5	736	418	
639922	151665	796446	806599	129632	3046631	394481	786505
47501	47979	64111	63737	12833	339117	25449	4255
140231	74060	279397	279652	47932	2704265	437916	46196
	-72	2068	2104	540	2020	422	
	-72	2068	2104	540	2020	422	
310523	166839	380240	380584	77136	2790286	439628	187448
476350	88044	672690	679750	100265	2813913	328251	798551
328350	57081	487280	490542	70697	1903057	207824	508525
58867	8599	61838	60758	8116	402273	52985	23576
21497	10346	51877	55400	7391	352458	55136	65
16716	8573	40089	41689	5382	265934	40389	65
777353	250191	1008771	1016657	172257	5276381	718380	976527
617692	186152	582597	586812	83119	2640020	299360	938897
131659	34309	328094	330113	71284	1588301	258966	30153
17311	16232	43803	44589	7552	547121	79975	0
10690	13498	54277	55144	10302	500939	80079	7477
89883	23637	157874	159835	20652	1082549	157620	33112
64752	14835	80202	79134	5834	628825	86182	32623
12206	4394	48182	51081	8901	308429	48248	86
12925	4409	29490	29619	5917	145295	23191	404

12—6 建筑业企业房屋建筑完成情况（2022年）

项　　目	房屋建筑竣工面积（万平方米）	国有及国有控股企业	竣工房屋价值（万元）	国有及国有控股企业
合　计	**5015.24**	**1859.54**	**9429043**	**4340696**
住宅房屋	3523.71	1405.09	6531772	2802119
商业及服务用房屋	426.30	173.31	828222	542782
办公用房屋	130.66	46.06	234326	77760
科研、教育、医疗用房屋	121.63	45.10	267976	130760
文化、体育、娱乐用房屋	31.36	19.99	65515	43411
厂房及建筑物	602.69	89.03	850989	186112
仓　库	7.90		15975	
其他未列明的房屋建筑物	170.98	80.95	634268	557752

12—7 各县（市）区建筑业企业房屋建筑完成情况（2022年）

地　　区	房屋建筑竣工面积（万平方米）	住　宅	竣工房屋价值（万元）	住　宅
总　计	**5015.24**	**3523.71**	**9429043**	**6531772**
瑶 海 区	903.97	648.38	1613517	1318221
庐 阳 区	312.61	143.03	307289	169229
蜀 山 区	377.11	254.74	1212684	545513
包 河 区	621.69	539.54	1203123	1007394
高 新 区	998.14	799.94	1995194	1530492
经 开 区	374.44	254.03	909235	511001
新 站 区	101.48	46.43	94292	36631
安巢经开区	9.50		13265	
长 丰 县	237.49	131.99	348638	205173
肥 东 县	618.15	474.34	1016267	832687
肥 西 县	256.35	141.75	415193	238395
庐 江 县	98.28	47.55	125588	59911
巢 湖 市	106.02	41.99	174759	77126

12—8 各县（市）区按登记注册类型和行业分的建筑业企业单位数（2022年）

单位：个

地区	合计	内资企业	港澳台商投资企业	外商投资企业	国有及国有控股企业	房屋建筑业	土木工程建筑业	建筑安装业	建筑装饰和其他建筑业
总计	**1909**	**1907**	**2**		**78**	**635**	**708**	**210**	**356**
瑶海区	169	169			8	55	43	18	53
庐阳区	198	197	1		5	37	73	31	57
蜀山区	132	132			10	23	61	20	28
包河区	291	290	1		13	68	86	48	89
高新区	104	104			16	17	40	31	16
经开区	81	81			8	16	32	19	14
新站区	36	36			3	13	9	6	8
安巢经开区	27	27			1	14	11	1	1
长丰县	245	245				110	94	9	32
肥东县	201	201			3	102	65	12	22
肥西县	188	188			9	86	77	6	19
庐江县	133	133			1	54	71	3	5
巢湖市	104	104			1	40	46	6	12

12—9 各县（市）区按登记注册类型和行业分的建筑业企业总产值（2022年）

单位：万元

地区	合计	内资企业	港澳台商投资企业	外商投资企业	国有及国有控股企业	房屋建筑业	土木工程建筑业	建筑安装业	建筑装饰和其他建筑业
总计	**56132673**	**56109425**	**23248**		**30961579**	**24068320**	**26533178**	**3141102**	**2390074**
瑶海区	8001614	8001614			5303690	4081718	3426807	221970	271120
庐阳区	5578041	5569422	8619		1800324	2050341	2979874	192296	355530
蜀山区	7115027	7115027			5046619	2793760	3483147	575845	262275
包河区	10747964	10733335	14629		7505272	2859529	7014609	414282	459543
高新区	6810225	6810225			4091392	3263772	2474315	889483	182655
经开区	5467198	5467198			4819241	2223185	3059251	102419	82344
新站区	1115428	1115428			830931	264362	743752	71080	36234
安巢经开区	100250	100250			3199	37765	60862	1093	529
长丰县	1836246	1836246				801311	696402	84294	254239
肥东县	3800429	3800429			104354	2894301	603253	149410	153465
肥西县	3214516	3214516			1365412	1749343	857273	367072	240828
庐江县	1259781	1259781			11705	377846	803510	52806	25620
巢湖市	1085955	1085955			79440	671086	330123	19054	65692

12—10 各县（市）区建筑业企业生产情况（2022年）

单位：万元

地　区	企　业单位数（个）	签订的合同额	上年结转建筑合同额	本年新签建筑合同额	直接从建设单位承揽工程完成的产值	自行完成施工产值
总　计	**1909**	**115282093**	**45780519**	**69501574**	**48605763**	**48088818**
瑶海区	169	13981481	6495221	7486260	6212943	6208994
庐阳区	198	6006499	2065835	3940665	5343328	5313135
蜀山区	132	11772922	5159940	6612982	6677448	6662469
包河区	291	33527712	9856285	23671427	9350793	9342746
高新区	104	15880997	7473625	8407372	6762872	6756587
经开区	81	14384137	8133194	6250942	4552501	4146454
新站区	36	3194298	1454167	1740131	1022840	1021470
安巢经开区	27	148856	35956	112900	89962	89762
长丰县	245	2614607	774030	1840578	1278261	1274887
肥东县	201	4544856	1648281	2896574	3227139	3219912
肥西县	188	6745867	1672238	5073628	2760498	2759670
庐江县	133	1013721	374965	638756	539302	505382
巢湖市	104	1466142	636783	829359	787877	787353

地　区	分包出去工程产值	从建设单位以外承揽工程完成的产值	建筑业总产值	#装配式建筑工程产值	#装　饰装修产值	#在外省完成产值
总　计	**516945**	**8043855**	**56132673**	**972400**	**1741136**	**17664021**
瑶海区	3949	1792620	8001614	518970	184978	3104988
庐阳区	30193	264906	5578041	140012	171704	1380731
蜀山区	14979	452558	7115027	48684	327278	2206731
包河区	8047	1405218	10747964	58249	232318	4738571
高新区	6284	53638	6810225	136085	260887	1976389
经开区	406048	1320745	5467198	85	45698	2686884
新站区	1370	93958	1115428		73186	152026
安巢经开区	200	10488	100250	1089	926	6290
长丰县	3374	561359	1836246	66695	113947	212487
肥东县	7227	580517	3800429	32	210411	319402
肥西县	829	454846	3214516	2070	89365	464342
庐江县	33920	754399	1259781	150	25612	337871
巢湖市	524	298602	1085955	278	4826	77310

12—11 续表

单位：万元

地　区	建筑工程	安装工程	其　他	竣工产值	房屋建筑施工面积（万平方米）	#本年新开工	房屋建筑竣工面积（万平方米）
总　计	**49407582**	**4631318**	**2093774**	**19039712**	**22201.79**	**6156.69**	**5015.24**
瑶 海 区	7468356	349236	184022	2536276	5320.25	1382.04	903.97
庐 阳 区	5079880	215908	282253	1218769	1700.65	331.65	312.61
蜀 山 区	6542816	409753	162458	2645724	2225.46	806.59	377.11
包 河 区	9666835	757844	323285	4238398	3472.40	1377.45	621.69
高 新 区	5741383	690437	378406	2812492	3677.47	534.74	998.14
经 开 区	4284911	1080916	101371	1546635	2151.18	255.77	374.44
新 站 区	1059187	45097	11144	125658	176.99	127.46	101.48
安巢经开区	94191	2876	3183	26961	59.65	54.87	9.50
长 丰 县	1532878	86409	216958	787893	473.81	201.07	237.49
肥 东 县	3323299	341496	135634	1331151	1667.53	424.13	618.15
肥 西 县	2830810	227953	155753	985501	758.74	426.33	256.35
庐 江 县	985931	170748	103102	368109	336.31	127.62	98.28
巢 湖 市	797104	252645	36206	416144	181.36	106.95	106.02

地　区	房屋竣工价　值	从事建筑业活动的平均人数（万人）	年　末从业人员（万人）	#工　程技术人员	年末自有施工机械设备净值	年末自有施工机械设备总台数（台）	年末自有施工机械设备总功率（万千瓦）
总　计	**9429043**	**88.77**	**82.02**	**10.08**	**441150**	**91165**	**177.80**
瑶 海 区	1613517	12.53	11.96	1.17	49126	2625	11.25
庐 阳 区	307289	9.15	8.80	1.18	8177	30037	2.76
蜀 山 区	1212684	7.53	7.34	0.75	17183	4364	8.14
包 河 区	1203123	11.25	8.83	1.54	161389	7718	76.31
高 新 区	1995194	11.76	10.91	1.13	15580	2773	8.72
经 开 区	909235	6.74	6.36	1.34	40048	3250	18.82
新 站 区	94292	2.07	1.30	0.11	6111	1014	2.80
安巢经开区	13265	0.21	0.19	0.03	153	4	0.02
长 丰 县	348638	4.58	3.83	0.53	9685	1067	15.60
肥 东 县	1016267	7.05	7.89	0.66	27784	6816	17.68
肥 西 县	415193	7.72	6.60	0.67	19788	26382	10.96
庐 江 县	125588	5.11	5.06	0.56	84589	1766	4.18
巢 湖 市	174759	3.07	2.95	0.40	1537	3349	0.57

12—11　各县（市）区建筑业企业主要财务指标（2022年）

单位：万元

地　区	企业数（个）	流动资产合计	存　货	固定资产原　价	累计折旧	本年折旧	资产总计
总　计	**1909**	**43433984**	**3090980**	**3110929**	**1509043**	**215144**	**54932891**
瑶海区	169	3609018	380062	305496	142072	20116	5663665
庐阳区	198	3085860	190177	217146	123513	17544	3582715
蜀山区	132	4883877	217761	328639	163329	16682	6174329
包河区	291	10875962	522084	786640	388844	48379	14661914
高新区	104	6566915	503597	313960	152952	24136	7710949
经开区	81	7119370	180300	327308	159325	23061	8742058
新站区	36	596326	63141	79760	44274	11517	771022
安巢经开区	27	79244	4004	6728	4020	694	82813
长丰县	245	962564	135606	142421	59707	13121	1190802
肥东县	201	2077696	341960	129624	57721	13319	2225905
肥西县	188	1626288	273115	123990	65170	7637	1773271
庐江县	133	749846	88985	128353	71547	8791	887172
巢湖市	104	1201017	190189	220865	76570	10149	1466275

地　区	负债合计	所有者权　益	实收资本	营业收入	主营业务收　入	营业成本	主营业务成　本
总　计	**43234364**	**11698527**	**5485979**	**46834884**	**46449258**	**43278805**	**42863115**
瑶海区	4656201	1007464	475059	6116125	6048927	5808592	5754281
庐阳区	2671572	911143	455487	4386455	4378249	3985043	3978581
蜀山区	4894445	1279884	621761	5842600	5764064	5508898	5345503
包河区	11658158	3003757	1427473	9585330	9459675	8870544	8797491
高新区	6034179	1676771	851991	6461156	6437622	5827083	5808710
经开区	7416188	1325870	557708	5734112	5713310	5201107	5177249
新站区	675268	95754	44180	889409	882905	832476	824921
安巢经开区	61145	21668	15258	60760	60760	55770	55748
长丰县	841332	349470	200164	1356519	1343157	1243701	1226426
肥东县	1571973	653932	266641	2518381	2509191	2378435	2364266
肥西县	1346163	427108	230573	1877232	1869829	1751498	1740036
庐江县	443502	443671	203965	1077792	1074230	978554	974442
巢湖市	964238	502036	135721	929014	907341	837105	815460

12—11 续表

单位：万元

地　区	营业税金及附加	主营业务税金及附加	其他业务利润	销售费用	管理费用	研发费用
总　计	**166329**	**158567**	**65131**	**179675**	**1207276**	**867236**
瑶海区	13430	13205	11530	2182	94565	120194
庐阳区	34400	32595	262	27236	144677	82543
蜀山区	17574	16995	25233	13644	125824	127451
包河区	31180	29514	14241	10367	275892	177786
高新区	18424	18149	10968	90413	179829	172996
经开区	15070	14808	1259	11616	88511	126747
新站区	2723	2709	122	2006	21539	13555
安巢经开区	208	189		86	3628	
长丰县	6616	5022	297	2820	68699	9347
肥东县	10278	9696	83	2219	63421	5371
肥西县	6121	5693	1055	2383	67237	10839
庐江县	6427	6261		10011	45894	4136
巢湖市	3879	3732	82	4691	27559	16270

地　区	财务费用	营业利润	利润总额	所得税费用	应付职工薪酬（本年贷方累计发生额）	应交增值税	建筑业企业在境外完成的营业收入
总　计	**273828**	**1166645**	**1176492**	**192909**	**6358930**	**876000**	**1009639**
瑶海区	42306	53146	53163	9467	1121723	92535	25153
庐阳区	30552	110493	111534	24271	660069	83057	194623
蜀山区	39345	118983	119719	17121	376229	68469	
包河区	17460	321275	323554	41423	812150	150427	321653
高新区	58171	109826	110026	13099	898462	99099	172833
经开区	38851	260007	260048	52897	805955	132477	284668
新站区	4563	15495	14786	4095	100307	14773	
安巢经开区	1443	1002	1178	153	9979	2025	4002
长丰县	5360	36621	37901	4622	278374	41157	5589
肥东县	10402	47066	51062	12012	465851	90562	
肥西县	4240	42970	42383	7136	433696	37560	
庐江县	5178	32391	33616	5252	329244	47137	1119
巢湖市	15958	17371	17523	1360	66891	16721	

主要统计指标解释

建筑业统计单位

指从事房屋、构筑物建造和设备安装活动的法人企业。建筑业法人企业应同时具备的条件是：①依法成立，有自己的名称、组织机构和场所，能够承担民事责任；②独立拥有和使用资产，承担负债，有权与其他单位签订合同；③独立核算盈亏，能够编制资产负债表。

建筑业总产值

指以货币表现的建筑业企业在一定时期内生产的建筑业产品和服务的总和。建筑业总产值包括建筑工程产值、安装工程产值和其他产值三部分内容。

自有机械设备年末总台数

指归本企业所有，属于本企业固定资产的生产性机械设备年末总台数。包括施工机械、生产设备、运输设备以及其他设备。

自有机械设备年末总功率

指本企业自有施工机械、生产设备、运输设备以及其他设备等列为在册固定资产的生产性机械设备年末总功率，按设定能力或查定能力计算。包括机械本身的动力和为该机械服务的单独动力设备，如电动机等。计算单位用千瓦，动力换算可按 1 马力=0.735 千瓦折合成千瓦数。电焊机、变压器、锅炉不计算动力。

主营业务收入

指企业确认的销售商品、提供劳务等主营业务的收入。根据会计“主营业务收入”科目的期末贷方余额填报。执行《企业会计准则》或《小企业会计准则》的企业，如未设置该科目，以“营业收入”代替填报。

应付职工薪酬

指企业为获得职工提供的服务而给予各种形式的报酬以及其他相关支出。包括职工工资、奖金、津贴和补贴，职工福利费，医疗保险费、养老保险费、失业保险费、工伤保险费和生育保险费等社会保险费，住房公积金，工会经费和职工教育经费，非货币性福利，因解除与职工的劳动关系给予的补偿，其他与获得职工提供的服务相关的支出。

建筑业企业在境外完成的营业收入

指建筑业企业报告期内在国外及港、澳、台等区域所有经营活动的收入总额。

第十三篇

服务业

简要说明

一、本篇资料反映我市第三产业和规模以上服务业发展情况。

二、规模以上服务业企业即国家一套表在统服务业企业。

三、国家服务业一套表企业标准分三类：

1.辖区内年营业收入 2000 万元及以上服务业法人单位。包括：交通运输、仓储和邮政业，信息传输、软件和信息技术服务业，水利、环境和公共设施管理业三个门类和卫生行业大类。

2.辖区内年营业收入 1000 万元及以上服务业法人单位。包括：租赁和商务服务业，科学研究和技术服务业，教育三个门类，以及物业管理、房地产中介服务、房地产租赁经营和其他房地产业四个行业小类。

3.辖区内年营业收入 500 万元及以上服务业法人单位。包括：居民服务、修理和其他服务业，文化、体育和娱乐业两个门类，以及社会工作行业大类。

四、本篇资料由市统计局服务业处整理编制。

13—1 主要年份服务业发展情况

指　　标		2015年	2019年	2020年	2021年	2022年
服务业增加值	（亿元）	3093.96	5736.84	6134.56	6930.94	7239.40
增　速	(%)	11.8	7.9	3.0	8.5	2.4
占全市生产总值比重	(%)	53.1	61.2	61.3	60.8	60.2
服务业固定资产投资增速	(%)	17.0	9.3	8.0	1.5	3.4
服务业投资占固定资产投资比重	(%)	63.3	74.0	76.4	74.9	71.1
服务业新登记注册企业	（户）	95676	212295	203412	269924	252572
增　速	(%)	29.2	20.5	-4.2	32.7	-6.4
占全部新登记注册企业比重	(%)	90.7	89.4	87.5	86.2	86.5
服务业税收收入	（亿元）	552.44	802.81	766.21	850.65	783.68
增　速	(%)	9.6	-2.6	-4.6	11.0	-7.9
占全部社会税收收入比重	(%)	62.3	70.6	69.3	68.8	65.5

注：1．此表服务业口径为全部第三产业。
　　2．2018年及以前年份服务业增加值根据四经普结果进行了修订。

13—2 规模以上服务业分行业主要经济指标（2022年）

单位：万元

行业	企业数(个)	本年折旧	固定资产原价	资产总计	负债合计	营业收入	营业成本	税金及附加	销售费用
总计	**2119**	**1883577**	**50345499**	**135952495**	**73768932**	**26572367**	**21548121**	**158244**	**807241**
交通运输、仓储和邮政业	323	1302143	40797236	59504498	35222158	7773107	6870470	48210	63445
信息传输、软件和信息技术服务业	420	301273	4103134	8932047	4177306	5877969	3966064	19214	333363
房地产业	204	42176	1146140	8683209	4732359	1141494	865291	24910	28945
租赁和商务服务业	533	107287	2148422	46418375	22129831	5215485	4495692	34107	122107
科学研究和技术服务业	362	67827	959471	7529854	4757886	4950536	4196882	23081	109648
水利、环境和公共设施管理业	31	11091	265956	1487514	716256	248442	202899	1584	2115
居民服务、修理和其他服务业	58	5063	43588	138685	123853	162747	127871	363	20791
教育	34	8643	204577	847843	570538	151908	96110	561	22731
卫生和社会工作	69	26108	435574	788707	558246	585235	393585	1629	66071
文化、体育和娱乐业	85	11967	241401	1621763	780500	465444	333256	4587	38025

行业	管理费用	财务费用	投资收益	营业利润	利润总额	所得税费用	应付职工薪酬	应交增值税	期末用工人数(人)
总计	**1964348**	**1070748**	**1806633**	**2288445**	**2451712**	**621827**	**5320391**	**540775**	**511332**
交通运输、仓储和邮政业	294566	735331	1010313	1256062	1270828	387532	952250	167459	88814
信息传输、软件和信息技术服务业	513599	11139	34636	569141	608498	82485	1351901	80153	90766
房地产业	153503	39526	4407	34520	41888	10003	345248	44498	54212
租赁和商务服务业	382157	277794	702233	318396	381785	61962	1243360	108742	177197
科学研究和技术服务业	378693	-10907	43318	60028	82857	60901	976427	115825	53749
水利、环境和公共设施管理业	25016	5169	2605	10885	14490	2860	56469	5147	8448
居民服务、修理和其他服务业	20953	1064	101	-8464	-7293	601	50179	3065	10935
教育	27133	3407	1474	5276	9497	3793	76321	3258	6628
卫生和社会工作	96613	11175	1099	8405	8820	8864	174640	586	14175
文化、体育和娱乐业	72117	-2948	6448	34195	40342	2825	93596	12039	6408

注：规模以上服务业为国家一套表口径。

13—3 各县（市）区规模以上服务业主要经济指标（2022年）

单位：万元

地 区	企业数（个）	本年折旧	固定资产原价	资产总计	负债合计	营业收入	营业成本	税金及附加	销售费用
总 计	**2119**	**1883577**	**50345499**	**135952495**	**73768932**	**26572367**	**21548121**	**158244**	**807241**
瑶海区	160	120809	1857539	4606132	2333277	1087548	1081877	9182	20189
庐阳区	205	270471	5619821	16374229	10275458	2308726	2010499	17382	78661
蜀山区	409	452720	14516335	26910970	12995006	5765107	4602166	25207	237026
包河区	317	660667	21392133	57255549	31348554	4331725	2933863	33317	91136
高新区	314	139224	2393455	10901419	6411412	5726346	4227200	32481	220069
经开区	284	82931	1790605	8076670	3959355	3145035	2929183	16427	59873
新站区	72	47950	1035437	6556698	2916462	557780	458613	4369	25410
安巢经开区	24	2496	17519	63594	45287	372343	358798	1269	6291
长丰县	75	25835	682386	1587726	1069424	772624	670007	6214	13952
肥东县	110	23470	231857	672207	521860	1477115	1384582	5272	15722
肥西县	69	28237	451760	1549499	803989	620900	490351	4700	29026
庐江县	41	14530	103693	489591	307263	111508	110188	1006	1765
巢湖市	39	14237	252960	908211	781586	295611	290794	1418	8121

地 区	管理费用	财务费用	投资收益	营业利润	利润总额	所得税费用	应付职工薪酬	应交增值税	期末用工人数（人）
总 计	**1964348**	**1070748**	**1806633**	**2288445**	**2451712**	**621827**	**5320391**	**540775**	**511332**
瑶海区	108643	31106	10759	-1549	4697	10582	308582	20935	31795
庐阳区	198400	105709	9910	16058	28682	19471	646453	36007	60986
蜀山区	508276	243943	189795	-37395	-19892	90051	955539	52404	118791
包河区	315350	602742	1485865	1887436	1907693	360879	715356	113693	61989
高新区	370354	17656	66769	521398	555834	75605	1062223	172572	68169
经开区	211260	23699	35358	-165554	-108352	36048	719105	56145	59293
新站区	60583	16456	2174	-21420	-19320	5794	118281	3850	9177
安巢经开区	5222	71	0	4620	5410	1198	7005	14349	783
长丰县	43545	9041	616	32374	36460	9130	154933	15430	12973
肥东县	52500	4964	-227	13185	24352	4457	450443	37712	68293
肥西县	61486	7935	4845	27028	22958	5956	105766	13967	10084
庐江县	8824	911	44	3646	4107	74	23149	2282	2701
巢湖市	19906	6516	726	8619	9085	2581	53557	1430	6298

注：规模以上服务业为国家一套表口径。

13—4 服务业企业营业收入20强（2022年）

企业名称	位次
安徽省交通控股集团有限公司	1
安徽路歌运输有限公司	2
中国移动通信集团安徽有限公司合肥分公司	3
东华工程科技股份有限公司	4
安徽顺丰速运有限公司	5
安徽皖信人力资源管理有限公司	6
蔚来汽车科技(安徽)有限公司	7
安徽上铁地方铁路开发有限公司	8
中国电信股份有限公司合肥分公司	9
京福铁路客运专线安徽有限责任公司	10
合肥市轨道交通集团有限公司	11
中国能源建设集团安徽省电力设计院有限公司	12
安徽皖通高速公路股份有限公司	13
外企德科人力资源服务安徽有限公司	14
合肥水泥研究设计院有限公司	15
中国邮政速递物流股份有限公司安徽省分公司	16
安徽省交通规划设计研究总院股份有限公司	17
安徽省通信产业服务有限公司	18
安徽省极兔供应链有限公司	19
正德人力资源股份有限公司	20

主要统计指标解释

本年折旧

指企业在报告期内提取的固定资产折旧合计数。可以根据会计“财务状况变动表”中“固定资产折旧”项的数值填报。若企业执行 2001 年《企业会计制度》,可以根据会计核算中《资产减值准备、投资及固定资产情况表》内“当年计提的固定资产折旧总额”项本年增加数填报。

营业收入

指企业经营主要业务和其他业务所确认的收入总额。营业收入合计包括“主营业务收入”和“其他业务收入”。根据会计“利润表”中“营业收入”项目的本期金额数填报。

营业成本

指企业经营主要业务和其他业务所发生的成本总额。包括企业（单位）在报告期内从事销售商品、提供劳务等日常活动发生的各种耗费。包括“主营业务成本”和“其他业务成本”。根据会计“利润表”中“营业成本”项目的本期金额数填报。

税金及附加

指企业因从事生产经营活动按税法规定应缴纳的消费税、城市维护建设税、资源税、环境保护税、教育费附加、房产税、城镇土地使用税、车船税、印花税等相关税费。根据会计“利润表”中“税金及附加”项目的本年累计数填报。

销售费用

指企业在销售商品和材料、提供劳务的过程中发生的各种费用，包括保险费、包装费、展览费和广告费、商品维修费、预计产品质量保证损失、运输费、装卸费等以及为销售本企业商品而专设的销售机构（含销售网点、售后服务网点等）的职工薪酬、业务费、折旧费等经营费用。

管理费用

指企业为组织和管理企业生产经营所发生的费用，包括企业在筹建期间内发生的开办费、董事会和行政管理部门在企业经营管理中发生的，或者应当由企业统一负担的公司经费等。根据会计“利润表”中“管理费用”项目的本期金额数填报。

财务费用

指企业为筹集生产经营所需资金等而发生的筹资费用,包括企业生产经营期间发生的利息支出(减利息收入)、汇兑损失（减汇兑收益）以及相关的手续费等。根据会计“利润表”中“财务费用”项目的本期金额数填报。

投资收益

指企业确认的投资收益或投资损失，反映企业以各种方式对外投资所取得的收益。根据会计“利润表”中“投资收益”项目的本期金额数填报。如为投资损失以“-”号记。

营业利润

指企业从事生产经营活动所取得的利润。执行《企业会计准则》或《小企业会计准则》的企业，营业利润为营业收入减去营业成本、税金及附加、销售费用、管理费用、财务费用、研发费用、资产减值损失、信用减值损失，再加上公允价值变动收益、资产处置收益、投资收益、净敞口套期收益和其他收益。执行其他企业会计制度的企业，营业利润为营业收入减去营业成本、税金及附加，加上其他业务利润后，再减去销售费用、管理费用、财务费用、研发费用后的金额，应符合以下逻辑关系：营业利润等千营业收入减去营业成本、税金及附加、销售费用、管理费用、财务费用、研发费用。根据会计利润表中“营业利润”项目的本年累计数填报。

应付职工薪酬

指企业为获得职工提供的服务而给予各种形式的报酬以及其他相关支出。包括职工工资、奖金、津贴和补贴，职工福利费，医疗保险费、养老保险费、失业保险费、工伤保险费和生育保险费等社会保险费，住房公积金，工会经费和职工教育经费，非货币性福利，因解除与职工的劳动关系给予的补偿，其他与获得职工提供的服务相关的支出。执行《企业会计准则》或《小企业会计准则》的企业，根据会计科目“应付职工薪酬”的本年贷方累计发生额填报；执行其他企业会计制度的企业，应将本年上述职工薪酬包含的科目归并填报。

期末用工人数

指报告期最后一日 24 时企业实际拥有的、参与本企业生产经营活动的人员数，无论是否从本企业领取劳动报酬均视为用工人数。该指标为时点指标，不包括最后一日当天及以前已经不再参与本企业生产经营活动的人员。

第十四篇

运输和邮电

简要说明

一、交通运输业资料主要包括：铁路、公路、水路、民航四种运输方式完成的客、货运输量，还包括公路里程、公路营运车辆拥有量、公共交通基本情况等。

邮电通信业资料主要包括：全市邮电局（所）及邮路情况，主要邮电业务完成情况，邮电通信发展水平等。

二、有关交通运输资料分别来源于市交通局、市海事局、安徽民航机场集团有限公司等，铁路和民用车辆拥有量资料由省统计局反馈。邮电通信资料来源于市邮政局和安徽省统计局反馈。

三、各部门资料调查及统计单位范围：

1. 铁路资料：包括客、货运输量，资料来源于安徽省统计局反馈，由省统计局反馈全省分站点数据，从中提取属于合肥境内的站点并进行汇总而成。

2. 公路资料：公路线路里程为年末通车里程数（不含在建和未正式投入使用的公路），由市交通局提供。民用和公路营运车辆拥有量分别由省统计局反馈和市交通局提供。

3. 民航运输资料：由安徽民航机场集团有限公司提供合肥机场的客、货运输量数据。

4. 邮电通信资料：邮电通信包括邮政和电信业务。

14—1 主要年份客运量、货运量

指　　标	2010年	2015年	2020年	2021年	2022年
客运量　（万人）	**19804.0**	**14697.3**	**6953.2**	**6845.7**	**3778.9**
民　航	208.5	356.2	458.7	469.3	311.5
铁　路	1587.5	3105.1	3105.5	3710.4	2434.5
公　路	18006.0	11211.0	3355.0	2626.0	1010.0
水　运	2.0	25.0	34.0	40.0	23.0
货运量　（万吨）	**18873.2**	**32606.3**	**46907.8**	**49078.8**	**39641.7**
民　航	1.4	5.1	8.8	9.4	7.7
铁　路	150.8	116.6	264.0	276.5	320.1
公　路	17401.0	27578.0	39203.0	39324.0	28546.0
水　运	1320.0	4906.5	7432.0	9469.0	10768.0

14—2 全社会公路客、货运输量及周转量

指　　标	2021年		2022年	
	总　计	个体经济	总　计	个体经济
旅客运输量　(万人)	2626	1	1010	1
汽　车	2626	1	1010	1
旅客周转量　(万人公里)	274192	15	143537	16
汽　车	274192	15	143537	16
货物运输量　(万吨)	39324	518	28546	615
汽　车	39324	518	28546	615
其他机动车				
货物周转量　(万吨公里)	3972799	52332	2568745	54735
汽　车	3972799	52332	2568745	54735
其他机动车				

14—3　主要年份民用车辆拥有量

单位：辆

指　　标	2010年	2015年	2020年	2021年	2022年
民用汽车总计	393249	1168809	2341024	2540590	2727532
载客汽车	302467	1051933	2160418	2342869	2527260
载货汽车	75932	106900	169294	184561	186214
其他汽车	14850	9976	11312	13160	14058
摩托车	162114	210773	171826	158678	131464
私人汽车合计	250545	964331	2027247	2205260	2383531
载客汽车	231729	939361	1978652	2149447	2323395
载货汽车	14657	19292	44175	51333	55705
其他汽车	4159	5678	4420	4480	4431
私人摩托车	160732	209821	170848	154070	127672

注：2015年及以后民用车辆拥有量相关指标为省统计局反馈数。

14—4　主要年份公路里程

单位：公里

指　　标	2010年	2015年	2020年	2021年	2022年
公路里程	8512	18860	19981	19973	20154
#晴雨通车里程	8512	18859	19981	19973	20154
#绿化里程	8462	16040	16996	17022	17186
#国道、省道	664	1113	1290	2293	2403
县　道	1384	2311	2301	2252	2124
乡　道	2431	3313	3674	3554	3821
专用公路	37	55			
按公路等级分					
高速公路	305	443	481	481	569
一级公路	101	424	784	821	872
二级公路	533	851	1654	1674	1658
三级公路	1093	1857	2009	2154	2140
四级公路	6466	14378	15053	14842	14914
等外公路	14	906			

14—5 公路营运车辆拥有量

指标		2021年		2022年	
		总计	个体经济	总计	个体经济
汽车	（辆）	77130	1265	79453	2297
载客汽车	（辆）	2637	7	2619	3
	（客位）	105648	52	103660	21
#大型	（辆）	2032		1985	
	（客位）	95032		93219	
中型	（辆）	472		443	
	（客位）	9517		8905	
载货汽车	（辆）	74493	1258	76834	2294
	（吨位）	1017393	13397	1087617	23445
货车	（辆）	37660	1201	39831	2149
	（吨位）	522458	12717	556718	22239
普通载货汽车	（辆）	13390	341	12830	550
	（吨位）	198813	3873	179419	5942
#大型	（辆）	13365	338	12810	550
	（吨位）	198771	3868	179383	5942
中型	（辆）				
	（吨位）				
专用载货汽车	（辆）	24270	860	27001	1599
	（吨位）	323645	8844	377299	16297
牵引车	（辆）	20673	35	20393	108
挂车	（辆）	16160	22	16610	37
	（吨位）	494935	680	530899	1206

注：按照三年内正常年审车辆的口径统计。

14—6 公共交通

年份	运营车数（辆）	标准运营车数（标台）	运营线路总长度（公里）	客运总量（万人次）	每万人拥有公交车辆（标台）	出租汽车（辆）
2005	2353	2460	495	46895	14	6500
2010	2836	3282	2020	62312	15	8395
2015	5324	6702	4501	69959	27	11553
2016	5912	7359	5389	67031	29	11553
2017	6966	8737	6317	63528	33	12053
2018	7030	8672	8138	64054	31	11553
2019	7989	9754	10745	65446	34	11553
2020	8370	10209	13740	39156	35	11553
2021	7734	9433	14584	46865	31	11552
2022	6497	7705	14951	34958	24	11552

注：每万人拥有公交车辆计算的人口数为市区平均户籍人口，2012年及以后每万人拥有公交车辆计算的人口数含高刘镇和小庙镇。

14—7 邮政局所数及邮递线路（年末数）

年份	邮政局所（处）	邮政信筒信箱（处）	邮路总长度（公里）	汽车邮路	农村投递线路（公里）
2005	158	402	3443	3081	7740
2010	135	295	1301	1301	7240
2015	187	321	1263	1263	12875
2016	187	354	26244	25135	13105
2017	185	262	122024	82733	13394
2018	185	245	42020	40904	13843
2019	185	248	45937	44828	14968
2020	187	248	60875	58738	12220
2021	187	249	84169	81160	16006
2022	187	249	93093	59498	13845

注：根据属地原则，2016年以后邮路总长度为合肥市行政区划内邮路总长度，2015年及以前邮路总长度仅包括市邮政公司所属邮路，不含县邮政公司及合肥邮区中心局所属邮路。

14—8 邮政业务基本情况

年份	邮政业务总量（万元）	函件（万件）	包裹（万件）	汇票（万张）	快递（万件）	报纸累计份数（万份）	杂志累计份数（万份）
2010	24879	5219.00	37.36	23.60		6853.42	563.72
2011	39043	5933.00	33.00	27.00		7730.00	804.00
2012	59290	6552.00	35.00	19.00		7796.00	818.00
2013	152565	5584.20	35.05	13.83	5606.73	9337.80	812.15
2014	238966	4389.47	30.04	8.39	10189.61	8939.01	791.41
2015	413722	3259.00	28.26	6.21	18475.21	8932.00	673.00
2016	613465	2790.13	24.93	40.02	30324.15	9848.29	599.48
2017	863431	1505.35	21.11	23.56	39110.83	9719.79	586.84
2018	1034265	1630.39	16.48	15.39	47287.66	9762.75	557.14
2019	1497996	1629.54	11.02	10.88	65195.41	9700.78	483.99
2020	2078178	1082.85	10.42	11.11	88540.43	9572.40	495.48
2021	1250332	1096.95	7.55	6.08	120038.37	12183.95	541.69
2022	1389863	1061.27	11.34	4.39	132838.06	12197.09	550.39

注：1. 2012年及以前邮政业务总量为安徽省统计局反馈数据(仅包含省邮政公司和省邮政速递公司数据)，其中2010年不含速递部分；2013年及以后为市邮政管理局提供数据；2021年邮政业务总量按2020年不变单价计算。
2. 2011年及以后函件、包裹、汇票、报纸累计份数、杂志累计份数为市邮政管理局数据。
3. 包裹统计口径为邮政普遍服务业务，不包含快递业务。

14—9 电信业务基本情况

年份	电信业务总量（万元）	固定电话年末用户（户）	移动电话期末到达户数（户）	固定互联网宽带接入用户（户）
2010	496603	1607481	4213565	537600
2011	626738	2041836	5746885	873952
2012	763775	1870858	6293733	940508
2013	983239	1792556	7189326	1210016
2014	1203870	1666483	7591336	1417162
2015	1586955	1492721	7761684	1833082
2016	2524964	1345861	7989278	2174645
2017	1872023	1237441	8770065	2581642
2018	4924362	1179133	10065047	3150632
2019	8030376	1277890	10450083	3484927
2020	9931008	1256900	10630216	3909800
2021	1284657	1193758	11086109	4351097
2022	1358711	1161296	11450837	4879947

注：2011年以后电信业务基本情况指标由安徽省统计局反馈数据；2021年以后电信业务总量按2020年不变单价计算。

主要统计指标解释

公路里程

是指凡达到交通运输部《公路工程技术标准》规定的技术等级公路，并经公路主管部门正式验收交付使用的里程。包括大中城市的郊区公路以及通过城镇街道的里程和桥梁、隧道、渡口的长度，不包括大中城市的街道、厂矿、林区生产用道和农业生产用道的里程。两条或多条公路共同经由同一路段，只计算一次，不得重复计算里程长度。按公路技术等级分：等级公路里程和等外公路里程，等级公路里程可分为高速公路、一级公路、二级公路、三级公路、四级公路里程。

货（客）运量

指在一定时期内，各种运输工具实际运送的货物（旅客）数量。它是反映运输业为国民经济和人民生活服务的数量指标，也是制定和检查运输生产计划、研究运输发展规模和速度的重要指标。货运按吨计算，客运按人计算。货物不论运输距离长短、货物类别，均按实际重量统计。旅客不论行程远近或票价多少，均按一人一次客运量统计；半价票、小孩票也按一人统计。

货物（旅客）周转量

指在一定时期内，由各种运输工具运送的货物（旅客）数量与其相应运输距离的乘积之总和。它是反映运输业生产总成果的重要指标，也是编制和检查运输生产计划，计算运输效率、劳动生产率以及核算运输单位成本的主要基础资料。计算货物周转量通常按发出站与到达站之间的最短距离，也就是计费距离计算。计算公式为：

货物（旅客）周转量＝Σ货物（旅客）运输量×运输距离。

民用汽车拥有量

指报告期末，在公安交通管理部门按照《机动车注册登记工作规范》，已注册登记领有民用车辆牌照的全部汽车数量。汽车拥有量统计的主要分类：根据汽车结构分为载客汽车、载货汽车及其他汽车；根据汽车所有者不同分为个人（私人）汽车、单位汽车；根据汽车的使用性质分为营运汽车、非营运汽车；根据汽车大小规格不同载客汽车分为大型、中型、小型和微型，载货汽车分为重型、中型、轻型和微型。

邮政业务总量

是以货币形式表现的邮政企业为社会提供各类邮政服务的总和。是用于观察邮政业务发展变化总趋势的综合性总量指标。计算公式为：

邮政业务总量＝Σ（各类邮政业务量×不变单价）+出租代维及其他业务收入

电信业务总量

是以货币形式表现的电信企业为社会提供各类通信服务的总和。是用于观察电信业务发展变化总趋势的综合性总量指标。按专业可分为本地网通信业务总量、长途通信业务总量、移动通信业务总量、数据通信业务总量、卫星通信业务总量。按通信范围可分为：国内电信业务总量、国际及港澳台电信业务总量。计算公式为：

电信业务总量＝Σ（各类电信业务量×不变单价）+ 出租代维及其他业务收入

固定电话用户

指实际已接入国家公众固定电话网的全部电话用户。

移动电话用户

指通过移动电话交换机进入移动电话网、占用移动电话号码的全部电话用户。

第十五篇

国内贸易

简要说明

一、本篇资料反映我市国内市场发展情况和批发零售业、餐饮业和住宿业商品经营情况。主要内容有批发零售业商品流通，限额以上批发零售贸易企业、住宿餐饮企业财务状况，社会消费品零售总额、国内亿元市场情况和连锁企业经营情况等。

二、本篇资料是根据国家统计局的批发零售、住宿餐饮业统计报表制度进行搜集和加工整理。

本资料的调查范围：财务状况报表为各种经济类型的限额以上批发、零售法人企业和住宿、餐饮业法人企业。社会消费品零售总额报表为有零售业务的各种经济类型的企业、行政事业单位。主要采取全面调查方法，局部资料有的以抽样调查推断，有的利用工商、税务等部门的有关资料推算。

三、限额以上批发和零售业、住宿和餐饮业统计限额标准：批发业，年主营业务收入 2000 万元及以上；零售业，主营业务收入 500 万元及以上；住宿业、餐饮业，主营业务收入 200 万元及以上。

15—1 社会消费品零售总额

单位：万元

年　份	全　市	市　区	长丰县	肥东县	肥西县	庐江县	巢湖市
1980	63644	38680	6024	10132	8808		
1985	128432	82795	10776	19153	15708		
1990	302206	236408	15457	28694	21647		
1993	573998	363859	22364	40583	31489		
1994	756824	486163	26508	54039	33454		
1995	994658	637504	33942	65387	47569		
1996	1232873	786860	39373	71925	62480		
1997	1506509	947672	42543	82762	69891		
1998	1655779	1024184	46412	85970	73392		
1999	1807228	1129232	48857	89913	76138		
2000	1985162	1252677	51041	97348	81607		
2001	2242890	1401400	52311	104111	88169		
2002	2515727	1585450	56018	110357	95867		
2003	2878353	1784755	62740	121000	105837		
2004	3684901	2491157	73543	139769	112770		
2005	4284588	2871047	84436	157730	130717		
2006	5134730	3406370	98712	184844	153172		
2007	6340248	4145313	121633	227716	195361		
2008	8330765	5461331	160658	290328	259757		
2009	9814588	7403851	443893	527104	362083	442598	635059
2010	12389604	9543736	548192	555811	452997	526455	762412
2011	16054091	12383129	713184	723093	596846	673295	964544
2012	18931614	14629012	852030	864234	716662	798698	1070978
2013	22103215	17076941	1006342	1034283	852434	932328	1200887
2014	25273397	19503323	1181072	1215985	1000937	1046593	1325487
2015	28616614	22046257	1371588	1413390	1161890	1172613	1450877
2016	32409942	24866314	1605336	1648468	1356375	1315695	1617755
2017	36570112	27917866	1860663	1926438	1565199	1485174	1814772
2018	40316659	30390067	2161707	2240066	1815280	1670046	2039493
2019	43782159	32510473	2514335	2580897	2060695	1884165	2231595
2020	45137605	33209356	2877470	2707752	2141256	1911845	2289925
2021	51116824	37264375	3340166	3154923	2541902	2196056	2619402
2022	50216208	36124226	3411340	3173360	2624279	2202008	2680994

注：1. 1992—2019年全市和2009—2019年市区、五县（市）数据根据四经普结果进行了修订。
　　2. 巢湖市包括安巢经开区。

15—2 限额以上批发和零售业商品购进、销售、库存总额（2022年）

项　　目	法人企业数（个）	年末从业人员数（人）	商品购进总额	#进口额
总　　计	**2227**	**142065**	**87179568**	**4203197**
批发业	**1307**	**59894**	**70894652**	**3989103**
#国有控股	117	15259	27414863	3594600
按登记注册类型分				
内资企业	1290	53675	52547339	3989101
国有企业	15	2637	3288805	31474
有限责任公司	234	17745	26825009	2107588
股份合作企业	1	6	3713	
股份有限公司	18	3096	6355213	1727231
私营企业	1020	30079	15920114	122809
其他企业	2	112	154485	
港、澳、台商投资企业	8	2810	9267665	
外商投资企业	9	3409	9079648	2
按批发行业小类分				
农、林、牧产品批发	36	1092	733198	5325
食品、饮料及烟草制品批发	213	9882	6969488	1668569
#米、面制品及食用油批发	34	1573	3189981	1637232
烟草制品批发	1	1141	966873	
纺织、服装及家庭用品批发	147	10647	10755817	556941
#服装批发	30	1546	622344	55619
文化、体育用品及器材批发	46	2258	3744494	1233768
医药及医疗器材批发	196	14111	6803145	293094
矿产品、建材及化工产品批发	340	7698	20967316	182739
#煤炭及制品批发	9	242	3222360	18536
石油及制品批发	24	812	3579838	
金属及金属矿批发	92	1580	5656566	156766
建材批发	99	2182	4850530	
化肥批发	17	675	1133918	
机械设备、五金交电及电子产品批发	282	13489	19038859	19068
#汽车及零配件批发	53	3703	5483969	5466
五金产品批发	20	311	119355	
电气设备批发	31	875	461518	
计算机、软件及辅助设备批发	46	2811	10777728	3292
贸易经纪与代理	2	21	22985	
其他批发	45	696	1859350	29600

单位：万元

商品销售总额	批发额	#出口额	零售额	年末商品库存总额	年末零售营业面积（平方米）
98086127	**77868558**	**2656779**	**20143061**	**5680041**	**6328384**
79104232	**76007760**	**2656746**	**3024063**	**3850869**	**617535**
27534969	27111658	1719797	421682	1390223	216384
54751238	52699445	2495697	1979383	2863213	615235
3792345	3788464	4371	3881	119248	1200
28632743	27837334	413254	783327	1549777	267171
4286	4286			261	
4701383	4621593	1367472	78161	247607	7800
17427549	16254836	710600	1114014	941926	339064
192932	192932			4395	
14300936	14299900	159752	1036	502138	100
10052058	9008414	1296	1043644	485517	2200
757352	720992	15822	36361	44884	5032
7685310	7265130	124080	408880	556259	125691
3261778	3218874	119290	42904	382197	15066
1405132	1404751		381	21796	1000
12323878	10926463	1371192	1397045	762472	81811
659339	644194	441232	15145	46812	29066
3990139	3774393	439778	214116	228065	16107
8181586	8095144	13403	65552	699512	26284
19902246	19603257	252001	289430	515952	214326
3269293	3267087	84150	2206	4769	1053
1765322	1565444		199879	140854	175555
5926825	5868903	7219	48364	128230	6150
5217738	5188014	14525	29723	76931	30738
1128668	1128668	2951		100751	
24268232	23840914	390623	427318	1026566	135425
10253335	10185588	267145	67747	557598	27164
126270	119084	28816	7186	8859	2439
478834	467278	45437	11556	32107	3004
11039492	10958106	449	81386	246492	5411
24423	24423	13266		582	
1971066	1757043	36581	185361	16577	12859

15—2 续表

项目	法人企业数(个)	年末从业人员数(人)	商品购进总额	#进口额
零售业	**920**	**82171**	**16284916**	**214094**
#国有控股	49	11936	3446875	3084
按登记注册类型分				
内资企业	887	74741	14789790	214094
国有企业	2	638	480690	2671
股份合作企业	1	10	451	
联营企业	1	39	6705	
有限责任公司	201	32350	6737816	87720
股份有限公司	9	3605	709551	
私营企业	670	38032	6843470	123703
其他企业	3	67	11108	
港、澳、台商投资企业	22	3548	1139909	
外商投资企业	11	3882	355217	
按零售行业小类分				
综合零售	98	28524	3018062	363
#百货零售	47	6492	1523917	
超级市场零售	40	21076	1419056	363
食品、饮料及烟草制品专门零售	90	7031	1280439	
纺织、服装及日用品专门零售	71	6509	433296	
#服装零售	41	5347	240663	
文化、体育用品及器材专门零售	39	1757	247258	
#图书、报刊零售	5	743	130370	
医药及医疗器材专门零售	29	8140	425214	
汽车、摩托车、燃料及零配件专门零售	314	17609	7628835	204182
家用电器及电子产品专门零售	111	5890	1249993	3759
#家用视听设备零售	9	1810	551235	
日用家电设备零售	48	1675	228994	
计算机、软件及辅助设备零售	24	687	167708	3759
通信设备零售	24	1626	233417	
五金、家具及室内装修材料专门零售	18	1177	60188	
货摊、无店铺及其他零售业	150	5534	1941632	5791

单位：万元

商品销售总额	批发额	零售额	年末商品库存总额	年末零售营业面积（平方米）
18981895	**1860798**	**33**	**17118999**	**1829172**
5013904	978539		4035364	175645
15662312	1500374	33	14159840	1740374
488396	47810		440586	6868
736			736	29
8512			8512	46
7137982	353962		6784020	579973
711773	347698		364075	14800
7302602	750904	33	6549601	1136622
12310			12310	2036
1341150	13402		1327748	53569
1978434	347023		1631411	35229
3377157	369308		3007849	200824
1647949	354628		1293320	57551
1639626	13850		1625776	137591
1421107	556986		863937	471805
577593	27203		550390	129344
360181	9097		351083	89708
221235	8852		212383	51290
98755			98755	13649
499425	7		499419	76520
9319048	685877		8633171	641996
1279879	104719	33	1173246	124553
557912	14337		543575	36263
246660	23573		223087	28168
174369	26286	33	146168	10601
225460	40523		184937	41349
78645	10208		68437	6072
2207806	97638		2110167	126767

15—3 限额以上批发和零售业企业财务状况（2022年）

项 目	流动资产合 计	#存 货	固定资产原 价	累计折旧	#本年折旧
总 计	**45142222**	**5489209**	**3066717**	**1360436**	**271959**
批发业	**39848966**	**4081668**	**1664032**	**741855**	**191326**
#国有控股	13463651	1506486	513669	216992	25124
按登记注册类型分					
内资企业	24709512	3044582	1110364	469569	69216
国有企业	1447251	117886	88915	51250	3665
有限责任公司	11372807	1517728	394535	153567	22859
股份合作企业	480	261	126	14	12
股份有限公司	4577155	402775	134054	48293	4815
私营企业	7217877	1002043	484460	212647	37227
其他企业	93943	3890	8274	3799	638
港、澳、台商投资企业	8424059	482194	473088	223981	118191
外商投资企业	6715394	554892	80580	48304	3920
按批发行业小类分					
农、林、牧产品批发	651345	43671	60777	15890	3143
食品、饮料及烟草制品批发	4391628	596993	189594	87931	10350
#米、面制品及食用油批发	1303314	395391	42111	16420	1494
烟草制品批发	498508	21824	54664	35720	2303
纺织、服装及日用品批发	4824867	851400	169787	90515	8162
#服装批发	306186	39922	34284	18626	1404
文化、体育用品及器材批发	3021220	337225	72066	22789	2690
医药及医疗器材批发	4913255	722200	288939	132015	22085
矿产品、建材及化工产品批发	6375436	500535	221380	86591	12461
#煤炭及制品批发	494740	4586	16160	4880	561
石油及制品批发	314876	138572	60617	28027	3539
金属及金属矿批发	2741498	91922	30716	14796	1853
建材批发	1672701	90664	61137	19429	3381
化肥批发	522911	104226	29110	9817	1345
机械设备、五金交电及电子产品批发	14611194	1015068	640923	295898	131119
#汽车及零配件批发	5678678	535789	473406	223770	115334
五金产品批发	66326	8680	6350	1921	348
电气设备批发	196008	36140	10146	4121	787
计算机、软件及辅助设备批发	7353254	241146	27159	13133	4236
贸易经纪与代理	2088	582	315	201	18
其他批发业	1057933	13994	20252	10026	1297

单位：万元

资产合计	负债合计	实收资本	营业收入	营业成本	营业税金及附加	其他业务利润	销售费用	管理费用	财务费用
55181665	**43269182**	**7796949**	**87309553**	**80516942**	**345521**	**124492**	**4113862**	**1596683**	**356128**
47153028	**37725301**	**5280302**	**70952890**	**66124618**	**294756**	**44418**	**2834905**	**1162498**	**282703**
17755347	11985022	2716198	24576485	23305724	206346	14705	427073	204311	84834
30761652	22183258	4137329	49160954	45720627	258681	37466	1813864	709295	191512
1574769	980675	107536	3394153	2947910	170354	-129	32622	57866	-2669
14345445	10523792	2537428	25399913	23760261	50958	11128	991492	241102	110093
593	536	30	3793	3784	3		59	37	2
6531327	4250430	500406	4366852	4198984	5818	8266	79246	48490	17070
8188551	6339484	949369	15819496	14671226	31039	18201	697625	330227	66797
120968	88341	42560	176747	138462	510		12819	31574	218
9475387	8674585	1017528	12845438	12489205	17888		185252	338259	100598
6915988	6867458	125446	8946498	7914786	18187	6952	835789	114943	-9406
1076155	606892	214772	707141	675558	893	7914	14912	15264	10564
5310072	3587431	819836	6993879	6284565	176145	7200	161811	138414	5615
1405686	1211259	81046	2986025	2881436	3787	1299	31265	17345	9714
523024	70220	769	1243795	859689	166559	26	15293	41546	-16267
5140715	5119247	199043	11107240	9560891	23914	13220	1321426	145115	-16613
346780	253589	25261	606138	554156	767	922	23839	13508	773
3609722	2367776	290145	3435629	3306111	5134	1049	60848	31909	6974
5521550	4316946	390604	7317065	6202591	25208	5030	714406	254023	58907
9452365	6190888	2072137	17774013	17352494	22550	5797	156246	112149	59978
1427787	219106	1143750	2904155	2879621	3188	0	2452	12556	343
1044815	571842	59279	1546598	1489883	1732	824	35944	8923	4733
3152474	2817124	280776	5409689	5316943	6314	681	31340	24970	32120
2128567	1415487	384999	4485169	4371727	7952	1265	31335	25944	18034
986783	606820	143113	1040600	1004068	999	825	12174	13614	2649
15917874	14467764	1256154	21840055	20995806	32056	2258	399065	455961	141161
6767466	5886331	1032450	9297424	9131669	16020	319	196298	347381	-64206
73292	52630	6675	118315	106316	206	73	4729	3776	1366
204718	174027	13651	441927	415049	357	272	9596	10938	1071
7378755	7110170	72194	9794428	9342986	10886	586	92287	44308	189655
2202	845	124	23140	21720	7		621	447	114
1122372	1067513	37488	1754730	1724882	8850	1950	5569	9216	16003

15—3 续表1

单位：万元

项　　目	营业利润	营业外收入	利润总额	所得税费用	本年应付职工薪酬	本年应交增值税
总　　计	**554255**	**110618**	**633586**	**208151**	**1607952**	**765747**
批发业	**449950**	**75080**	**503879**	**164564**	**944832**	**620863**
#国有控股	467453	14737	477906	80179	307670	199847
按登记注册类型分						
内资企业	671129	67663	718168	136687	678883	501740
国有企业	191463	271	191606	47483	66437	62371
有限责任公司	313918	31934	341157	62570	289819	204202
股份合作企业	-93	1	-92		34	9
股份有限公司	80687	1949	82063	4904	58928	38239
私营企业	93249	33469	114238	21703	262314	195759
其他企业	-8095	40	-10804	27	1351	1161
港、澳、台商投资企业	-286541	2419	-284349	4537	163690	40128
外商投资企业	65363	4998	70060	23341	102259	78995
按批发行业小类分						
农、林、牧产品批发	18488	5640	23844	554	15275	6099
食品、饮料及烟草制品批发	221619	7005	221227	50953	134541	88084
#米、面制品及食用油批发	13453	2249	13305	3140	24933	11853
烟草制品批发	177176	3	177119	44144	48249	50241
纺织、服装及日用品批发	37385	3777	40240	22083	201284	159871
#服装批发	10774	359	10664	2090	14166	29551
文化、体育用品及器材批发	54255	1900	55631	-964	34591	12584
医药及医疗器材批发	195554	16953	206058	47009	157715	150925
矿产品、建材及化工产品批发	180959	7145	185013	22311	106097	58837
#煤炭及制品批发	48004	2729	50644	2371	10027	9000
石油及制品批发	9717	687	10171	1389	11545	3022
金属及金属矿批发	11128	1323	10254	1349	19179	15560
建材批发	64685	1216	66063	8109	36066	20691
化肥批发	23863	264	23825	4597	7437	2086
机械设备、五金交电及电子产品批发	-244409	22085	-224104	21116	290145	81798
#汽车及零配件批发	-334889	3451	-331950	2914	152288	43893
五金产品批发	1677	144	1791	583	3617	2978
电气设备批发	4588	791	5225	502	7591	-257
计算机、软件及辅助设备批发	102510	5990	108261	15573	54530	13260
贸易经纪与代理	230	51	279	15	144	4
其他批发业	-14130	10524	-4310	1488	5040	62663

15—3 续表2

单位：万元

项目	流动资产合计	#存货	固定资产原价	累计折旧	#本年折旧
零售业	**5293256**	**1407541**	**1402685**	**618581**	**80632**
#国有控股	1239151	178291	551825	270078	26138
按登记注册类型分					
内资企业	4892696	1352391	1200513	516450	68592
国有企业	19256	8129	41941	25283	2363
股份合作企业	203	29	198	85	14
联营企业	3531	41	20	18	3
有限责任公司	2072851	555830	622131	251485	32908
股份有限公司	480130	53224	238359	101305	9481
私营企业	2288815	733396	294754	138158	23786
其他企业	27910	1742	3110	115	38
港、澳、台商投资企业	331051	45565	62442	40083	4118
外商投资企业	69510	9585	139731	62049	7922
按零售行业小类分					
综合零售	1297957	254592	676258	323757	32296
#百货零售	720463	60844	412729	167671	16449
超级市场零售	546159	189125	255869	152162	14999
食品、饮料及烟草制品专门零售	306072	69526	70706	32753	5728
纺织、服装及日用品专门零售	264163	121176	95094	16399	2988
#服装零售	163613	83873	89018	13776	1924
文化、体育用品及器材专门零售	155850	51417	15241	5881	632
医药及医疗器材专门零售	202712	63230	16421	8367	1628
#西药零售	198669	61931	15604	8147	1596
中药零售	4044	1299	816	221	33
汽车、摩托车、燃料及零配件专门零售	1964640	577800	475047	212255	33591
#汽车新车零售	1634781	567273	282164	121114	22936
家用电器及电子产品专门零售	616955	125553	18300	9332	1497
#家用视听设备零售	294718	35710	4898	3143	247
日用家电设备零售	162779	30462	5921	2490	621
计算机、软件及辅助设备零售	51991	12928	4450	2493	325
通讯设备零售	77032	39020	1895	741	252
五金、家具及室内装修材料专门零售	48206	6432	2628	1004	196
货摊、无店铺及其他零售业	436701	137814	32991	8834	2077

15—3 续表3

项目	资产合计	负债合计	实收资本	营业收入	营业成本	营业税金及附加
零售业	**8028637**	**5543882**	**2516647**	**16356663**	**14392325**	**50764**
#国有控股	2498617	860821	339023	4009442	3567626	14059
按登记注册类型分						
内资企业	7159492	5176799	2430512	13302342	11620024	42000
国有企业	86618	35747	10000	432975	409578	563
联营企业	694	527	100	651	534	1
有限责任公司	3533	903	120	7533	5953	20
股份有限公司	3358452	2400892	583090	6170424	5430768	21540
股份合作企业	938115	527764	57683	356437	261719	4044
私营企业	2739495	2182040	1779319	6323208	5501139	15811
其他企业	32588	28927	200	11114	10333	23
港、澳、台商投资企业	477157	356956	50160	1304186	1163069	6791
外商投资企业	391988	10126	35975	1750135	1609232	1973
按零售行业小类分						
综合零售	2538308	2101307	330680	2673900	2201193	17474
#百货零售	1431817	994811	97501	1076490	883037	12626
超级市场零售	1066090	1067915	229944	1537669	1271717	4354
食品、饮料及烟草制品专门零售	404101	251978	71826	938823	783760	1480
纺织、服装及日用品专门零售	368177	284895	51119	508512	367966	2083
#服装零售	258308	207447	41842	303843	223760	1646
文化、体育用品及器材专门零售	190630	125331	28148	207942	171076	1306
医药及医疗器材专门零售	356468	290266	38295	454152	326387	1256
#西药零售	351717	287017	35895	450401	323179	1242
中药零售	4751	3249	2400	3751	3209	13
汽车、摩托车、燃料及零配件专门零售	2921125	1440588	891066	8439848	7845427	21786
#汽车新车零售	1975196	1603811	729091	5471865	5079438	17490
家用电器及电子产品专门零售	700955	610673	1044912	1076353	957927	1651
#家用视听设备零售	346422	302263	16330	411088	363603	696
日用家电设备零售	187095	166057	12011	234000	204677	352
计算机、软件及辅助设备零售	55794	39284	4862	156247	143021	196
通讯设备零售	79081	75954	1008389	207401	186153	317
五金、家具及室内装修材料专门零售	54198	38718	2756	69719	49385	367
货摊、无店铺及其他零售业	494675	400126	57846	1987415	1689203	3362

单位：万元

其他业务利　　润	销售费用	管理费用	财务费用	营业利润	营业外收入	利润总额	所得税费用	本年应付职工薪酬	本年应交增值税
80074	**1278957**	**434186**	**73425**	**104305**	**35537**	**129707**	**43587**	**663120**	**144883**
30324	236000	85009	6526	124808	7538	128919	16299	131230	29892
70754	1120925	385810	60767	44883	30847	68208	36527	584875	122808
	15470	-1592	464	9360	95	9359	101	7386	1916
	84	27		6		7		67	17
	443	414	52	652		652	118	484	197
29787	507436	142532	36217	12821	10965	19262	25730	271391	67005
11353	47213	41328	1183	16069	1864	17493	1230	39242	-2418
29614	549646	202893	22829	6077	17862	21476	9349	265868	55991
	635	209	22	-102	61	-41		437	101
6928	76638	31458	2616	19414	1473	20463	5956	44500	11257
2392	81394	16917	10043	40008	3218	41036	1104	33745	10818
34328	354858	139198	35477	-24470	8547	-20075	5373	214918	23997
12663	81419	83389	11418	12975	2921	14936	4044	61917	3694
18099	264061	49455	24017	-34832	5363	-32618	1324	144936	19782
1872	99539	45522	1951	18129	2399	19872	6788	49609	5930
4300	83485	22992	5872	-3385	2247	-1757	2291	50960	8841
307	68546	14438	4743	-8600	1915	-7080	475	40844	6241
2	20324	12446	1313	3751	208	3253	174	13901	2080
350	97499	17241	3143	13017	1329	14033	4221	55064	9418
350	96863	17200	3046	12964	1314	13966	4218	54672	9360
	636	41	97	52	15	67	3	392	57
25097	295030	111758	18995	96490	11122	104440	21411	171976	67797
23536	192678	97344	19404	12501	8372	19519	15039	132569	44598
4286	78777	35178	4515	-9866	2116	-7728	616	51218	10081
1714	37929	9500	1923	-11534	395	-11033	347	22152	3859
1655	19086	9821	1584	-31	653	606	68	13121	1989
106	5795	4960	343	1560	363	1923	152	4673	1244
27	10613	9627	665	313	604	852	111	10097	2850
56	19509	2656	382	-2765	148	-2648	70	10151	2101
9784	229936	47196	1778	13403	7421	20316	2643	45324	14638

15—4 限额以上住宿和餐饮业企业财务状况（2022年）

项　　目	企业数（个）	流动资产合　计	#存货	固定资产原　价	累计折旧	#本年折旧	资产合计	负债合计	实收资本
总　计	**495**	**797660**	**43203**	**1022299**	**484413**	**43832**	**2054181**	**1503835**	**469301**
住宿业	**154**	**270183**	**17800**	**803238**	**383408**	**24800**	**986992**	**896893**	**307885**
#国有控股	19	73976	6063	203081	103663	5193	268944	174389	125565
按登记注册类型分									
内资企业	151	265425	17618	637835	300074	19967	809886	655818	229519
国有企业	2	1414	45	1166	426	61	2917	221	1236
有限责任公司	45	181206	9366	529967	251100	12706	579016	472435	175179
股份有限公司	1	8098	150	2221	2058	125	16696	15490	
私营企业	103	74708	8058	104481	46490	7074	211257	167673	53105
港、澳、台商投资企业	2	4308	92	144914	82364	4752	156789	220876	76366
外商投资企业	1	450	90	20490	970	82	20317	20199	2000
按住宿行业小类分									
旅游饭店	83	224202	15650	729743	360071	22513	848374	771498	289589
经济型连锁酒店	38	19690	557	27989	9464	1267	62226	49456	4901
其他一般旅馆	28	20830	1451	45320	13849	999	70749	73827	12239
其他住宿服务	3	5119	106	125	16	15	5228	1718	550
餐饮业	**341**	**527477**	**25403**	**219061**	**101005**	**19032**	**1067189**	**606942**	**161416**
#国有控股	3	6001	483	1024	498	143	11290	10390	1200
按登记注册类型分									
内资企业	335	522234	24331	209448	98692	18152	1040638	585852	151626
集体企业	2	149	14	300	298	2	151	952	86
有限责任公司	40	129918	2935	9943	5218	1506	168398	136415	13428
股份有限公司	2	541	13	61	4	4	658	417	50
私营企业	289	391377	21313	198955	93111	16592	871182	447934	138062
其他企业	2	249	56	189	61	48	250	135	
港、澳、台商投资企业	3	2920	552	4331	1492	245	6131	1883	6310
外商投资企业	3	2323	520	5281	821	635	20420	19207	3480
按餐饮行业小类分									
正餐服务	285	293298	13722	109822	54858	9957	614930	347801	102870
快餐服务	30	143452	9644	91628	38123	6668	342093	178760	52633
饮料及冷饮服务业	14	9844	692	2614	925	280	15204	8442	1350
餐饮配送及外卖送餐服务	9	78378	1139	9256	3563	1738	89500	68734	4533
其他餐饮服务	3	2506	206	5741	3537	389	5463	3204	30

单位：万元

营业收入	营业成本	营业税金及附加	其他业务利润	销售费用	管理费用	财务费用	营业利润	营业外收入	利润总额	所得税费用	本年应付职工薪酬
1623167	**974695**	**8257**	**4323**	**432988**	**209417**	**17520**	**-15086**	**14967**	**-2227**	**8157**	**327320**
321241	**142936**	**5608**	**3282**	**112982**	**84262**	**12301**	**-34420**	**3860**	**-30976**	**-737**	**97983**
109991	47247	2203	100	57088	20983	2997	-19735	1194	-18655	-1272	47156
300208	135269	5371	3282	109702	71204	9767	-28722	3311	-25838	-737	92200
1329	986	5		227	385	-9	-197	87	-120		412
193549	83419	4324	1492	77994	42571	7891	-20569	1780	-19045	-1252	68125
4460	513	15		4096	944		-1107	218	-898		2153
100870	50351	1028	1790	27385	27304	1885	-6849	1227	-5775	515	21510
17716	5673	46		3055	11649	2530	-5238	73	-5154		5504
3317	1994	191		225	1409	5	-460	476	16		279
269735	120630	5064	3060	96749	66255	11857	-28447	3203	-25603	-1183	87699
30532	12427	305	197	10087	10139	217	-2508	499	-2063	432	6863
17166	7928	233	25	4757	6782	217	-2846	123	-2723	13	3173
2953	1647	6		1152	354	6	-196	19	-181	1	89
1301926	**831759**	**2649**	**1041**	**320006**	**125156**	**5219**	**19334**	**11107**	**28749**	**8893**	**229337**
25428	25321	32		475	1324	83	33	38	70	233	7167
1271444	816556	2624	1041	311356	117140	5042	20832	10909	30065	8891	219403
609	281	1		377	152	2	-204	52	-152		282
302661	201037	388		59219	33839	1132	9772	2058	11748	3174	39823
1902	886	1		655	202		160		160	8	400
965539	614128	2233	1041	250812	82840	3897	11011	8799	18215	5709	178633
731	225	1		293	107	11	94	0	94	1	265
7792	1936	4		1981	4738	14	-881	165	-716	2	3364
22691	13267	21		6669	3278	163	-618	34	-600		6570
493528	305215	1766	505	124042	64941	3920	-3080	3011	-675	2613	102170
527506	341420	675	166	141306	29091	991	12712	6453	18190	4213	96936
40915	20519	34	375	12947	3138	125	4375	104	4433	524	8446
237047	163166	165	-6	40069	27751	172	5725	1443	7103	1542	20857
2930	1440	8		1641	234	10	-398	97	-302	1	929

15—5　限额以上住宿和餐饮业情况（2022年）

项　　目	法人企业数（个）	年末从业人员数（人）	营业额（万元）	客房数（间）	餐位数（个）	年末餐饮营业面积（平方米）
总　　计	**496**	**60285**	**1714232**	**32251**	**550915**	**2485164**
住宿业	**154**	**15357**	**336632**	**27521**	**88114**	**1081195**
#国有控股	19	6563	117947	4609	24614	193049
按登记注册类型分						
内资企业	151	14600	314449	26251	85725	1006024
国有企业	2	84	1379	81	50	2050
有限责任公司	45	9856	205584	11622	51434	444676
股份有限公司	1	271	4644	1182	443	6038
私营企业	103	4389	102843	13366	33798	553260
港、澳、台商投资企业	2	657	18842	932	2089	11530
外商投资企业	1	100	3341	338	300	63641
按住宿行业小类分						
旅游饭店	83	13205	283459	18195	77846	824270
经济型连锁酒店	38	1138	31347	5383	1799	121085
其他一般旅馆	28	776	17970	3340	6619	117704
其他住宿业	3	158	2989	493	1410	12636
餐饮业	**342**	**44928**	**1377600**	**4730**	**462801**	**1403969**
#国有控股	3	998	26890		6158	21692
按登记注册类型分						
内资企业	336	42034	1345844	4390	454888	1314706
集体企业	2	58	642		550	1650
有限责任公司	40	6913	318848	784	82114	170697
股份有限公司	2	154	1961		940	2960
私营企业	290	34847	1023640	3606	370563	1130899
其他企业	2	62	753		721	8500
港、澳、台商投资企业	3	408	7831	340	3908	76199
外商投资企业	3	2486	23925		4005	13064
按餐饮行业小类分						
正餐服务	286	20507	513092	4704	296617	1037652
快餐服务	30	18456	566473		125120	271196
饮料及冷饮服务	14	1551	42773		1608	13027
餐饮配送及外卖送餐服务	9	4258	252157	1	39156	77582
其他餐饮服务	3	156	3105	25	300	4512

15—6 限额以上批发和零售业销售类值（2022年）

单位：万元

类　　别	销售合计	批发额	零售额
总　　计	**93891771**	**74039278**	**19852493**
粮油、食品类	6910348	4507126	2403222
#粮油类	3114369	2721542	392827
肉禽蛋类	680970	381892	299078
水产品类	111510	31667	79843
蔬菜类	562133	135140	426992
干鲜果品类	450091	134447	315643
饮料类	618250	318779	299472
烟酒类	2946696	2216519	730177
服装、鞋帽、针纺织品类	2167810	1135705	1032105
服装类	1396228	606343	789884
鞋帽类	347239	207643	139597
针、纺织品类	424343	321720	102624
化妆品类	1088015	690788	397227
金银珠宝类	1109701	842661	267040
日用品类	2726666	1900059	826607
可穿戴智能设备	30363	1412	28951
五金、电料类	234294	194562	39733
体育、娱乐用品类	280375	37952	242424
#照相器材类	7538	54	7484
书报杂志类	818133	605153	212980
电子出版物及音像制品类	17767	2206	15561
家用电器和音像器材类	9483448	6887962	2595486
中西药品类	7369807	6836864	532943
#西药类	4983587	4540498	443089
中草药及中成药类	980930	927943	52986
文化办公用品类	10395660	9916040	479621
计算机及其配套产品	9978586	9733325	245261
家具类	117449	31992	85457
通讯器材类	1346240	679762	666478
煤炭及制品类	3551402	3547568	3834
木材及制品类	275513	275513	
石油及制品类	4777332	2007442	2769890
化工材料及制品类	3714679	3714679	
#化肥类	1387555	1387555	
金属材料类	7081265	7081265	
建筑及装潢材料类	3579375	3542093	37282
机电产品及设备类	1476582	1436982	39600
#农机类	66228	66228	
汽车类	15212852	9288600	5924251
种子饲料类	412671	412671	
棉麻类	96794	96794	
其他类	6082648	5831543	251105

15—7 限额以上批发和零售业连锁经营情况（2022年）

指标		合计	直营店	加盟店
门店总数	（个）	6195	4920	1275
从业人数	（人）	61645	58752	2893
营业面积	（平方米）	5869356	5729990	139366
连锁门店商品购进额	（万元）	13009149	12797961	211188
#统一配送商品购进额		8549774	8458447	91327
#自有配送中心配送商品购进额		2848238	2820251	27987
非自有配送中心配送商品购进额		137854	137854	
连锁门店商品销售额	（万元）	14906042	14651015	255027
#零售额		10083314	9976401	106913

15—8 限额以上住宿和餐饮业连锁经营情况（2022年）

指标		合计	直营店	加盟店
门店总数	（个）	967	924	43
从业人数	（人）	19151	19011	140
营业面积	（平方米）	256111	256096	15
餐位数	（位）	128871	128571	300
连锁门店商品购进额	（万元）	251589	240589	11000
#统一配送商品购进额		237085	237085	
#自有配送中心配送商品购进额		13542	13542	
非自有配送中心配送商品购进额		171695	171695	
连锁门店营业额	（万元）	561513	557263	4250
#餐费收入		456803	452553	4250
商品销售额		72230	72230	

15—9 各县（市）区社会消费品零售总额（2022年）

单位：万元

地区	社会消费品零售总额	城镇	乡村
全市	**50216208**	**47295608**	**2920600**
瑶海区	4642748	4642748	
庐阳区	8444769	8438102	6667
蜀山区	6266228	6135129	131099
包河区	9835871	9799863	36008
高新区	3603878	3603878	
经开区	2030032	2029457	575
新站区	1300700	1300700	
安巢经开区	404803	397330	7473
长丰县	3411340	2875587	535753
肥东县	3173360	2453209	720151
肥西县	2624279	2011859	612421
庐江县	2202008	1639692	562316
巢湖市	2276191	1968052	308138

15—10 亿元以上商品交易市场情况（2022年）

项目	市场个数（个）	年末摊位数（个）	总成交额（万元）
全市	**25**	**33542**	**7927269**
综合市场	**7**	**18142**	**3992564**
工业消费品综合市场	1	1198	76580
农产品综合市场	4	4635	3714341
其他综合市场	2	12309	201643
专业市场	**18**	**15400**	**3934705**
建材市场	1	600	21000
金属材料市场	2	1019	2495160
蔬菜市场	1	328	12345
干鲜果品市场	1	1131	19030
其他农产品市场	2	694	27036
茶叶市场	1	650	43000
烟酒市场	1	565	145378
服装市场	1	3002	405000
家电市场	1	3902	10511
家具市场	1	241	30453
装饰材料市场	2	879	151880
五金材料市场	1	260	10500
汽车市场	1	120	245000
机动车零配件市场	1	689	102512
花卉市场	1	1320	215900

15—11　亿元以上商品交易市场摊位分类情况（2022年）

类　　别	年末出租摊位数（个）	总成交额（万元）
合　计	**18714**	**7927269**
粮油、食品类	5078	3838715
饮料类	568	80461
烟酒类	331	113556
服装鞋帽、针、纺织品类	3632	419735
化妆品类	13	200
日用品类	744	21388
五金、电料类	1243	75705
体育、娱乐用品类	184	579
书报杂志类	148	678
家用电器和音像器材类	629	13613
中西药品类	6	853
文化办公用品类	464	1928
家具类	211	21348
通讯器材类	5	870
木材及制品类	53	22375
化工材料及制品类	7	326
金属材料类	923	2498643
建筑及装潢材料类	1742	209397
机电产品及设备类	305	2679
汽车类	759	347994
棉麻类	240	295
其他类	1429	255931

主要统计指标解释

社会消费品零售总额

指国民经济各行业直接售给城乡居民和社会集团的消费品总额。它是反映各行业通过多种商品流通渠道向居民和社会集团供应的生活消费品总量，是研究国内零售市场变动情况、反映经济景气程度的重要指标。

社会消费品零售总额包括：⑴售给城乡居民作为生活用的商品和修建房屋用的建筑材料；⑵售给社会集团的各种办公用品和公用消费品；⑶售给机关、团体、学校、部队、企业、事业单位的职工食堂和旅店（招待所）附设专门供本店旅客食用，不对外营业的食堂的各种食品、燃料；企业、单位和国有农场直接售给本单位职工和职工食堂的自己生产的产品；⑷售给部队干部、战士生活用的粮食、副食品、衣着品、日用品、燃料；⑸售给来华的外国人、华侨、港澳台同胞的消费品；⑹居民自费购买的中、西药品、中药材及医疗用品；⑺报社、出版社直接售给居民和社会集团的报纸、图书、杂志，集邮公司出售的新、旧纪念邮票、特种邮票、首日封、集邮册、集邮工具等；⑻旧货寄售商店自购、自销部分的商品；⑼煤气公司、液化石油气站售给居民和社会集团的煤气灶具和罐装液化石油气；⑽农民售给非农业居民和社会集团的商品。不包括售给国民经济各部门企业、事业单位（包括国有经济的农场）生产经营用的各种原材料、燃料、设备、工具等和售给批发零售贸易业、餐饮业作为转卖用的商品，旧货寄售商店受托寄售卖出的商品，服务业的营业收入，邮局出售邮票的收入，自来水、电力、煤气生产（供应）单位的产品供应收入，也不包括农民之间的商品销售。

批发零售业商品购进、销售、库存总额

指各种登记注册类型的批发、零售业（不包括个体）企业（单位）以本企业（单位）为总体的商品购进、销售、库存总额。

商品购进总额

指从本企业（单位）以外的单位和个人购进（包括从境外直接进口）作为转卖或加工后转卖的商品总额。它反映批发零售业从国内、国外市场上购进商品的总量。商品购进总额包括：⑴从工农业生产者购进的商品；⑵从出版社、报社的出版发行部门购进的图书、杂志和报纸；⑶从各种登记注册类型的批发零售贸易企业（单位）购进的商品；⑷从其他单位购进的商品，如从机关、团体、企业等单位购进的剩余物资，从餐饮业、服务业购进的商品，从海关、市场管理部门购进的缉私和没收的商品，从居民手中收购的废旧商品等；⑸从国（境）外直接进口的商品。不包括企业（单位）为自身经营用和未通过买卖行为而收入的商品以及销售退回、商品升溢等。

商品销售总额

指对本企业（单位）以外的单位和个人出售（包括对境外直接出口）的商品总额。它反映批发零售业在国内市场上销售商品以及出口商品的总量。商品销售总额包括：⑴售给城乡居民和社会集团消费用的商品；⑵售给工业、农业、建筑业、运输邮电业、批发零售业、餐饮业、服务业等作为生产、经

营使用的商品；⑶售给批发零售业作为转卖或加工后转卖的商品；⑷对国（境）外直接出口的商品。不包括出售本企业（单位）自用的废旧包装用品；未通过买卖行为付出的商品；经本单位介绍，由买卖双方直接结算，本单位只收取手续费的业务；购货退出的商品以及商品损耗和损失等。

批发零售业库存

指报告期末各种登记注册类型的批发零售企业（单位）已取得所有权的商品。它反映批发零售企业（单位）的商品库存情况和对市场商品供应的保证程度。期末库存包括：⑴存放在批发零售贸易业经营单位（如门市部、批发站、经营处）仓库、货场、货柜和货架中的商品；⑵挑选、整理、包装中的商品；⑶已记入购进而尚未运到本单位的商品，即发货单或银行承兑凭证已到而货未到的部分；⑷寄放他处的商品，如因购货方拒绝承付而暂时存放在购货方的商品和已办完加工成品收回手续而未提回的商品；⑸委托其他单位代销（未作销售或调出）尚未售出的商品；⑹代其他单位购进尚未交付的商品。不包括所有权不属于本单位的商品、拨付除批发零售贸易业以外的其他行业所属独立核算加工厂等加工生产尚未收回成品的商品、代国家物资储备部门保管的商品等。

库存总额采用的计算价格是：农副产品采购单位按购进价计算；批发单位按进货价计算；零售单位按核算价格计算，即按什么价格核算就按什么价格计算。

第十六篇

对外经济贸易和旅游业

简要说明

旅游业发展情况：入境国际旅游(外国人、华侨、港澳同胞和台湾同胞)人数、不同经济类型的涉外饭店数量及规模情况及国内旅游，资料来源于市文旅局。

进出口及利用外资数据来源于市商务局。

16—1 主要年份进出口总额

单位：万美元

指 标	2010年	2015年	2017年	2018年	2019年	2020年	2021年	2022年
进出口总额	**995755**	**2033784**	**2495869**	**3081266**	**3220976**	**3748680**	**5146039**	**5428072**
市 属	645552	1532214	2016896	2543726	2686274			
省 属	350203	501570	478973	537540	534702			
出口总额	**562568**	**1370861**	**1456590**	**1824609**	**2019895**	**2279599**	**3141250**	**3452284**
市 属	319818	1072808	1226876	1599693	1806440			
省 属	242750	298053	229714	224916	213455			
进口总额	**433187**	**662923**	**1039279**	**1256657**	**1201081**	**1469081**	**2004789**	**1975787**
市 属	325734	459406	79020	944033	879834			
省 属	107453	203517	960259	312624	321247			

16—2 主要年份实际利用外资

单位：万美元

指 标	2010年	2015年	2017年	2018年	2019年	2020年	2021年	2022年
新成立外资企业 （户）	72	116	128	140	127	167	175	140
新批合同外资	74306	80397	182340	161930			394769	
实际利用外资	143016	252644	302037	323000	339150	359500		
外商直接投资（FDI）*	109584	250678	302037	323000	339150	359500	115313	120517
对外借款	14223							
外商其他投资	19209	1966						

注：2021年数据调整为商务部口径外商直接投资（FDI），以前年度数据仍为老口径。

16—3 对外承包工程和劳务合作

年份	对外承包工程合同数（份）	对外承包工程合同金额（万美元）	对外承包工程完成营业额（万美元）
2010	33	143294	155698
2014	63	197643	234442
2015	89	209035	188541
2016	31	166355	223013
2017	76	304267	244484
2018	116	367245	169156
2019	220	126021	219215
2020	52	223595	175649
2021	68	333810	161958
2022	84	40456	17074

年份	对外劳务合作本年派出人数（个）	对外劳务合作期末在外人数（个）
2010	8168	
2014	6466	
2015	5774	
2016	3541	
2017	3100	
2018	3780	
2019	6175	
2020	5473	7041
2021	5077	8832
2022	2656	4490

16—4 主要年份旅游业发展情况

指　　标		2010年	2015年	2020年	2021年	2022年
旅行社总数	(个)	158	285	374	388	435
组团社		11	35	44	43	43
国内旅行社		147	250	330	345	392
旅行社职工人数	(人)	7900	7125	3316	2721	2466
组团社		550	1225	1535	1222	945
国内旅行社		7350	5900	1781	1499	1521
入境旅游人数	(万人次)	24.28	41.31	1.64	1.43	1.11
外 国 人		18.94	30.67	1.35	1.07	0.70
港澳和台湾同胞		5.35	10.64	0.29	0.36	0.41
国内旅游人数	(万人次)	2670.00	7784	8108	9827	8177
旅游收入	(亿元)	247.20	975.07	976.78	1247.56	1006.51
国际旅游外汇收入	(万美元)	15000	33100	1200	1015	779
国内旅游收入	(亿元)	237.00	953.22	975.97	1246.85	1005.97
星级宾馆	(个)	49	68	46	44	43

16—5 主要年份旅游星级宾馆

指　　标		2010年	2015年	2020年	2021年	2022年
旅游星级宾馆	(个)	**49**	**68**	**46**	**44**	**43**
五星级		5	11	10	10	10
四星级		13	21	19	18	18
三星级		20	29	14	14	13
二星级		11	7	2	2	2
旅游涉外或星级宾馆						
客　房	(间)	7856	12095	9551	8657	8870
床　位	(张)	13340	19574	14745	13366	13717
客房出租率	(%)	68.0	56.0	43.5	52.1	45.1
经营情况						
营业收入	(亿元)	13	16	12	12	11
利润总额	(万元)	22498	-28841	-57672	-5760	-9286

16—6　省级文物保护单位

名　　称	地　址	年　代	公布时间	级　别
古遗址				
银山智人遗址	巢湖市	旧石器时代	2013年3月	国家级
大城头遗址	肥东县	新石器时代	1981年9月	
大陈墩遗址	肥东县	新石器时代	1981年9月	
古埂遗址	肥西县	新石器时代	1998年5月	
龙城遗址	肥东县	汉	1981年9月	
合肥曹魏新城遗址	合肥市	三国	2019年10月	国家级
教弩台旧址	合肥市	清	1981年9月	
汤池果树窑址	庐江县	宋	2004年10月	
三官殿遗址	庐江县	新石器时代、周	2019年3月	
城池村古城址	庐江县	汉	2019年3月	
慕容城遗址	庐江县	商周、汉、东晋	2019年3月	
古城宣遗址	肥东县	商周	2019年3月	
古墓葬				
放王岗古墓群	巢湖市	汉	1998年5月	
周瑜墓	庐江县	三国	1989年5月	
何堿墓	庐江县	唐	2004年10月	
孝子墩古墓	长丰县	清	2004年10月	
吴复墓	肥东县	明	2019年10月	国家级
舒王墩汉墓	肥西县	汉	2019年3月	
古建筑				
姥山塔（文峰塔）	巢湖市	明、清	2019年10月	国家级
包公祠	合肥市	清	1981年9月	
中庙	巢湖市	清	1998年5月	
武壮公祠	庐江县	清	1998年5月	
振湖塔	肥东县	清	1998年5月	
包氏宗祠	肥东县	清	1998年5月	
庐州府城隍庙	合肥市	清	2004年10月	
大孔祠堂	合肥市	清	2004年10月	
唐五房圩转心楼	肥西县	清	2004年10月	
巢湖李家大院	巢湖市	近现代	2012年6月	
父子进士祠堂（昂氏宗祠）	肥东县	清	2004年10月	
柘皋李氏当铺	巢湖市	清	2019年3月	
烔炀李氏当铺	巢湖市	清	2019年3月	
吴公祠	庐江县	清	2019年3月	
吴氏旧居	肥东县	清	2019年3月	
石窟寺及石刻				
王乔洞石窟造像	巢湖市	宋-明	1981年9月	
近现代重要史迹及代表性建筑				
刘铭传旧居	肥西县	清	2006年5月	国家级
冯玉祥旧居	巢湖市	1936-1937年	2006年5月	国家级
渡江战役总前委旧址	肥东县	1949年	1996年11月	国家级
安徽省博物馆陈列展览大楼	合肥市	1956年	2013年3月	国家级
李氏家族旧宅	合肥市	清	2013年3月	国家级
李鸿章享堂	合肥市	清	2004年10月	
李克农故居	巢湖市	清	2004年10月	
孙立人故居	庐江县	清末民国	2012年6月	
三河大捷遗迹及古民居	肥西县	清、近代	2004年10月	
张治中故居	巢湖市	1890年	2019年10月	国家级
江淮大戏院主体建筑	合肥市	1956年	2007年8月	
安徽农业大学主教学楼	合肥市	1953年	2012年6月	
安徽省地质博物馆陈列大楼	合肥市	1954年	2012年6月	
安徽大学龙河校区教学主楼	合肥市	1958年	2012年6月	
合肥工业大学屯溪路校区主教学楼（含东西附属楼）	合肥市	1958年	2012年6月	
安徽省图书馆主楼	合肥市	1958年	2012年6月	
普仁医院旧址	巢湖市	1936年	2012年6月	

主要统计指标解释

进出口总额

指实际进出我国国境的货物总金额。包括对外贸易实际进出口货物，来料加工装配进出口货物，国家间、联合国及国际组织无偿援助物资和赠送品，华侨、港澳台同胞和外籍华人捐赠品，租赁期满归承租人所有的租赁货物，进料加工进出口货物，边境地方贸易及边境地区小额贸易进出口货物（边民互市贸易除外），中外合资企业、中外合作经营企业、外商独资经营企业进出口货物和公用物品，到、离岸价格在规定限额以上的进出口货样和广告品（无商业价值、无使用价值和免费提供出口的除外），从保税仓库提取在中国境内销售的进口货物，以及其他进出口货物。进出口总额用以观察一个国家在对外贸易方面的总规模。我国规定出口货物按离岸价格统计，进口货物按到岸价格统计。

利用外资

指我国各级政府、部门、企业和其他经济组织通过对外借款、吸收外商直接投资以及用其他方式筹措的境外现汇、设备、技术等。

外商直接投资

指外国企业和经济组织或个人（包括华侨、港澳台胞以及我国在境外注册的企业）按我国有关政策、法规，用现汇、实物、技术等在我国境内开办外商独资企业、与我国境内的企业或经济组织共同举办中外合资经营企业、合作经营企业或合作开发资源的投资（包括外商投资收益的再投资），以及经政府有关部门批准的项目投资总额内企业从境外借入的资金。

对外借款

是我国利用外资的重要部分。指通过对外正式签订借款协议，从境外筹措的资金，包括外国政府贷款、国际金融组织贷款、外国银行商业贷款、出口信贷以及对外发行债券等。1996年及以前还包括对外发行股票。

外商其他投资

指除对外借款和外商直接投资以外的各种利用外资的形式。包括企业在境内外股票市场公开发行的以外币计价的股票（目前主要是在香港证券市场发行的H股和在境内证券市场发行的B股）发行价总额，国际租赁进口设备的应付款，补偿贸易中外商提供的进口设备、技术、物料的价款，加工装配贸易中外商提供的进口设备、物料的价款。

对外承包工程

指各对外承包公司以招标议标承包方式承揽的下列业务：⑴承包国外工程建设项目，⑵承包我国对外经援项目，⑶承包我国驻外机构的工程建设项目，⑷承包我国境内利用外资进行建设的工程项目，⑸与外国承包公司合营或联合承包工程项目时我国公司分包部分，⑹对外承包兼营的房屋开发业务。对外承包工程的营业额是以货币表现的本期内完成的对外承包工程的工作量，包括以前年度签订的合同和本年度新签订的合同在报告期内完成的工作量。

对外劳务合作

指以收取工资的形式向业主或承包商提供技术和劳动服务的活动。我国对外承包公司在境外开办的合营企业，中国公司同时又提供劳务的，其劳务部分也纳入劳务合作统计。劳务合作营业额按报告期内向雇主提交的结算数（包括工资、加班费和奖金等）统计。

对外设计咨询

指以服务成果向业主收费的技术服务项目。包括承担地形地貌测绘，地质资源勘探与普查，建设区域规划，提供设计文件、图纸、生产工艺技术资料和工程技术经济咨询，工程项目的可行性考察、研究和评估，进行技术指导和培训人员等；也包括承担国（境）内利用外资进行建设的工程项目的上述规定的设计咨询项目的收取外币部分。

旅游人数

包括入境国际旅游人数、出境居民人数和国内旅游人数。

⑴入境国际旅游人数：指来中国参观、访问、旅行、探亲、访友、休养、考察、参加会议和从事经济、科技、文化、教育、宗教等活动的外国人、华侨、港澳同胞和台湾同胞的人数。不包括外国在我国的常驻机构，如使领馆、通讯社、企业办事处的工作人员；来我国常住的外国专家、留学生以及在岸逗留不过夜人员。

⑵出境居民人数：指大陆居民因公务活动或私人事务短期出境的人数。公务活动出境居民人数包括在国际交通工具上的中国服务员工，因私出境居民人数不包括在国际交通工具上的中国服务员工。

⑶国内旅游人数：指我国大陆居民和在我国常住1年以上的外国人、华侨、港澳台同胞离开常住地在境内其他地方的旅游设施内至少停留一夜，最长不超过6个月的人数。

国际旅游（外汇）收入

指入境旅游的外国人、华侨、港澳同胞和台湾同胞在中国大陆旅游过程中发生的一切旅游支出，对于国家来说就是国际旅游（外汇）收入。

第十七篇

教育、科技

简要说明

一、本篇反映我市的教育事业的发展情况和科技活动基本情况。

二、教育部分包括高等教育、中等教育、初等教育、幼儿教育、特殊教育和成人教育等，主要指标有各类学校数、在校生数、招生数、毕业生数、教职工数、专职教师数等。教育统计资料主要由市教育局提供，技工学校的资料由市人社局提供。

三、科技活动部分主要包括我市规模以上工业科技活动发展状况的资料，反映规模以上工业企业科技活动机构数、人员数和研发经费收支等情况。

四、全市专利申请量和授权量，由市市场监督管理局提供。

17—1 主要年份教育事业基本情况

指　　标		2010年	2015年	2020年	2021年	2022年
学校数	**（所）**	**1538**	**1973**	**2229**	**2352**	**2490**
普通高等学校		44	50	54	54	54
成人高等院校		4	4	4	4	4
中等学校		333	435	392	389	366
#普通中等专业学校		38	34	52	50	49
成人中等专业学校		10	9			
普通中学		246	360	340	339	317
职业中学		39	32			
技工学校		28	28	26	25	26
小　学		663	584	481	466	470
幼儿园		460	866	1266	1407	1563
特殊教育		4	6	6	7	7
专任教师数	**（人）**	**67222**	**95162**	**120406**	**134040**	**139787**
普通高等学校		20294	25639	28111	32073	33342
成人高等院校		647	651	527	535	223
中等学校		23102	32722	37730	40331	40607
#普通中等专业学校		2216	2575	4233	5763	5678
成人中等专业学校		195	102			
普通中学		19596	29246	33497	34568	34929
职业中学		1095	799			
技工学校		1462	1158	2121	2741	3923
小　学		16876	24620	32613	35244	36493
幼儿园		4699	10188	19030	22798	24917
特殊教育		142	184	274	318	282
在校学生数	**（人）**	**1367342**	**1834875**	**2282727**	**2439854**	**2534318**
普通高等学校		372576	615356	759670	836618	876480
成人高等院校		72560	32758	14823	15776	19596
中等学校		469566	477109	545546	563009	551936
#普通中等专业学校		80819	79509	115919	122377	111176
成人中等专业学校		10349	16653			

注：1．2018年起成人中等专业学校和职业中学合并到普通中等专业学校统计，后续各表同上。
　　2．普通高校包含4所转设独立学院。

17—1 续表

指　　标		2010年	2015年	2020年	2021年	2022年
普通中学		330244	364642	429627	440632	440760
职业中学		48154	16305			
技工学校		28581	14259	63258	76817	85016
小　学		327880	463662	572838	601925	638097
幼儿园		95103	230637	324760	343787	361241
特殊教育		1076	1094	1832	1922	1952
招生数	**(人)**	**415644**	**546127**	**724309**	**746695**	**760364**
普通高等学校		118572	205605	270264	285496	288335
成人高等院校		34615	6702	3689	8464	9208
中等学校		148942	152752	186178	190633	188009
#普通中等专业学校		25315	24161	42585	45969	36885
成人中等专业学校		4919	4830			
普通中学		107389	118857	143593	144664	151124
职业中学		11319	4904			
技工学校		9845	6857	28401	35275	32810
小　学		57888	82177	104430	111436	120285
幼儿园		45580	91831	131078	115083	121404
特殊教育		202	203	269	308	313
毕业生数	**(人)**	**391949**	**491003**	**565810**	**586533**	**661963**
普通高等学校		96853	165024	187675	201480	241065
成人高等院校		32229	7924	5000	7475	5256
中等学校		152792	168410	170448	169230	192950
#普通中等专业学校		25714	20910	36975	35705	43723
成人中等专业学校		3878	9391			
普通中学		98523	126529	133473	133525	149227
职业中学		24677	11580			
技工学校		12348	4982	15410	15748	17891
小　学		65271	66257	84749	86785	87208
幼儿园		32340	78262	102292	105504	117258
特殊教育		116	144	236	311	335

17—2 各类学校数

单位：所

年 份	普 通 高等院校	普通中等 专业学校	技工学校	普通中学	职业中学	小 学	特殊教育
1980	10	26	4	249	12	2197	1
1985	10	36	22	252	21	1968	1
1990	11	45	12	251	46	1933	1
1993	10	45	21	243	48	1840	1
1994	10	48	24	259	75	1826	2
1995	10	55	23	245	72	1760	1
1996	10	53	24	252	73	1717	4
1997	9	49	24	256	73	1687	5
1998	9	52	34	246	66	1627	5
1999	9	55	23	244	62	1582	5
2000	8	47	22	245	57	1564	5
2001	16	45	22	247	48	1459	6
2002	24	45	22	262	52	1393	5
2003	29	31	17	264	52	1340	6
2004	36	23	24	261	49	1178	5
2005	36	23	25	267	50	1097	4
2006	37	23	25	270	49	915	4
2007	41	21	25	267	54	885	4
2008	42	28	28	261	50	816	4
2009	43	32	28	256	48	730	4
2010	44	38	28	246	39	663	4
2011	48	34	27	361	50	1051	6
2012	50	32	24	363	45	964	6
2013	50	35	15	367	40	894	6
2014	50	33	28	362	36	613	6
2015	50	34	28	360	32	584	6
2016	50	33	31	358	17	551	6
2017	50	33	32	353	16	542	6
2018	50	54	23	350		515	6
2019	51	53	24	340		510	6
2020	54	52	26	340		481	6
2021	54	50	25	339		466	7
2022	54	49	26	317		470	7

注：2018年起普通中等专业学校含成人中专和职业中学。

17—3 各类学校在校学生数

单位：人

年份	普通高等院校	普通中等专业学校	技工学校	普通中学	职业中学	小学	特殊教育
1980	16938	7571	2235	189743	3144	520828	151
1985	24412	13368	4713	167503	7476	456310	188
1990	25583	22506	3807	173592	14320	415220	413
1993	32057	33694	10428	182003	18489	380138	464
1994	34904	36814	12912	197312	23219	382890	443
1995	35709	44705	13286	218859	28331	393240	560
1996	37108	45711	14960	228977	34909	407548	1376
1997	39311	50874	14206	228398	40868	426808	1944
1998	49187	53728	17000	228591	40442	442400	2211
1999	48017	68215	14900	238294	38138	441144	2438
2000	58897	64046	11294	258138	33194	432103	2316
2001	84159	53646	10826	285474	30593	431815	1924
2002	127248	45192	10628	313007	39629	418510	1925
2003	152502	41163	15700	326587	51456	404124	1689
2004	205059	47211	14475	314275	59644	383347	1502
2005	242120	56412	18428	308990	63361	376111	1340
2006	272855	74364	23727	302903	70301	370343	1326
2007	295819	78501	26422	296340	76136	366524	1363
2008	325358	81521	34477	307959	79527	349033	1170
2009	352091	78102	34477	320227	69770	334192	1102
2010	372576	80819	28581	330244	48154	327880	1076
2011	433054	75804	23415	427960	64125	435430	888
2012	458363	72780	18451	394744	51082	406715	964
2013	557227	74003	15549	379263	44458	426911	1002
2014	578569	76577	13272	367012	24296	442453	1032
2015	615356	79509	14259	364642	16305	463662	1094
2016	621244	76309	18310	369100	14860	482860	1172
2017	616018	74053	32542	380336	8720	501527	1303
2018	622290	107444	44828	393556		531505	1427
2019	684754	113405	53520	418363		548744	1727
2020	759542	115919	63258	429627		572838	1832
2021	836618	122377	76817	440632		601925	1922
2022	876480	111176	85016	440760		638097	1952

注：2018年起普通中等专业学校含成人中专和职业中学。

17—4 各类学校毕业生数

单位：人

年份	普通高等院校	普通中等专业学校	技工学校	普通中学	职业中学	小学	特殊教育
1980	1647	1821	700	68617		64867	16
1985	5231	3892	1000	43430	1442	69376	29
1990	7548	5436	1593	50682	4457	67609	30
1993	6501	6866	2852	51736	5267	70782	80
1994	7093	9058	2845	50757	6175	69979	80
1995	9802	12275	4019	54644	6412	71696	78
1996	9772	16192	4558	62512	9640	69388	55
1997	8993	14662	5637	70985	8796	67370	65
1998	9868	15281	4500	74212	10749	69681	51
1999	9341	17798	5463	72091	13317	74730	153
2000	9368	18993	6657	70931	13858	80757	81
2001	10484	20906	3516	74048	11247	85443	321
2002	13563	21617	3177	81068	19736	82830	299
2003	21214	16735	3023	91135	9748	81323	168
2004	33506	12386	3714	97609	11734	65363	159
2005	47908	11936	4627	105290	18729	60424	113
2006	58349	15209	5501	102912	19333	61643	131
2007	76426	19893	8627	100580	21602	59482	126
2008	81131	25422	10660	96987	25914	73198	155
2009	83940	26964	10660	95474	29178	68263	128
2010	96853	25714	12348	98523	24677	65271	116
2011	118556	32133	12728	146453	27760	77932	98
2012	122347	24499	9815	143314	23184	74458	132
2013	150052	24242	7412	130599	14365	68542	106
2014	165024	21368	5280	130483	18342	66335	168
2015	165024	20910	4982	126529	11580	66257	144
2016	189293	26669	4300	123346	6323	71773	170
2017	185618	24970	4570	121295	4691	74277	173
2018	191515	30224	6889	122451		75977	200
2019	184688	38248	10846	127114		89689	223
2020	187675	36975	15410	133473		84749	236
2021	201480	35705	15748	133525		86785	311
2022	241065	43723	17891	149227		87208	335

注：2018年起普通中等专业学校含成人中专和职业中学。

17—5 各级各类学校教育情况（2022年）

指　　标	全 市	市 区	长丰县	肥东县	肥西县	庐江县	巢湖市
学校数　　（所）	**2490**	**1228**	**262**	**240**	**262**	**305**	**193**
普通高等院校	54	40	2	1	8		3
成人高等院校	4	4					
普通中等专业学校	49	29	6	5	5	2	2
普通中学	317	129	37	29	29	53	40
初　中	148	63	17	8	16	22	22
高　中	45	21	4	3	4	8	5
完　中	41	10	5	10	5	8	3
一贯制学校	86	37	10	9	4	16	10
技工学校	26	26					
小　学	470	177	59	49	54	83	48
幼儿园	1563	821	157	155	165	166	99
特殊教育学校	7	2	1	1	1	1	1
教职工总数　　（人）	**184263**	**118463**	**12986**	**14065**	**17101**	**10272**	**11376**
普通高等院校	44877	34942	1161	728	5586		2460
成人高等院校	1032	1032					
普通中等专业学校	6584	3299	1070	1386	468	208	153
普通中学	44371	22033	4516	6088	3305	4462	3967
技工学校	4546	4546					
小　学	32678	18807	2431	3055	3149	2946	2290
幼儿园	49870	33629	3791	2773	4573	2636	2468
特殊教育学校	305	175	17	35	20	20	38

注：根据省教育厅提供的数据，普通高等院校中不含部队院校；在肥4所独立学院转设为普通高校。

17—5 续表1

指 标		全 市	市 区	长丰县	肥东县	肥西县	庐江县	巢湖市
专任教师数	**（人）**	**139787**	**87449**	**10331**	**11344**	**12807**	**8533**	**9323**
普通高等院校		33342	25282	984	605	4300		2171
成人高等院校		223	223					
普通中等专业学校		5678	3010	808	1125	397	215	123
普通中学		34929	17192	3410	4618	2675	3803	3231
初 中		21796	11275	2100	2432	1667	2353	1969
高 中		13133	5917	1310	2186	1008	1450	1262
技工学校		3923	3923					
小 学		36493	21244	3118	3444	3146	3028	2513
幼儿园		24917	16417	1994	1518	2269	1468	1251
特殊教育学校		282	158	17	34	20	19	34
在校学生数	**（人）**	**2534318**	**1646387**	**171465**	**171002**	**259731**	**133558**	**152175**
普通高等院校		876480	636723	27535	19200	140799		52223
#研究生		78165	78165					
成人高等院校		19596	19596					
普通中等专业学校		111176	68568	12801	18750	4541	3917	2599
普通中学		440760	222859	41232	57925	30532	50128	38084
初 中		268762	142360	25224	31270	17954	30208	21746
高 中		171998	80499	16008	26655	12578	19920	16338
技工学校		85016	85016					
小 学		638097	387103	58592	50907	46770	54661	40064
幼儿园		361241	225347	31191	24030	36879	24766	19028
特殊教育学校		1952	1175	114	190	210	86	177

17—5 续表2

指标	全市	市区	长丰县	肥东县	肥西县	庐江县	巢湖市
招生数 （人）	**760364**	**508655**	**45440**	**45873**	**83337**	**34259**	**42800**
普通高等院校	288335	210761	8523	4881	47986		16184
#研究生	26606	26606					
成人高等院校	9208	9208					
普通中等专业学校	36885	25327	2664	5210	1725	924	1035
普通中学	151124	79119	14498	17469	10624	16679	12735
初　中	89523	49729	8304	8968	6249	9678	6595
高　中	61601	29390	6194	8501	4375	7001	6140
技工学校	32810	32810					
小　学	120285	76766	10681	9084	8610	8556	6588
幼儿园	121404	74409	9052	9221	14386	8095	6241
特殊教育学校	313	255	22	8	6	5	17
毕业生数 （人）	**661963**	**408250**	**44791**	**50863**	**72937**	**39423**	**45699**
普通高等院校	241065	166524	10148	5324	42538		16531
#研究生	16183	16183					
成人高等院校	5256	5256					
普通中等专业学校	43723	28303	3946	7216	2211	1142	905
普通中学	149227	70728	14070	21948	9582	18482	14417
初　中	94304	46043	9665	12434	5470	11568	9124
高　中	54923	24685	4405	9514	4112	6914	5293
技工学校	17891	17891					
小　学	87208	46902	8572	8318	6945	9677	6794
幼儿园	117258	72409	8033	8020	11645	10115	7036
特殊教育学校	335	237	22	37	16	7	16

17—6 研究生数

单位：人

年份	在校学生数	硕士	招生数	硕士	毕业生数	硕士
2010	29377	25273	10569	9311	7095	6043
2015	37925	32397	13184	11485	11264	10028
2016	38598	32567	13527	11689	11709	10436
2017	43145	35712	16219	14101	12085	10772
2018	47269	38970	17196	14751	12677	11138
2019	51594	42296	18287	15507	13300	11765
2020	60242	49408	23562	20471	12999	11587
2021	70032	57448	25364	21879	14071	12150
2022	78165	64070	26606	22850	16183	14008

17—7 技工学校基本情况

年份	学校数（所）	在校学生数（人）	招生数（人）	毕业生数（人）	教职工数（人）
2010	28	28581	9845	12348	1827
2015	28	14259	6857	4982	1274
2016	31	18310	8700	4300	1685
2017	32	32542	19014	4570	1927
2018	23	44828	20832	6889	2340
2019	24	53520	23220	10846	2366
2020	26	63258	28401	15410	2801
2021	25	76817	35275	15748	3600
2022	26	85016	32810	17891	4546

17—8　初中毕业生和小学毕业生升学率及小学学龄儿童入学率

单位：人

年份	初中毕业生升学率			小学毕业生升学率			小学学龄儿童入学率		
	初中毕业生数	高中招生数	升学率(%)	小学毕业生数	初中招生数	升学率(%)	学龄儿童数	已入学学龄儿童数	入学率(%)
2010	61862	79132	127.92	65271	69810	106.95	317229	317218	100.00
2015	73840	83369	112.90	66257	69383	104.72	446130	453588	101.67
2016	72202	86654	120.02	71773	74920	104.38	458994	473355	103.13
2017	70420	88817	126.12	74277	79556	107.11	469461	490998	104.59
2018	71435	97314	136.23	75977	80338	105.74	499457	521019	104.32
2019	76843	103189	134.29	89689	94829	105.73	506618	538908	106.37
2020	80392	98507	122.53	84749	87671	103.45	522407	564724	108.10
2021	80561	100708	125.01	86785	89925	103.62	549978	592284	107.69
2022	92887	98486	106.03	87208	89523	102.65	580143	627818	108.22

17—9　高等院校研究生基本情况（2022年）

单位：人

院校	在校生数	博士生	硕士生	招生数	博士生	硕士生	毕业生数	博士生	硕士生
总计	**78165**	**14095**	**64070**	**26606**	**3756**	**22850**	**16183**	**2175**	**14008**
安徽大学	12987	731	12256	4793	207	4586	2884	122	2762
中国科学技术大学	29055	10119	18936	9470	2714	6756	5074	1631	3443
合肥工业大学	15128	2022	13106	4526	431	4095	3549	199	3350
安徽农业大学	6289	433	5856	2462	102	2360	1775	80	1695
安徽医科大学	7379	652	6727	2685	239	2446	1595	119	1476
安徽中医药大学	3291	138	3153	1150	63	1087	534	24	510
安徽建筑大学	2533		2533	877		877	504		504
合肥学院	1031		1031	409		409	96		96
合肥师范学院	472		472	234		234	172		172

17—10　本科院校基本情况一览表（2022年）

单位：人

名　　称	本专科			教职工人数	
	在校生数	招生数	毕业生数	合　计	专任教师
总　　计	**388826**	**153735**	**122248**	**28016**	**19901**
安徽大学	39393	19859	12560	3123	2208
中国科学技术大学	7840	11415	6862	4177	2140
合肥工业大学	44957	17316	16104	3916	2478
安徽农业大学	36624	14418	14733	2095	1347
安徽医科大学	28743	11701	9935	1581	1118
安徽中医药大学	36655	11703	11227	1631	1434
安徽建筑大学	20735	7212	5317	1556	1242
巢湖学院	17349	4572	4698	1044	852
安徽三联学院	18511	5696	5328	1023	723
合肥学院	23126	10486	3798	1165	1043
安徽新华学院	29113	11541	7752	1515	1139
安徽文达信息工程学院	13853	4175	4463	743	517
安徽外国语学院	12866	3995	3822	787	606
合肥师范学院	17408	5061	6677	1258	1087
安徽艺术学院	5209	2163	1164	314	207
合肥城市学院	11753	4084	2282	547	468
合肥经济学院	14122	4723	3005	702	645
安徽大学江淮学院	4574	1281	1946	351	250
安徽医科大学临床医学院	5995	2334	575	488	397

17—11　高职院校基本情况一览表（2022年）

单位：人

名称	本专科			教职工人数	
	在校生数	招生数	毕业生数	合计	专任教师
总计	**409489**	**134600**	**118817**	**16861**	**13441**
安徽职业技术学院	21867	6386	7733	1314	1118
安徽水利水电职业技术学院	19200	4881	5324	728	605
万博科技职业学院	11809	2603	1760	223	166
安徽警官职业学院	9638	2846	2866	446	342
安徽工业经济职业技术学院	14993	5252	4283	707	624
合肥通用职业技术学院	8337	2134	1851	410	332
合肥经济技术职业学院	15831	4898	2325	372	306
安徽交通职业技术学院	10315	3049	4149	480	307
安徽体育运动职业技术学院	5405	1866	1571	305	182
安徽医学高等专科学校	14254	4065	4644	694	530
合肥职业技术学院	20752	6889	8828	714	674
安徽广播影视职业技术学院	6136	1715	2035	259	230
合肥滨湖职业技术学院	15166	8850	2402	458	362
安徽电气工程职业技术学院	2518	676	622	279	123
安徽城市管理职业学院	20638	6822	5637	1029	784
安徽工商职业学院	13530	3871	6136	502	430
安徽中澳科技职业学院	7091	1905	1675	221	199
安徽艺术职业学院	4345	1456	1406	452	247
安徽财贸职业学院	21817	7890	7914	741	637
安徽国际商务职业学院	14005	4652	4012	659	554
安徽公安职业学院	3152	1112	1119	243	184
安徽林业职业技术学院	4043	1911	642	259	221
安徽审计职业学院	8260	2612	2672	393	360
安徽新闻出版职业技术学院	8222	2700	2826	349	283
安徽邮电职业技术学院	4351	1614	1138	289	215
合肥财经职业学院	34065	12353	13530	797	620
安徽涉外经济职业学院	131		2418	20	15
安徽绿海商务职业学院	15271	4900	1517	382	322
合肥共达职业技术学院	8681	2101	789	213	164
徽商职业学院	6505	2216	1387	287	263
合肥信息技术职业学院	20448	5668	3656	663	563
安徽汽车职业技术学院	7338	2185	1479	379	291
合肥幼儿师范高等专科学校	6231	2587	2241	481	358
安徽粮食工程职业学院	7233	3174	1653	287	218
合肥科技职业学院	17911	6761	4577	826	612

17—12　各县（市）区普通中学教育情况（2022年）

单位：人

地　区	学校数（所）			在校学生数			招生数			毕业生数		
	合计	高中	初中	合计	高中	初中	合计	高中	初中	合计	高中	初中
总　计	**317**	**100**	**217**	**440760**	**171998**	**268762**	**151124**	**61601**	**89523**	**149227**	**54923**	**94304**
市　属	12	12		47859	47594	265	17837	17748	89	14288	14202	86
瑶海区	16	4	12	32327	7529	24798	11279	2448	8831	10219	2553	7666
庐阳区	13	2	11	26022	4391	21631	6436	2088	4348	8485	1391	7094
蜀山区	23	6	17	31942	4852	27090	9108	1425	7683	10291	1546	8745
包河区	28	8	20	40522	7400	33122	10986	1767	9219	14040	2416	11624
高新区	9	1	8	6023	66	5957	2266	39	2227	1567		1567
经开区	14	4	10	19909	3118	16791	13913	2619	11294	6044	1047	4997
新站区	14	4	10	18255	5549	12706	7294	1256	6038	5794	1530	4264
长丰县	37	11	26	41232	16008	25224	14498	6194	8304	14070	4405	9665
肥东县	29	12	17	57925	26655	31270	17469	8501	8968	21948	9514	12434
肥西县	29	9	20	30532	12578	17954	10624	4375	6249	9582	4112	5470
庐江县	53	15	38	50128	19920	30208	16679	7001	9678	18482	6914	11568
巢湖市	40	12	28	38084	16338	21746	12735	6140	6595	14417	5293	9124

17—13　各县（市）区职业学校基本情况（2022年）

单位：人

地　区	学校数（所）	教职工数	专任教师	在校学生数	招生数	毕业生数
总　计	**49**	**6401**	**5678**	**111176**	**36885**	**43723**
市　属	3	930	847	15879	4943	4365
瑶海区	3	411	438	4948	1435	1584
庐阳区	2	89	66	919	705	233
蜀山区	6	394	408	9098		2929
包河区	7	419	485	21909	3160	14018
高新区	1	358	311	4864	940	2039
经开区	4	397	269	5847	12009	1635
新站区	3	217	186	5104	2135	1500
长丰县	6	988	808	12801	2664	3946
肥东县	5	1388	1125	18750	5210	7216
肥西县	5	441	397	4541	1725	2211
庐江县	2	229	215	3917	924	1142
巢湖市	2	140	123	2599	1035	905

17—14 各县（市）区小学基本情况（2022年）

单位：人

地　区	学校数（所）	教职工数	专任教师	在校学生数	招生数	毕业生数
总　计	**470**	**32678**	**36493**	**638097**	**120285**	**87208**
瑶海区	32	3539	3647	64952	11513	9199
庐阳区	27	3483	3445	62812	6364	7536
蜀山区	37	3909	4200	73713	12362	8869
包河区	31	4254	4890	90199	14523	11271
高新区	16	918	1015	17323	4007	1824
经开区	11	1216	2450	47173	18090	5237
新站区	23	1488	1597	30931	9907	2966
长丰县	59	2431	3118	58592	10681	8572
肥东县	49	3055	3444	50907	9084	8318
肥西县	54	3149	3146	46770	8610	6945
庐江县	83	2946	3028	54661	8556	9677
巢湖市	48	2290	2513	40064	6588	6794

注：教职工数未含一贯制学校教师和教辅人员。

17—15 各县（市）区幼儿园基本情况（2022年）

单位：人

地　区	园数（所）	教职工数	教师	幼儿数	招生数	毕业生数
总　计	**1563**	**49870**	**24917**	**361241**	**121404**	**117258**
瑶海区	144	5200	2487	33566	11288	12576
庐阳区	120	4920	2443	32587	8597	11987
蜀山区	155	6307	3073	41785	11732	14532
包河区	188	8222	3983	55467	12798	15069
高新区	45	2101	1002	14323	4295	4216
经开区	93	3731	1862	26319	16750	8300
新站区	76	3148	1567	21300	8949	5729
长丰县	157	3791	1994	31191	9052	8033
肥东县	155	2773	1518	24030	9221	8020
肥西县	165	4573	2269	36879	14386	11645
庐江县	166	2636	1468	24766	8095	10115
巢湖市	99	2468	1251	19028	6241	7036

17—16 主要年份全市科技活动基本情况

指标		2015年	2020年	2021年	2022年
科技活动					
研究与试验发展人员	(人)	72837	96712	117307	131528
研究与试验发展经费支出	(亿元)	174.87	353.48	394.57	469.48
#基础研究		18.38	48.35	58.97	78.76
应用研究		21.74	45.89	42.69	56.53
试验发展		134.75	259.24	292.92	334.18
#政府资金		58.73	94.99	96.09	117.98
企业资金		110.82	239.91	282.10	334.19
#相当于GDP比例	(%)	3.24	3.52	3.46	3.91
输出技术合同成交额	**(亿元)**	**104.93**	**230.69**	**435.67**	**647.44**
专　　利					
专利申请授权量	(件)	17070	41054	53843	59340
发　　明		3413	7593	9741	12734
实用新型		11277	29535	39814	42076
外观设计		2380	3926	4288	4530

17—17 主要年份规上工业企业科技活动基本情况

指 标		2015年	2020年	2021年	2022年
有研究与试验发展活动的企业	(个)	532	770	881	1137
有研究与试验发展活动的企业占全部企业的比重	(%)	21.50	35.85	37.20	44.76
R&D人员	(人)	42880	46455	58511	64280
研究与试验发展折合全时人员	(人年)	30253	35781	42878	47093
开发新产品经费支出	(亿元)	126.56	221.50	288.13	352.09
研究与试验发展经费支出	(亿元)	104.10	192.23	225.27	254.98
#政府资金		8.75	6.58	6.41	6.61
企业资金		94.74	182.83	217.51	248.27
研究与试验发展经费支出占主营业务收入的比重	(%)	1.08	2.06		
研究与试验发展经费支出占营业收入的比重	(%)		2.00	1.99	1.98
引进境外技术经费支出	(亿元)	0.69	1.19	1.53	0.79
引进境外技术的消化吸收经费支出	(亿元)	0.46	0.07	0.23	0.11
购买境内技术经费支出	(亿元)	3.04	7.89	12.12	2.89
专利申请数	(件)	15186	18982	25312	28599
#发明专利数		6490	8834	11906	14181
拥有发明专利数	(件)	7996	24647	26563	31957

17—18 规模以上工业企业科技活动人员情况（2022年）

项目	企业数（个）	有R&D活动企业数（个）	R&D人员合计（人）	R&D人员折合全时当量（人年）
总计	**2540**	**1137**	**64280**	**47093.08**
#国有控股企业	215	110	18553	13988.99
按企业规模分				
大型企业	76	65	31501	24181.67
中型企业	264	175	15909	11218.50
小型企业	1992	863	16578	11477.25
微型企业	208	34	292	215.67
按行业分				
黑色金属矿采选业	3	2	62	27.25
有色金属矿采选业	2			
非金属矿采选业	5	1	38	24.25
农副食品加工业	97	26	421	268.50
食品制造业	57	21	416	260.42
酒、饮料和精制茶制造业	7	2	81	9.33
烟草制品业	2	1	282	139.75
纺织业	40	20	299	195.67
纺织服装、服饰业	30	3	37	5.33
皮革、毛皮、羽毛及其制品和制鞋业	23			
木材加工和木、竹、藤、棕、草制品业	9	5	69	55.34
家具制造业	34	13	764	575.75
造纸和纸制品业	41	10	134	91.67
印刷和记录媒介复制业	46	20	386	286.25
文教、工美、体育和娱乐用品制造业	15	3	72	29.58
石油、煤炭及其他燃料加工业	2	1	13	10.00
化学原料和化学制品制造业	104	48	1994	1427.75
医药制造业	46	34	1989	1419.75
化学纤维制造业	4	2	25	11.92
橡胶和塑料制品业	190	80	3183	2349.67

17—18 续表

项目	企业数（个）	有R&D活动企业数（个）	R&D人员合计（人）	R&D人员折合全时当量（人年）
非金属矿物制品业	245	58	1302	710.08
黑色金属冶炼和压延加工业	12	5	243	200.25
有色金属冶炼和压延加工业	16	8	240	143.83
金属制品业	176	74	2424	1787.26
通用设备制造业	233	127	5562	4167.25
专用设备制造业	194	117	3550	2548.24
汽车制造业	181	86	7464	4358.58
铁路、船舶、航空航天和其他运输设备制造业	16	11	399	332.92
电气机械和器材制造业	321	169	9265	6953.50
计算机、通信和其他电子设备制造业	246	131	19565	15733.41
仪器仪表制造业	56	38	1311	973.41
其他制造业	12	6	150	119.00
废弃资源综合利用业	12	3	37	25.17
金属制品、机械和设备制造业	2	2	147	94.00
电力、热力生产和供应业	33	8	2297	1724.00
燃气生产和供应业	14	1	46	24.00
水的生产和供应业	14	1	13	10.00
按地区分				
瑶海区	24	6	80	52.75
庐阳区	70	26	952	612.08
蜀山区	66	34	1251	949.26
包河区	97	55	5039	3789.42
高新区	300	169	15247	11286.67
经开区	338	134	11639	7950.66
新站区	153	97	11059	9442.24
长丰县	360	138	5580	3688.42
肥东县	272	103	3004	2029.58
肥西县	433	206	6000	4291.67
庐江县	193	51	1131	806.92
巢湖市	234	118	3298	2193.42

注：分县区数据按照一套表行政区划代码汇总，巢湖市含安巢经开区（后表同）。

17—19 规模以上工业企业研究与试验发展（R&D）情况（2022年）

单位：万元

项目	R&D经费内部支出	经常费支出	资产性支出	R&D经费外部支出
总计	**2549783.8**	**2311577.5**	**238206.3**	**278680.2**
#国有控股企业	667171.8	537337.7	129834.1	129223.1
按企业规模分组				
#大型企业	1718735.7	1558324.1	160411.6	210678.7
中型企业	467778.4	403404.1	64374.3	29767.1
按行业分				
黑色金属矿采选业	4085.1	4085.1		626.2
有色金属矿采选业				
农副食品加工业	11490.3	11107.0	383.3	202.0
食品制造业	1737.1	1373.1	364.0	6.1
酒、饮料和精制茶制造业	1122.9	251.4	871.5	14.0
烟草制品业	4850.4	2305.7	2544.7	1432.0
纺织业	3863.1	3053.1	810.0	16.7
纺织服装、服饰业	465.3	457.4	7.9	33.6
木材加工和木、竹、藤、棕、草制品业	1577.6	1322.2	255.4	
家具制造业	13473.8	13068.1	405.7	
造纸和纸制品业	1459.9	1454.1	5.8	
印刷和记录媒介复制业	10483.6	8781.2	1702.4	213.0
文教、工美、体育和娱乐用品制造业	846.1	826.7	19.4	
石油、煤炭及其他燃料加工业	82.4	82.4		
化学原料和化学制品制造业	47988.8	46254.5	1734.3	3059.3
医药制造业	74528.3	62948.3	11580.0	16721.7
化学纤维制造业	327.9	327.9		20.5
橡胶和塑料制品业	94725.4	93314.7	1410.7	1322.4
非金属矿物制品业	23655.5	20310.7	3344.8	56.8
黑色金属冶炼和压延加工业	2994.8	2994.8		

17—19 续表

单位：万元

项　　目	R&D经费内部支出	经常费支出	资产性支出	R&D经费外部支出
有色金属冶炼及压延加工业	5574.1	5531.1	43.0	92.7
金属制品业	76733.1	74996.1	1737.0	728.0
通用设备制造业	181714.0	172004.6	9709.4	7358.1
专用设备制造业	78707.4	76239.6	2467.8	1526.5
汽车制造业	232205.6	218162.1	14043.5	20969.6
铁路、船舶、航空航天和其他运输设备制造业	10817.8	10441.6	376.2	3910.3
电气机械及器材制造业	472487.4	458775.1	13712.3	30590.9
计算机、通信和其他电子设备制造业	1120265.8	956874.3	163391.5	115826.0
仪器仪表制造业	29434.4	28916.7	517.7	1720.6
其他制造业	5948.9	5079.1	869.8	469.9
废弃资源综合利用业	1649.4	1643.3	6.1	
金属制品、机械和设备修理业	3297.0	3075.6	221.4	
电力、热力的生产和供应业	29252.3	23626.6	5625.7	71652.0
燃气生产和供应业	1097.7	1059.0	38.7	87.5
水的生产和供应业	17.8	11.5	6.3	23.8
按地区分				
瑶 海 区	1512.5	1424.4	88.1	25.5
庐 阳 区	27468.6	26930.4	538.2	192.4
蜀 山 区	25885.2	24713.0	1172.2	333.2
包 河 区	71651.4	64431.5	7219.9	77089.7
高 新 区	602103.8	581934.9	20168.9	97338.9
经 开 区	795445.2	744869.7	50575.6	39700.3
新 站 区	539737.5	420909.7	118827.8	37704.0
长 丰 县	132104.7	117485.2	14619.5	2743.5
肥 东 县	93097.2	82773.9	10323.3	1890.4
肥 西 县	165372.8	161125.8	4247.1	18500.5
庐 江 县	31354.7	28717.4	2637.3	1178.9
巢 湖 市	64050.2	56261.7	7788.5	1982.9

17—20 规模以上工业企业R&D经费内部支出来源构成（2022年）

单位：万元

项目	R&D经费内部支出合计	政府资金	企业资金	境外资金	其他资金
总计	**2549783.8**	**66124.9**	**2482699.0**	**821.5**	**138.4**
#国有控股企业	667171.8	31303.5	635821.1		47.2
按企业规模分					
大型企业	1718735.7	22915.5	1695488.6	326.6	5.0
中型企业	467778.4	33803.9	433504.4	384.2	85.9
按行业分					
黑色金属矿采选业	4085.1	3.8	4081.3		
有色金属矿采选业					
农副食品加工业	11490.3	340.0	11149.2		1.1
食品制造业	1737.1	32.7	1704.4		
酒、饮料和精制茶制造业	1122.9	75.0	1047.9		
烟草制品业	4850.4		4850.4		
纺织业	3863.1	100.0	3763.1		
纺织服装、服饰业	465.3	20.2	445.1		
木材加工和木、竹、藤、棕、草制品业	1577.6	33.9	1543.7		
家具制造业	13473.8	67.9	13405.9		
造纸和纸制品业	1459.9	100.4	1359.5		
印刷和记录媒介复制业	10483.6	57.0	10426.6		
文教、工美、体育和娱乐用品制造业	846.1		846.1		
石油、煤炭及其他燃料加工业	82.4		82.4		
化学原料和化学制品制造业	47988.8	2338.1	45650.7		
医药制造业	74528.3	1443.1	72675.3	404.9	5.0
化学纤维制造业	327.9		327.9		
橡胶和塑料制品业	94725.4	1070.5	93654.6		0.3
非金属矿物制品业	23655.5	397.1	23258.4		
黑色金属冶炼和压延加工业	2994.8	23.5	2971.3		

17—20 续表

单位：万元

项目	R&D经费内部支出合计	政府资金	企业资金	境外资金	其他资金
有色金属冶炼及压延加工业	5574.1		5574.1		
金属制品业	76733.1	3032.6	73664.2		36.3
通用设备制造业	181714.0	7152.9	174524.8	36.3	
专用设备制造业	78707.4	3710.5	74660.5	326.6	9.8
汽车制造业	232205.6	2787.6	229364.3	53.7	
铁路、船舶、航空航天和其他运输设备制造业	10817.8	1621.9	9195.9		
电气机械及器材制造业	472487.4	5075.8	467411.6		
计算机、通信和其他电子设备制造业	1120265.8	26713.8	1093466.1		85.9
仪器仪表制造业	29434.4	1892.7	27541.7		
其他制造业	5948.9	1175.4	4773.5		
废弃资源综合利用业	1649.4		1649.4		
金属制品、机械和设备修理业	3297.0		3297.0		
电力、热力的生产和供应业	29252.3	6858.5	22393.8		
燃气生产和供应业	1097.7		1097.7		
水的生产和供应业	17.8		17.8		
按地区分					
瑶 海 区	1512.5	85.8	1426.7		
庐 阳 区	27468.6	7308.2	20106.7	53.7	
蜀 山 区	25885.2	3971.7	21913.5		
包 河 区	71651.4	4103.1	67548.3		
高 新 区	602103.8	28954.6	572786.5	347.9	14.8
经 开 区	795445.2	6419.0	788606.0	383.6	36.6
新 站 区	539737.5	5979.2	533758.3		
长 丰 县	132104.7	1889.5	130215.2		
肥 东 县	93097.2	1517.0	91580.2		
肥 西 县	165372.8	3257.8	162078.7	36.3	
庐 江 县	31354.7	1020.3	30248.5		85.9
巢 湖 市	64050.2	1618.7	62430.4		1.1

17—21 规模以上工业企业政府相关政策落实情况（2022年）

单位：万元

项　　目	研究开发费用加计扣除减免税	高新技术企业减免税
总　　计	**440629.8**	**233514.7**
#国有控股企业	142931.1	31914.9
按企业规模分		
大型企业	238949.3	97653.9
中型企业	91853.1	83116.0
按行业分		
黑色金属矿采选业	178.6	5196.8
农副食品加工业	3029.1	287.5
食品制造业	596.2	348.6
酒、饮料和精制茶制造业	102.2	63.0
烟草制品业		
纺织业	757.1	829.0
纺织服装、服饰业	357.6	46.0
木材加工和木、竹、藤、棕、草制品业	410.3	5.4
家具制造业	5280.7	5363.1
造纸和纸制品业	769.5	314.0
印刷和记录媒介复制业	2197.5	5156.2
文教、工美、体育和娱乐用品制造业	1227.1	20.5
石油、煤炭及其他燃料加工业		
化学原料和化学制品制造业	12958.6	6876.5
医药制造业	16927.3	17452.2
化学纤维制造业	28.2	28.2
橡胶和塑料制品业	13369.6	18121.5
非金属矿物制品业	8365.2	2034.0
黑色金属冶炼和压延加工业	1201.8	119.8

17—21 续表

单位：万元

项目	研究开发费用加计扣除减免税	高新技术企业减免税
有色金属冶炼和压延加工业	858.6	1521.1
金属制品业	8452.9	9322.8
通用设备制造业	28818.2	39591.5
专用设备制造业	18273.2	21810.8
汽车制造业	16301.4	7234.1
铁路、船舶、航空航天和其他运输设备制造业	1541.3	2938.9
电气机械及器材制造业	73263.8	44387.5
计算机、通信和其他电子设备制造业	203629.5	36904.7
仪器仪表制造业	9526.3	5367.9
其他制造业	4214.4	153.9
废弃资源综合利用业	295.0	
金属制品、机械和设备修理业	316.2	1446.1
电力、热力的生产和供应业	6853.6	573.1
燃气生产和供应业	25.0	
按地区分		
瑶 海 区	364.0	372.7
庐 阳 区	6583.0	2659.1
蜀 山 区	3625.6	1796.2
包 河 区	16975.9	6757.7
高 新 区	98738.1	83180.2
经 开 区	78959.5	36916.2
新 站 区	139821.5	13908.1
长 丰 县	19642.5	21077.9
肥 东 县	23376.5	6060.6
肥 西 县	29321.2	45469.0
庐 江 县	11144.7	9069.0
巢 湖 市	12077.3	6248.0

17—22 规模以上工业企业新产品和专利情况（2022年）

项目	新产品销售收入（万元）	出口	专利申请数（件）	发明专利	有效发明专利数（件）
总计	**49692883.7**	**13741505.8**	**28599**	**14181**	**31957**
#国有控股企业	10058610.9	3181854.3	5943	3152	11241
按企业规模分					
大型企业	33932437.3	12235757.0	15930	9464	15174
中型企业	9515379.0	1058483.5	3822	1738	5930
按行业分					
黑色金属矿采选业	141567.3		33	11	9
有色金属矿采选业			7	7	2
农副食品加工业	163678.1	9191.9	164	81	390
食品制造业	106000.1	2483.2	140	35	105
酒、饮料和精制茶制造业	5917.0		4		12
烟草制品业	10577.6		249	58	153
纺织业	48533.0	27010.2	117	47	127
纺织服装、服饰业	25300.8		25	5	50
皮革、毛皮、羽毛及其制品和制鞋业	2456.4				
木材加工和木、竹、藤、棕、草制品业	26686.3		25	1	44
家具制造业	542735.1	66.7	142	53	102
造纸和纸制品业	132904.5	2556.0	49	11	64
印刷和记录媒介复制业	304214.4	76168.8	186	36	202
文教、工美、体育和娱乐用品制造业	16556.2	10100.8	32	4	15
石油、煤炭及其他燃料加工业					36
化学原料和化学制品制造业	1333202.9	249949.6	438	230	861
医药制造业	610319.8	53244.1	159	68	556
化学纤维制造业	16246.2		8	2	1
橡胶和塑料制品业	1481961.6	134138.7	1038	294	1325
非金属矿物制品业	668515.4	5326.9	387	104	407
黑色金属冶炼和压延加工业	425607.4	9374.9	47	8	84

17—22 续表

项目	新产品销售收入(万元)	出口	专利申请数(件)	发明专利	有效发明专利数(件)
有色金属冶炼和压延加工业	163123.5		62	22	66
金属制品业	1337997.0	26987.5	687	277	1274
通用设备制造业	2920766.7	527615.1	2749	1001	2667
专用设备制造业	1261388.8	228427.6	1655	655	2131
汽车制造业	6770961.3	1450722.4	1436	704	4920
铁路、船舶、航空航天和其他运输设备制造业	202434.0		221	119	272
电气机械和器材制造业	16109125.9	3699635.6	6413	2436	6057
计算机、通信和其他电子设备制造业	14146046.3	7218422.0	9020	6596	7555
仪器仪表制造业	479023.6	10083.8	848	275	547
其他制造业	41408.8		151	66	444
废弃资源综合利用业			25	10	14
金属制品、机械和设备修理业	50970.7		7	2	1
电力、热力生产和供应业	111806.9		2042	943	1454
燃气生产和供应业	34850.1		21	11	7
水的生产和供应业			12	9	3
按地区分					
瑶海区	68748.9	5836.8	51	27	49
庐阳区	895235.7	196012.2	320	93	272
蜀山区	323172.9	7313.6	402	209	1094
包河区	1040507.3	79908.7	2856	1352	2775
高新区	11970348.3	2842795.8	7438	3343	7171
经开区	12149737.4	5328191.2	7706	5360	8714
新站区	6909279.9	1724077.1	3222	1711	4794
长丰县	3628971.7	123494.1	1440	382	1574
肥东县	2939236.9	255767.3	781	297	1053
肥西县	7334204.7	2890379.5	3063	995	2993
庐江县	1411411.6	121645.0	508	175	505
巢湖市	1022028.5	166084.6	812	237	963

17—23 各县（市）区规模以上工业企业自主知识产权和技术情况（2022年）

地　　区	专利申请数（件）	发明专利	有效发明专利数（件）	发表科技论文（篇）
总　　计	**28599**	**14181**	**31957**	**1542**
瑶海区	51	27	49	48
庐阳区	320	93	272	8
蜀山区	402	209	1094	171
包河区	2856	1352	2775	565
高新区	7438	3343	7171	279
经开区	7706	5360	8714	134
新站区	3222	1711	4794	93
长丰县	1440	382	1574	47
肥东县	781	297	1053	70
肥西县	3063	995	2993	58
庐江县	508	175	505	24
巢湖市(含安巢经开区)	812	237	963	45

地　　区	拥有注册商标数（件）	形成国家行业标准数（项）	技术改造经费支出（万元）	引进技术经费支出（万元）
总　　计	**15037**	**803**	**601595.4**	**7924.3**
瑶海区	74	2	1516.7	
庐阳区	214	5	3448.1	
蜀山区	70	71	681.1	
包河区	788	60	47897.3	
高新区	7286	241	149024.6	1460.9
经开区	2583	228	185146.3	3447.7
新站区	482	19	54630.9	3015.7
长丰县	836	62	11731.6	
肥东县	1124	20	17752.5	
肥西县	1034	61	110279.9	
庐江县	411	6	8789.6	
巢湖市(含安巢经开区)	135	28	10696.8	

17—24 主要年份全市专利授权量

单位：件

指　　标	2010年	2015年	2020年	2021年	2022年
专利授权量合计	**4007**	**17070**	**41054**	**53843**	**59340**
发　　明	485	3413	7593	9741	12734
实用新型	2091	11277	29535	39814	42076
外观设计	1431	2380	3926	4288	4530

主要统计指标解释

普通高等学校

指按国家规定的设置标准和审批程序批准举办的，通过国家普通高等教育招生考试，招收高中毕业生为主要培养对象，实施高等学历教育的全日制大学、独立设置的学院和高等专科学校、高等职业学校及其他普通高教机构。

成人高等学校

指按照国家规定的设置标准和审批程序批准举办的，指通过全国成人高等教育招生考试，招收具有高中毕业或同等学历的人员为主要培养对象，利用函授、业余、脱产等多种形式对其实施高等学历教育的学校。包括职工高等学校、农民高等学校、管理干部学院、教育学院、独立函授学院、广播电视大学、其他成人高教机构等。其他成人高教机构是承担国家成人招生计划任务不计校数的机构。

小学学龄儿童入学率即小学学龄儿童净入学率

指小学教育在校学龄人口数占小学教育国家规定年龄组人口总数的百分比。计算公式为：

小学净入学率＝小学在校学龄人口数/小学校内外学龄人口数×100%

财政性教育经费

包括财政预算内教育经费，各级政府征收用于教育的税费，企业办学校教育经费，校办产业、勤工俭学和社会服务收入用于教育的经费。

研究与试验发展（R&D）

指在科学技术领域，为增加知识总量，以及运用这些知识去创造新的应用进行的系统的创造性的活动，包括基础研究、应用研究、试验发展三类活动。国际上通常采用 R&D 活动的规模和强度指标反映一国的科技实力和核心竞争力。

基础研究

指为了获得关于现象和可观察事实的基本原理的新知识(揭示客观事物的本质、运动规律，获得新发现、新学说)而进行的实验性或理论性研究，它不以任何专门或特定的应用或使用为目的。其成果以科学论文和科学著作为主要形式。用来反映知识的原始创新能力。

应用研究

指为获得新知识而进行的创造性研究，主要针对某一特定的目的或目标。应用研究是为了确定基础研究成果可能的用途，或是为达到预定的目标探索应采取的新方法(原理性)或新途径。其成果形式以科学论文、专著、原理性模型或发明专利为主。用来反映对基础研究成果应用途径的探索。

试验发展

指利用从基础研究、应用研究和实际经验所获得的现有知识，为产生新的产品、材料和装置，建立新的工艺、系统和服务，以及对已产生和建立的上述各项作实质性的改进而进行的系统性工作。

R&D 人员

指参与研究与试验发展项目研究、管理和辅助工作的人员，包括项目（课题）组人员，企业科技行政管理人员和直接为项目（课题）活动提供服务的辅助人员。反映投入从事拥有自主知识产权的研究开发活动的人力规模。

R&D 人员全时当量

指全时人员数加非全时人员按工作量折算为全时人员数的总和。例如：有两个全时人员和三个非全时人员（工作时间分别为 20%、30%和 70%），则全时当量为 2+0.2+0.3+0.7=3.2 人年。为国际上比较科技人力投入而制定的可比指标。

R&D 经费内部支出合计

指调查单位用于内部开展 R&D 活动（基础研究、应用研究和试验发展）的实际支出。包括用于 R&D 项目（课题）活动的直接支出，以及间接用于 R&D 活动的管理费、服务费、与 R&D 有关的基本建设支出以及外协加工费等。不包括生产性活动支出、归还贷款支出以及与外单位合作或委托外单位进行 R&D 活动而转拨给对方的经费支出。

R&D 经费内部支出中政府资金

指 R&D 经费内部支出中来自各级政府部门的各类资金，包括财政科学技术拨款、科学基金、教育等部门事业费以及政府部门预算外资金的实际支出。

R&D 经费内部支出中企业资金

指 R&D 经费内部支出中来自本企业的自有资金和接受其他企业委托而获得的经费，以及科研院所、高校等事业单位从企业获得的资金的实际支出。

新产品销售收入

指报告期企业销售新产品实现的销售收入。

发明（专利）

指对产品、方法或者其改进所提出的新的技术方案。是国际通行的反映拥有自主知识产权技术的核心指标。

实用新型（专利）

指对产品的形状、构造或者其结合所提出的适于实用的新的技术方案。反映具有一定技术含量的技术成果情况。

外观设计（专利）

指对产品的形状、图案、色彩或者其结合所作出的富有美感并适于工业上应用的新设计。反映拥有自主知识产权的外观设计成果情况。

第十八篇

文化、体育、卫生

简要说明

一、本篇主要反映我市文化、体育、卫生事业发展情况。

文化：主要包括艺术、图书馆、群众文化、文物、广播、电视、新闻出版等文化事业的机构、人员及业务活动情况。资料主要来自省文旅厅和市文旅局。

体育：主要内容有体育系统职工、运动员、教练员和裁判员等人数等。资料由市体育局提供。

卫生：主要内容为卫生机构、人员、床位数，医院诊疗人次及入院人数。资料由市卫健委提供。

二、上述资料根据相关部门统计报表制度进行统计、汇总整理。

18—1 文化馆业务活动及经费情况（2022年）

指　标		总　计	市　区	长丰县	肥东县	肥西县	庐江县	巢湖市
机构数	（个）	11	6	1	1	1	1	1
从业人员	（人）	169	107	15	12	9	6	20
#高级职称		22	17	3		2		
中级职称		60	38	5	6	3		8
组织品牌节庆活动	（个）	21	17		1	3		
组织文艺活动	（次）	329	128	12	52	52	80	5
举办训练班	（班次）	1114	909	4	120	26	52	3
训练班培训人次	（人次）	52000	40560	210	3000	1600	6500	130
举办展览	（个）	97	53	6	12	7	18	1
组织公益性讲座	（次）	65	25	4	12	6	18	
本年收入合计	（千元）	64360	50947	2907	2500	700	773	6533
本年支出合计	（千元）	66769	53389	2907	2500	700	740	6533
固定资产净值	（千元）	27127	25255		780		360	732
实际使用房屋建筑面积	（平方米）	53400	41000	1550	3300	2500	3500	1550

18—2 公共图书馆基本情况（2022年）

指　　标		总　计	市　区	长丰县	肥东县	肥西县	庐江县	巢湖市
图书馆个数	(个)	9	4	1	1	1	1	1
从业人员	(人)	323	258	8	11	20	5	21
#高级职称		62	57	3				2
中级职称		118	101	3	4		3	7
总藏书量	(册、件)	9454600	7560200	305900	646900	210400	312600	418600
图　书	(册)	8121000	6615900	274900	372600	209700	286000	361900
古　籍	(册)	360600	359600			600	100	300
报　刊	(件)	679000	561600	31000	25200		17400	43800
视听文献、微缩制品	(件、套)	229400	19000		202100		400	7900
其　他	(册)	64400	55700				8700	
本年收入合计	(千元)	161543	139861	3460	2830	1100	4389	9903
本年支出合计	(千元)	164939	143759	3460	2830	1100	3887	9903
固定资产净值	(千元)	323944	288989	5710	7280	10000	3336	8629
实际使用公用房屋建筑面积	(平方米)	87200	59300	6000	2300	1500	4600	13500
#书　库		11200	10000		500	100	200	400
阅览室		31500	19300	2000	1600	500	700	7400

注：总藏书量中其他项不含电子图书。

18—3 档案馆基本情况（2022年）

指　　标		国家综合档案馆		
		合　计	市　级	县　区
馆藏档案				
全　宗	（个）	1246	304	942
案　卷	（卷）	2436771	365850	2070921
总排架长度（不含寄存）	（米）	33071	12685	20386
以件为保管单位的档案	（件）	3398514	568534	2829980
录音、录像、影片档案	（盘）	2133	1926	207
照片档案	（张）	22535	4132	18412
底　图	（张）	1842	256	1586
接收寄存档案	（卷（件））	713001	713001	0
当年移出寄存档案	（卷（件））			
档案资料利用情况				
利用档案	（卷（件）次）	125772	4158	121614
利用档案	（人次）	17974	3437	14537
档案馆情况				
档案馆个数	（个）	10	1	9
总建筑面积	（平方米）	63796	14700	49096
#库房建筑面积		29018	7500	21518

18—4 主要年份广播、电视事业发展情况

指　　标		2020年	2021年	2022年
广播电台	（座）	5	5	5
＃县广播电台		4	4	4
广播人口覆盖率	（%）	99.9	99.9	99.9
电视台	（座）	5	5	5
＃县电视台		4	4	4
电视人口覆盖率	（%）	99.8	99.9	99.9

18—5 艺术表演团体（2022年）

指　　标		合　　计		
			市　　级	县　　区
剧团个数	（个）	306	1	305
职工人数	（个）	5415	196	5219
国内演出场次	（场）	14500	200	14300
全年收入	（万元）	17016.3	1577.1	15439.2
国有剧团		3	3	
全年支出	（万元）	19444.8	2527.2	16917.6
年末固定资产原值	（万元）	1359.8	1326.8	33
观众人次	（万人次）	512.12	6.94	505.18
平均每一演出场次的观众人数	（人）	353.19	347	353.27

注：剧团个数含民营。

18—6 博物馆（2022年）

指　　标		合　　计		
			市　　级	县　　区
博物馆	（个）	44	24	20
职工人数	（人）	973	775	198
公用房屋面积	（平方米）	244000	180200	63800
藏　品	（件）	435723	394517	41206
陈列个数	（个）	124	67	57
展览个数	（个）	84	54	30
参观人次	（万人次）	304.52	238.44	66.08
全年收入	（万元）	25790.4	23869.6	1920.8
全年支出	（万元）	26988.6	24885.6	2103

18—7　文化及相关产业增加值

年　　份	文化产业增加值（亿元）	占GDP比重（%）
2014	243	4.69
2015	286	4.82
2016	348	5.01
2017	398	5.40
2018	466	5.42
2019	514	5.48
2020	523	5.23
2021	633	5.55

18—8　体育活动基本情况

指　　标	2020年	2021年	2022年
举办全民健身活动次数　（次）	268	231	
参加全民健身活动人数　（人）	121518	124190	
等级运动员　（人）	388	267	524
在国内外比赛中获奖牌数　（枚）	1007	1109	
金　牌	373	424	
银　牌	309	334	
铜　牌	325	351	
体育俱乐部　（个）	216	234	
青少年体育俱乐部	32	30	29
社区体育健身俱乐部	179	199	
其他体育俱乐部	5	5	

18—9　体育系统职工人数（2022年）

单位：人

类　别	合　计	体育运动学校	业余学校	公共体育场馆	机关人员	其他事业单位
总　计	**6077**	**2603**	**3386**	**14**	**74**	
公务员	46				46	
运动员	5919	2567	3352			
专职教练员	40	17	23			
专职文化教师	12	12				
管理人员	18	4	3	6	5	
其　他	42	3	8	8	23	

18—10　等级运动员发展人数（2022年）

单位：人

项　目	等级运动员	项　目	等级运动员
总　计	**524**	乒乓球	23
#田　径	83	羽毛球	21
游　泳	143	网　球	19
举　重	1	手　球	29
国际式摔跤	3	围　棋	1
空手道	4	橄榄球	2
跆拳道	2	射　箭	3
射　击	3	拳　击	7
赛　艇	13	击　剑	9
皮划艇	12	武术套路	25
篮　球	53	摔　跤	1
排　球	59	武术散打	8

18—11 卫生事业基本情况（2022年）

指标	全市	瑶海区	庐阳区	蜀山区	包河区
医疗卫生机构数（个）	**3703**	**446**	**288**	**529**	**393**
医院	221	41	27	47	31
综合医院	85	9	6	11	12
中医医院	21	5	3	4	3
中西医结合医院	9	2	2	2	
专科医院	88	19	12	26	14
护理院	18	6	4	4	2
基层医疗卫生机构	3356	395	242	446	342
社区卫生服务中心	71	14	10	21	12
社区卫生服务站	111	10	14	24	19
街道卫生院	2				
乡镇卫生院	95	3	1	2	1
村卫生室	1130	34	6	18	13
门诊部	658	111	71	185	153
诊所、卫生所、医务室、护理站	1289	223	140	196	144
专业公共卫生机构	56	4	6	8	11
疾病预防控制中心	13	2	1	2	2
专科疾病防治院(所、站)	10		1	2	3
妇幼保健机构	12	1	3	1	2
急救中心(站)	6			1	1
采供血机构	4			1	
卫生监督所	11	1	1	1	3
其他机构	70	6	13	28	9
康复医疗机构	8		2	2	1
医学科研机构	4		4		
医学在职培训机构	4			1	
其他	54	6	7	25	8
卫生机构床位（张）	**70891**	**11775**	**11413**	**18592**	**6602**
医院、社区卫生服务中心（站）、乡镇卫生院	68623	11756	9932	18349	6523
医　院	61791	11292	9576	17753	6255
社区卫生服务中心(站)	1612	313	338	466	250
卫生院（乡镇、街道）	5220	151	18	130	18
妇幼保健机构	1503		1425		
妇幼保健院	1473		1425		
专科疾病防治院(所、站)	16			16	
门诊部	332	19	13	213	69
康复医疗机构	413		43	10	10
卫生工作人员（含村卫生室）（人）	**100689**	**16190**	**16661**	**27375**	**13007**
村室人员	2672	90	11	60	26
合计（不含村卫生室）	98017	16100	16650	27315	12981
#卫生技术人员	86966	14321	14586	23538	11170
执业（助理）医师	32743	5402	5435	8407	4163
执业医师	29362	4564	5274	8076	3961
执业助理医师	3381	838	161	331	202
注册护士	42920	7054	7422	11883	5350
药师（士）	2840	442	461	772	376
技师（士）	5975	911	1054	1941	833
其他卫生技术人员	2488	512	214	535	448

注：安徽省妇幼保健院重复计入医院和妇幼保健院。

18—11 续表

指　　标		长丰县	肥东县	肥西县	庐江县	巢湖市
医疗卫生机构数	**（个）**	**459**	**432**	**383**	**406**	**367**
医院		16	12	9	16	22
综合医院		11	7	5	8	16
中医医院		3	1	1	1	
中西医结合医院		1		1	1	
专科医院		1	3	2	5	6
护理院			1		1	
基层医疗卫生机构		434	411	365	385	336
社区卫生服务中心		2	1		4	7
社区卫生服务站		20	1		13	10
街道卫生院		2				
乡镇卫生院		17	23	12	24	12
村卫生室		242	243	202	212	160
门诊部		29	28	57	18	6
诊所、卫生所、医务室、护理站		122	115	94	114	141
专业公共卫生机构		7	6	4	4	6
疾病预防控制中心		1	2	1	1	1
专科疾病防治院(所、站)		3				1
妇幼保健机构		1	1	1	1	1
急救中心(站)		1	1	1		1
采供血机构			1		1	1
卫生监督所		1	1	1	1	1
其他机构		2	3	5	1	3
康复医疗机构				1		2
医学科研机构						
医学在职培训机构		1	1	1		
其他		1	2	3	1	1
卫生机构床位	**（张）**	**5818**	**3999**	**3571**	**4431**	**4690**
医院、社区卫生服务中心（站）、乡镇卫生院		5808	3947	3520	4430	4358
医　院		4558	2585	2486	3490	3796
社区卫生服务中心(站)		20	18		88	119
卫生院（乡镇、街道）		1230	1344	1034	852	443
妇幼保健机构			48	30		
妇幼保健院			48			
专科疾病防治院(所、站)						
门诊部		10	4	1	1	2
康复医疗机构				20		330
卫生工作人员（含村卫生室）	**（人）**	**5015**	**4748**	**5136**	**5337**	**7220**
村室人员		420	528	462	656	419
合计（不含村卫生室）		4595	4220	4674	4681	6801
#卫生技术人员		4285	3907	4669	4340	6150
执业（助理）医师		1813	1608	1887	1885	2143
执业医师		1338	1337	1446	1546	1820
执业助理医师		475	271	441	339	323
注册护士		1968	1781	2330	1828	3304
药师（士）		138	136	128	170	217
技师（士）		222	215	207	250	342
其他卫生技术人员		144	167	117	207	144

18—12　主要年份医院床位使用情况

指　　标		2010年	2015年	2020年	2021年	2022年
实有床位	(张)	21009	43516	60848	60026	70891
出院人数	(人)	565132	1198495	1464320	1652087	1751465
病床周转次数	(次)	27.28	28.96	27.10	29.80	27.40
病床工作日	(日)	305.50	315.30	266.30	280.50	256.00
病床使用率	(%)	83.69	86.39	72.77	76.84	70.14
出院者平均住院日	(日)	10.87	10.86	9.50	9.00	8.70

18—13　主要年份重大传染病救治情况

指　　标		2010年	2015年	2020年	2021年	2022年
重大传染病救治财政投入	**(万元)**	**77.57**	**277.30**	**286.10**	**272.00**	**285.60**
艾滋病		31.07	157.51	201.89	196.80	206.55
结核病		46.50	107.29	84.21	75.20	79.05
其　他			12.50			
重大传染病免费救治	**(人)**	**750**	**1881**	**1750**	**1739**	**1790**
艾滋病		27	455	796	894	891
结核病		723	1401	954	845	899
其　他			25			

18—14 各县（市）区卫生机构数、床位数（2022年）

地　区	机构合计（个）	医　院	基层医疗卫生机构	专业公共卫生机构	其　他卫生机构	床位合计（张）
全　市	**3703**	**221**	**3356**	**56**	**70**	**70891**
瑶海区	446	41	395	4	6	11775
庐阳区	288	27	242	6	13	11413
蜀山区	529	47	446	8	28	18592
包河区	393	31	342	11	9	6602
长丰县	459	16	434	7	2	5818
肥东县	432	12	411	6	3	3999
肥西县	383	9	365	4	5	3571
庐江县	406	16	385	4	1	4431
巢湖市	367	22	336	6	3	4690

注：安徽省妇幼保健院重复计入医院和妇幼保健院。

18—15 各县（市）区医院床位使用情况（2022年）

地　区	实有床位（张）	出院人数（人）	病　床周转次数（次）	病床工作日（日）	病床使用率（%）
全　市	**61139**	**1751465**	**28.7**	**273.4**	**74.92**
瑶海区	10980	234274	22.7	234.1	64.12
庐阳区	9276	384040	36.5	309.2	84.71
蜀山区	17753	576473	33.3	306.6	83.99
包河区	6255	158410	26.6	209.6	57.43
长丰县	4518	58000	10.9	229.7	62.93
肥东县	2585	77550	25.2	285.8	78.29
肥西县	2486	47935	21.9	245.4	67.24
庐江县	3490	120345	32.8	336.0	92.04
巢湖市	3796	94438	25.4	227.1	62.22

注：安徽省妇幼保健院纳入庐阳区实有床位数统计。

主要统计指标解释

文化及相关产业

文化及相关产业是指为社会公众提供文化产品和文化相关产品的生产活动的集合。范围包括：

1. 以文化为核心内容，为直接满足人们的精神需要而进行的创作、制造、传播、展示等文化产品（包括货物和服务）的生产活动。具体包括新闻信息服务、内容创作生产、创意设计服务、文化传播渠道、文化投资运营和文化娱乐休闲服务等活动。

2. 为实现文化产品的生产活动所需的文化辅助生产和中介服务、文化装备生产和文化消费终端生产（包括制造和销售）等活动。

艺术表演团体

指由文化部门主办或实行行业管理（经文化市场行政部门审批或已申报登记并领取相关许可证），专门从事表演艺术等活动的各类专业艺术表演团体，含民间职业剧团。如话剧团、方言话剧团、滑稽剧团、儿童剧团、歌剧团、木偶团、皮影团等以及由若干剧种组成的综合性专业艺术表演团体。不包括群众业余文艺表演团体。

艺术表演场所

指由文化部门主办或实行行业管理（经文化市场行政部门审批或已申报登记并领取相关许可证），有观众席、舞台、灯光设备、公开售票、专供文艺团体演出的文化活动场所。附属于文化部门机构内非独立核算的剧场、排演场、公开营业的也应单独统计。

广播电视节目综合人口覆盖率

指根据国家广电总局制定的《广播电视人口覆盖率统计技术标准和方法》进行统计调查的，在对象区内采用无线、有线、微波、卫星等技术手段能够收听到包括中央、省、地市、县广播电视节目其中任意一套的人口数占全省总人口数的百分比。

等级运动员人数

指经考核正式批准授予等级运动员称号的人数。运动员等级分为国际级运动健将、运动健将、一级运动员、二级运动员、三级运动员、少年级运动员。

体育场

指有400米跑道（中心含足球场），有固定道牙，跑道6条以上，并有固定看台的室外田径场地。体育场按看台容纳观众人数分为：甲级25000人以上，乙级15000-25000人，丙级5000-15000人，丁级5000人以下。

体育馆

指有固定看台，可供篮球、排球、羽毛球、乒乓球、体操等项目训练比赛活动用的室内运动场地。体育馆按看台容纳观众人数分为：甲级6000人以上，乙级4000-6000人，丙级2000-4000人，丁级2000人以下。

医疗卫生机构

指从卫生（卫生健康）行政部门取得《医疗机构执业许可证》《中医诊所备案证》《计划生育技术服务许可证》或从民政、工商行政、机构编制管理部门取得法人单位登记证书，为社会提供医疗服务、公共卫生服务或从事医学科研和在职培训等工作的单位。

统计范围：医疗卫生机构包括医院、基层医疗卫生机构、专业公共卫生机构、其他医疗卫生机构。

①医院包括综合医院、中医医院、中西医结合医院、民族医医院、各类专科医院和护理院，不包括专科疾病防治院、妇幼保健院和疗养院，包括医学院校附属医院。公立医院：包括登记注册类型为国有和集体的医院。民营医院：指除登记注册类型为国有和集体以外的医院，包括私营、联营、股份合作(有限)、台港澳合资合作、中外合资合作等医院。

②基层医疗卫生机构包括社区卫生服务中心(站)、乡镇（街道）卫生院、村卫生室、门诊部、诊所(医务室)。政府办基层医疗卫生机构：主要指卫生(卫生健康）行政部门、街道办事处等行政机关举办的社区卫生服务中心(站)、乡镇（街道）卫生院。政府办社区卫生服务中心(站):指卫生（卫生健康）行政部门、街道办事处、新疆生产建设兵团、林业局、农垦局等机关举办的社区卫生服务中心(站)，不包括公立医院举办的社区卫生服务中心和社区卫生服务站（属事业单位举办)。非政府办乡镇卫生院和社区卫生服务中心(站):指政府办以外（如国有及民营企业、事业单位、个人、其他社会组织举办）的乡镇(街道)卫生院和社区卫生服务中心(站)。

③专业公共卫生机构包括疾病预防控制中心、专科疾病防治机构、妇幼保健机构（含妇幼保健计划生育服务中心)、健康教育机构、急救中心(站)、采供血机构、卫生监督机构、取得《医疗机构执业许可证》或《计划生育技术服务许可证》的计划生育技术服务机构。

④其他医疗卫生机构包括疗养院、临床检验中心、医学科研机构、医学在职教育机构、卫生监督（监测、检测）机构、医学考试中心、农村改水中心、人才交流中心、统计信息中心等卫生事业单位。

卫生在岗职工

指在医疗卫生机构工作并由单位支付工资的人员。包括在编及合同制人员、派遣人员、返聘和临聘本单位半年以上人员（如护士、医师等)，不包括离退休人员、退职人员、离开本单位仍保留劳动关系人员、返聘和临聘本单位不足半年人员。多点执业医师一律计入第 1 执业单位在岗职工数，不再计入第 2、3 执业单位在岗职工数。

卫生技术人员

包括执业医师、执业助理医师、注册护士、药师(士)、检验及影像技师(士)、卫生监督员和见习医（药、护、技）师(士）等卫生专业人员，包括从事临床、或监督工作并同时从事管理工作的人员（如院长、书记等)。

执业(助理）医师、注册护士、卫生监督员一律按取得医师、护士、卫生监督员执业证书且实际从事临床或监督工作的人数统计，包括从事临床或监督工作并同时从事管理工作的人员（如院长、书记）等。

第十九篇

社会服务、公共管理和其他

简要说明

一、本篇主要反映我市社会福利和其他事业发展情况。

社会福利：主要包括社会福利事业的机构人员、社会福利救济、婚姻状况等情况。资料来自市民政局。

其他：主要包括司法、法院、监察、公安、消防、工会、团委、妇联、人社、卫生保健、残疾人事业等内容。资料来自各相关部门。

二、上述资料根据相关部门统计报表制度进行统计、汇总整理。

19—1 主要年份工会组织情况

指标		2010年	2015年	2020年	2021年	2022年
工会基层组织数	（个）	4888	12021	13673	15318	19579
职工人数	（人）	692008	1347817	1691843	1783581	1921190
#女职工		232571	495196	696431	736245	779026
#农民工		199056	514708	673968	684598	730695
会员人数	（人）	637384	1304813	1559244	1707713	1823348
#女会员		219124	483926	640998	700653	737049
#农民工		173133	498262	606609	663813	703165
工会专职工作人员人数	（人）		3497	5022	5250	5541

19—2 共青团组织情况（2022年）

单位：个、人

指标	数量	指标	数量
团组织数	**22355**	**团员数**	**308417**
		高　校	41197
基层团委	642	中　学	67530
		中　职	949
		小　学	90
基层团工委	82	党政机关	16131
		国有企业	13040
		事业单位（不含公立学校）	6956
团总支	842	非公企业	17285
		社会组织	6554
		农　　村	83248
团支部	20789	城市社区	55437
		其　他	

19—3 妇联组织情况（2022年）

单位：个

指　　标	数　量	指　　标	数　量
妇联组织		**机关事业单位妇女组织**	
市妇联数	1	部门机关妇委会（妇工委）	95
县（区）妇联数	13		
乡（镇）妇联数	79	**民主党派妇女组织**	
街道妇联数	74	民主党派妇委会	8
社区妇联数	804		
村妇联	937	**团体会员**	
非公有制经济组织中的妇女组织		工会女职工委员会	1
个体劳动者协会中的妇女组织	85	民政部门登记注册的妇女社团	10
私营企业中的妇女组织	1452		

19—4 妇联工作情况（2022年）

指　　标		数　量	指　　标		数　量
双学双比活动			妇联自（联）办农业基地数	（亩）	
科技培训			“妇字号”巾帼创新创业基地		
接受技术培训的妇女人数	（人）	19500	基地个数	（个）	32
农村妇女劳动力转移			基地亩数	（亩）	11125
接受劳动力转移培训的妇女人数	（人）	16500	**巾帼建功活动**		
培训后实现转移就业的妇女人数	（人）	3001	下岗失业妇女再就业	（人）	5241
建立各类农业科技指导合作性组织数			妇女就业服务机构数	（个）	25
农村妇女专业技术协会、科技指导中心或农村妇女专业合作社	（个）	75	从事家政服务人数	（人）	2850
			妇联牵头的专场招聘会	（个）	128

19—4 续表

指　　标		数　量	指　　标		数　量
妇女创业就业培训人数	（人）	23500	妇联维权专职干部人数	（人）	133
帮助妇女创业就业人数	（人）	3001	人民陪审员人数	（人）	516
小额贷款资助妇女就业			维权基金（专项经费）	（万元）	23
小额贷款资金总数	（万元）	38000	**普法工作**		
受益妇女人数	（人）	530	妇联干部普法培训人数	（人）	1951
政府拨、贷款	（万元）		妇女法制宣传教育普及妇女人数	（万人次）	900
妇联组织评选表彰情况			**禁毒工作**		
三八红旗手	（人）	100	妇女禁毒宣传普及妇女人数	（人）	56085
三八红旗集体	（个）	40	禁毒帮教人数	（人）	83
最美家庭	（户）	106	**来信、来访情况**		
巾帼建功标兵	（人）	103	有关女职工劳动保护信访案件	（件）	43
巾帼文明岗	（个）	60	有关侵犯妇女财产权利信访案件	（件）	147
五好文明家庭户数	（户）		**家庭教育情况**		
维护妇女合法权益			家长学校	（个）	1585
为妇女提供维权服务情况			农村留守流动儿童家长学校	（个）	84
由妇联创办的维权服务机构数	（个）	27	家庭教育讲师团数	（个）	46
维权服务志愿者人数	（人）	2383	家庭教育专家和志愿者	（名）	2200
维权队伍建设情况			培训家庭教育工作骨干数	（人）	3000

19—5　主要年份妇女卫生保健状况

指　　　标		2010年	2015年	2019年	2020年	2021年	2022年
农村无害化卫生厕所普及率	(%)		66.4	82.5	92.0	95.3	
农村卫生厕所覆盖率	(%)		87.76	99.60	94.20	94.79	
妇幼保健机构病床数	(张)	435	458	938	1702	1356	1503
妇幼保健机构医生数	(人)	279	360	637	655	623	746
孕产妇系统管理率	(%)	83.98	93.05	92.70	92.84	94.33	94.63
住院分娩率	(%)	99.96	100.00	100.00	99.99	100.00	100.00
孕产妇死亡率	(1/10万)	6.96	13.87	7.62	8.02	3.68	4.42
婚前医学检查率	(%)	88.21	99.19	94.56	95.23	97.12	95.90

19—6　主要年份儿童卫生保健状况

指　　　标		2010年	2015年	2019年	2020年	2021年	2022年
婴儿死亡率	(‰)	6.92	4.89	2.41	2.71	2.23	2.50
5岁以下儿童死亡率	(‰)	9.03	6.38	3.54	3.64	3.53	3.86
住院分娩出生缺陷发生率	(‰)	14.39	10.41	18.15	23.18	27.64	33.50
四苗全程免疫接种率	(%)	99.95	99.77	99.43	99.64	99.66	98.31
#卡介苗接种率		99.94	99.90	99.68	99.75	99.68	98.41
脊髓灰质炎疫苗接种率		100.00	99.77	99.35	99.62	99.66	98.31
百白破疫苗接种率		99.96	99.83	99.37	99.65	99.64	98.30
麻疹疫苗接种率		99.95	99.83	99.54	99.63	99.67	98.30
乙肝疫苗接种率	(%)	99.90	99.83	99.45	99.73	99.64	98.41
7岁以下儿童保健管理率	(%)	84.07	94.79	95.09	94.28	94.50	93.55
新生儿访视率	(%)	88.45	94.91	95.70	95.39	97.15	97.76

19—7 残疾人事业基本情况

指　　标		2020年	2021年	2022年
康　复				
视力康复				
白内障复明手术				
贫困白内障复明手术	(万例)	0.07	0.08	0.10
人工晶体植入率	(%)	100	100	100
低视力配用助视器	(人)			
聋儿康复				
年收训聋儿	(人)	344	308	290
聋儿入普幼普小率	(%)	80	85	76
培训家长	(人)	344	308	290
精神病防治康复				
开展工作市县数	(个)	12	12	12
综合防治康复精神病人数	(万人)	1.3	1.5	1.3
康复训练与服务	(人)	4521	8031	5341
肢体残疾康复训练数		1860	5689	4358
智残儿童康复训练数		1486	1511	1163
脑瘫儿童康复训练数		1175	831	352
就　业				
城镇残疾人就业状况				
当年安排就业人员	(人)	2995	2847	2905
#按比例就业		1812	1228	1654
残疾人就业服务机构	(个)	10	10	10
市		1	1	1
县		5	5	5
市辖区		4	4	4
扶　贫(建档立卡)				
已脱贫人数	(人)	38262	38044	37152
尚未脱贫人数	(人)			

19—8 主要年份婚姻登记和离婚情况

指　　标		2010年	2015年	2020年	2021年	2022年
内地居民登记结婚	**(对)**	**66437**	**88522**	**61231**	**57166**	**50362**
初　婚	(人)	78345	139596	83337	76937	71579
再　婚	(人)	54529	37448	39125	37395	29145
#女　性		27066	19013	20301	19557	15339
#恢复结婚	(对)	1573	6336	9690	8459	6303
登记离婚	**(对)**	**9580**	**22605**	**34592**	**16851**	**16807**
离婚率	**(‰)**	**3.87**	**6.32**	**8.92**	**4.28**	**4.22**

19—9 各县（市）区婚姻登记和离婚情况（2022年）

地　区	内地居民登记结婚（对）	初　婚（人）	再　婚（人）	登记离婚（对）	离婚率（按户籍人口）（‰）
全　市	**50362**	**71579**	**29145**	**16807**	**4.22**
瑶海区	4643	6994	2292	1591	6.38
庐阳区	4698	6264	3132	1688	6.24
蜀山区	6548	9379	3717	2193	6.35
包河区	7335	10129	4541	2505	6.53
高新区	1659	2576	742	322	4.20
经开区	1652	2210	1094	569	3.90
新站区	1799	2587	1011	561	5.16
长丰县	4285	6187	2383	1398	3.44
肥东县	5907	9153	2661	1775	3.27
肥西县	4551	5585	3517	1603	3.74
庐江县	3799	5465	2133	1318	2.20
巢湖市	3486	5050	1922	1284	3.01

19—10　法律服务情况

指　　标		2020年	2021年	2022年
律师工作				
律师事务所	（个）	243	267	293
律师人数	（人）	5735	6641	7720
#专　职		5068	5817	6634
聘请担任常年法律顾问的单位	（处）	6138	6350	8421
民事、经济诉讼代理	（件）	70969	103159	118619
刑事诉讼辩护及代理	（件）	7085	8855	10899
行政诉讼代理	（件）	2664	3712	3707
非诉讼法律事务	（件）	9391	12067	18262
公证工作				
公证机构	（个）	8	8	8
公证人员	（人）	150	146	151
#公证员		44	43	55
公证员助理		59	58	53
办理公证文书	（件）	26724	28222	26796
涉外及港澳台公证文书	（件）	5333	6677	6085
司法鉴定				
司法鉴定机构	（个）	20	21	23
司法鉴定人员	（人）	497	547	630
办理司法鉴定事项	（件）	67250	74341	69070
基层法律服务				
基层法律服务所	（个）	31	29	29
基层法律服务工作者	（人）	149	137	132
代理民事、行政诉讼事务	（件）	2952	3526	2856
代理非诉讼事务	（件）	983	443	562
法律援助工作				
法律援助机构数（不含律师行）	（个）	10	10	10
得到法律援助机构援助的妇女数	（人）	2880	3096	2734
得到法律援助机构援助的未成年人数	（人）	1257	841	1035
办理法律援助案件	（件）	12288	12790	12411

19—11 劳动争议仲裁委员会受理及处理案件情况（2022年）

单位：件

案件类别	合计	国有企业	城镇集体企业	外商投资及港澳台投资企业	私营企业	其他
上期未结案件数	**263**				**263**	
案件受理情况						
案件数	18138	98		169	17388	375
#集体争议案件数	6				6	
劳动者当事人数（人）	18208	98		169	17307	375
#集体争议劳动者当事人数	69				69	
案件处理情况						
结案件数	18142	98		169	17392	375
处理方式						
仲裁调解	12880	52		125	12367	282
仲裁裁决	5209	37		44	4981	93
其他方式	53	9			44	
处理结果						
用人单位胜诉	1475	19		46	1412	81
劳动者胜诉	9605	46		57	11009	154
双方部分胜诉	7031	26		66	5821	140
本期未结案数	**259**				**259**	

19—12 人民法院行政一审案件收结案情况（2022年）

单位：件

项目	收案	结案	判决	不予立案	驳回起诉	撤诉	其他
总计	**2067**	**2263**	**1292**	**36**	**536**	**346**	**53**
公安	69	80	57	4	7	10	2
资源	133	136	84	1	29	20	2
城建	25	41	30	1	7	3	
工商	64	65	26	2	20	15	2
卫生	3	7	7				
环保	15	15	8			4	3
交通	3	5	4		1		
税务	4	8	6		1	1	
其他	1751	1906	1070	28	471	293	44

19—13　人民法院民事一审案件收结案情况（2022年）

单位：件

项　目	收　案	结　案	判　决	准予撤诉	按撤诉处理	调　解	其　他
总　计	**140486**	**146470**	**72540**	**28584**	**11232**	**28100**	**6014**
人格权纠纷	1184	1271	696	201	74	255	45
婚姻家庭继承纠纷	8641	9010	3664	1160	460	3420	306
物权纠纷	1952	2121	1036	479	158	266	182
合同、无因管理、不当得利纠纷	106682	110765	55515	22422	8709	19758	4361
知识产权与竞争纠纷	3207	3445	1187	1120	641	346	151
海事海商纠纷	3503	3679	2296	283	95	782	223
劳动争议、人事争议	1	1	1				
与公司、证券、保险、票据等有关的民事纠纷	7135	7387	3573	1662	778	820	554
侵权责任纠纷	7778	8358	4258	1213	298	2429	160
适用特殊程序案件案由	403	433	314	44	19	24	32

19—14　纪检监察立案审查调查及处分人员情况（2022年）

单位：人次

指　标	职务违法犯罪行为						
	小　计	贪污贿赂	滥用职权	玩忽职守	徇私舞弊	重大责任事故	其　他
处分人员小计	**194**	**96**	**18**	**9**	**1**	**1**	**109**
党纪处分	148	90	15	2	1		76
警　告	23	4	1	1			17
严重警告	35	18	3				18
撤销党内职务	2	1					2
留党察看	27	14	6				12
开除党籍	61	53	5	1	1		27
政务处分	96	31	4	7	1	1	68
警　告	25	1	1	3		1	19
记　过	11			2			10
记大过	7			2			5
降　级	2	1	1				2
撤　职	28	10	1				21
开　除	23	19	1		1		11
其中受双重处分人数	50	25	1		1		35
免予处分	2						2
党　纪	2						2
政　务							
组织措施	**51**	**41**	**4**	**3**	**1**		**23**
移送检察	**64**	**62**	**3**	**1**	**1**		**27**
刑事处理	**77**	**72**	**8**	**1**	**1**		**7**

19—15 主要年份刑事案件批捕及起诉

指　　标		2010年	2015年	2020年	2021年	2022年
受理刑事案件批捕总数	(件)	2711	3978	2638	4095	2406
＃批捕数		2298	2813	2137	2945	1736
受理刑事案件批捕总数	(人)	4416	5804	4167	6502	3635
＃批捕数		3738	3915	3146	4305	2398
受理刑事案件起诉免诉总数	(件)	3609	6324	8897	10551	9867
起　诉		2921	5016	7475	7733	8190
不　诉		85	143	1080	1284	2074
受理刑事案件起诉免诉总数	(人)	6504	9279	14494	17134	16116
起　诉		5154	7077	12011	12187	12686
不　诉		141	207	1669	1696	3497

19—16 检察机关处理申诉案件情况（2022年）

单位：件

案件类别	受　理	立案复查	立案复查结果
总　计	**145**	**13**	**23**
不服检察机关处理决定小计	**23**	**6**	**8**
不服不批捕	4	1	1
不服不起诉	13	5	7
不服撤案	6		
不服免于起诉			
其　他			
不服法院刑事判决裁定小计	**122**	**7**	**15**
刑罚执行中被害人申诉	40		1
刑罚执行中被告人申诉	43	3	9
刑罚执行完毕后被害人申诉	11		
刑罚执行完毕后被告人申诉	28	2	2
其　他		2	3

19—17　主要年份交通事故发生情况

指　　标	2010年	2015年	2020年	2021年	2022年
交通事故发生数　（起）	**961**	**2385**	**1695**	**1839**	**1348**
一次性死亡三人以上事故	6	3	4		
一般亡人事故	366	345	415	422	403
一般伤人、财损事故	589	2037	1276	1417	945
交通事故损失　（万元）	**376.2**	**1209.9**	**1639.7**	**1460.7**	**1318.4**
一次性死亡三人以上事故	21.0	10.6	16.0		
一般亡人事故	228.4	331.1	944.7	519.2	611.6
一般伤人、财损事故	126.8	868.2	679.0	941.5	706.8

19—18　交通事故情况（2022年）

项　　目	发生数（起）	死亡人数（人）	受伤人数（人）	损失折款（万元）
总　计	**1348**	**412**	**1244**	**1318.4**
#一次性死亡三人以上事故				
一般亡人事故	403	412	125	611.6
机动车	953	349	828	1114.3
汽　车	725	289	602	917.2
摩托车	122	27	132	137.5
拖拉机	8	6	2	10.8
农业运输车	43	13	36	20.8
其他机动车	55	14	56	28.0
非机动车	357	52	384	132.7
自行车（仅人力）	35	16	25	20.5
其他非机动车	322	36	359	112.2
行人、乘车人	38	11	32	71.4

19—19　各县区交通事故情况（2022年）

地　　区	发生数（起）	死亡人数（人）	受伤人数（人）	损失折款（万元）
全　　市	**1348**	**412**	**1244**	**1318.4**
瑶海区	101	13	105	44.4
庐阳区	62	8	64	18.9
蜀山区	92	21	86	23.5
政务区	21	5	20	4.9
包河区	144	22	119	335.4
滨湖区	44	5	43	63.1
高新区	90	12	95	44.4
经开区	28	10	25	38.7
新站区	88	17	90	25.2
长丰县	92	37	91	61.4
肥东县	133	84	75	11.8
肥西县	75	48	31	41.4
庐江县	208	36	226	71.6
巢湖市	92	54	72	37.2
高　　架	13	1	10	6.3
高速公路	65	39	92	490.2

19—20　主要年份火灾事故情况

指　　标	2010年	2015年	2020年	2021年	2022年
发生数（起）	1251	2904	2275	4980	4578
死亡人数（人）	4	9	11	13	8
受伤人数（人）		14	1	15	8
直接经济损失（万元）	553.0	795.2	10972.7	4915.5	7269.5

19—21 火灾事故发生情况（2022年）

指 标		合 计	特别重大	重 大	较 大	一 般
发 生	（起）	4578				4578
死 亡	（人）	8				8
受 伤	（人）	8				8
损失折款	（万元）	7269.5				7269.5
平均每起事故损失	（元）	15800				15800

19—22 各县（市）区火灾事故情况（2022年）

地 区	发 生 数（起）	死亡人数（人）	受伤人数（人）	直接经济损失（万元）
全 市	**4578**	**8**	**8**	**7269.6**
瑶 海 区	415	1		110.1
庐 阳 区	292	1		112.9
蜀 山 区	356	2	3	184.1
包 河 区	548		1	513.8
高 新 区	71	2		609.8
经 开 区	243			841.3
新 站 区	510			745.5
长 丰 县	213			1086.3
肥 东 县	705			911.5
肥 西 县	484		3	1310.4
庐 江 县	538			624.9
巢 湖 市	194	1		191.8
安巢经开区	9	1	1	27.2

19—23 民政行业单位基本情况

项目	单位数（个）		职工人数（人）	
	2021年	2022年	2021年	2022年
民政行政机关	**10**	**10**	**287**	**283**
社会工作服务机构	**2691**	**3552**	**17668**	**19620**
提供住宿的社会服务机构	180	180	3317	4309
养老机构	174	172	3133	4104
社会福利院	4	4	62	45
特困人员供养机构	108	108	1182	1166
养老公寓等其他养老机构	62	60	1889	2893
儿童福利和救助机构	2	2	124	140
儿童福利机构	2	2	124	140
其他提供住宿机构	4	6	60	65
救助管理站	4	6	60	65
不提供住宿的社会工作机构和设施	2511	3372	14351	15311
其他社会服务机构	**15**	**15**	**458**	**599**
殡葬服务机构	15	15	458	559
社会组织	**5007**	**5007**	**55673**	**76964**
社会团体	1980	1928	14597	17104
基金会	4	6	12	14
民办非企业单位	3023	2919	41064	59846
慈善组织				
自治组织	**1711**	**1765**	**10140**	**16433**
社区居委会	563	606	3774	8067
村民委员会	1148	1159	6366	8366

19—24　主要年份享受补助、救济人员情况

指　　标		2010年	2015年	2019年	2020年	2021年	2022年
城乡居民最低生活保障人数	**（人）**	**155552**	**199568**	**180842**	**177563**	**154563**	**145009**
城镇居民最低生活保障人数		46031	38365	26456	23609	21472	19731
农村居民最低生活保障人数		109521	161203	154386	153954	133091	125278
农村特困人员救助供养人数	**（人）**	**29899**	**39228**	**33155**	**31579**	**30089**	**28402**
农村分散供养人数		19516	20159	28128	26904	25596	24292
农村集中供养人数		10383	19069	5027	4675	4493	4110

19—25　退役军人事务行业单位基本情况

项　　目	单位数（个）		职工人数（人）	
	2021年	2022年	2021年	2022年
军队离退休干部休养所	9	9	85	86
军供站	2	2	14	10
烈士陵园管理处	4	5	43	47
退役军人服务管理中心	14	13	98	87
军休保健办	1	1	4	3
光荣院	1	1	11	5
军队离退休干部服务站	1	1	4	3

19—26 优抚对象、社会救济、最低生活保障情况（2022年）

指标		全市	市区	长丰县	肥东县	肥西县	庐江县	巢湖市
优抚对象优待抚恤情况								
抚恤、补助优扶对象总人数	（人）	42737	7783	6510	7372	5853	9367	5852
享受定期抚恤人数		4901	2327	423	493	437	721	500
烈属		101	26	11	10	27	19	8
因公牺牲军人家属		110	27	11	14	8	21	29
病故军人家属		201	56	31	32	26	31	25
享受定期补助人数		34734	4865	5670	6434	4693	8113	4959
在乡复员军人		471	50	53	164	39	112	53
带病回乡退伍军人		8867	669	652	1311	1244	3015	1976
60岁以上农村籍退伍军人		24969	4106	4916	4874	3385	4824	2864
烈士老年子女		427	40	49	85	25	162	66
其他		3103	592	417	445	723	533	393
伤残人员合计		4488	2217	370	437	376	650	438
优待总金额	（万元）	14065	7238	1294	1443	1751	1147	1192
抚恤补助金额	（万元）	58885	22698	5060	8442	7045	7435	8205
退役安置补助金额	（万元）	77810	66242	1064	1779	1251	2382	5092
社会救济情况								
城市居民最低生活保障人数	（人）	19731	12163	1499	975	1569	1533	1992
#女性		4000	661	661	466	695	698	819
#残疾人		8458	5138	534	360	767	664	995
城市居民最低生活保障户数	（户）	13688	7866	1108	735	1220	1206	1553
农村居民最低生活保障人数	（人）	125278	8082	22698	24068	22149	32915	15366
#女性		32559	2562	5707	5755	6199	8506	3830
#残疾人		47467	2962	7207	8714	9563	12479	6542
农村居民最低生活保障户数	（户）	83929	4533	16825	15774	14784	21928	10065
城市特困人员救助供养	（人）	1952	251	25	560	185	676	255
集中供养人数		1536	1123	8	505	75	588	237
分散供养人数		416	128	17	55	110	88	18
农村特困人员救助供养	（人）	28402	1281	5051	6202	4906	6847	4115
集中供养人数		4110	266	856	730	1345	446	467
分散供养人数		24292	1015	4195	5472	3561	6401	3648
传统救济	（人次）	595						
临时救助	（人次）	8313	3020	1238	1077	756	1135	1087

19—27 各县（市）区城乡居民最低生活保障和社会保障网络基本情况（2022年）

地　区	社区综合服务机构和设施总数（个）	城乡居民最低生活保障			
		城镇低保人数（人）	保障金额（万元）	农村低保人数（人）	保障金额（万元）
全　市	**1731**	**125278**	**110652**	**19731**	**19372**
瑶 海 区	80	170	149	3542	3406
庐 阳 区	67	890	845	1830	1861
蜀 山 区	81	1528	1286	1593	1603
包 河 区	91	1118	1047	2272	2365
高 新 区	9	1256	941	574	444
经 开 区	64	1645	1417	1874	1641
新 站 区	90	1475	1205	478	422
长 丰 县	279	22698	20997	1499	1536
肥 东 县	250	24068	21759	975	956
肥 西 县	298	22149	20543	1569	1632
庐 江 县	230	32915	26824	1533	1436
巢 湖 市	192	15366	13637	1992	2070

19—28 社会福利救济主要费用情况（2022年）

单位：万元

指 标	全 市	市 区	长丰县	肥东县	肥西县	庐江县	巢湖市
社会福利支出金额	139514	82832	14527	24602	16182	20144	13114
社会救助支出金额	173272	308763	29445	31745	28859	38484	21616
最低生活保障金额	130024	463790	22534	22714	22175	28260	15707
临时救助合计金额	3010	10880	566	318	253	208	276
特困人员供养金额	38653	171846	6228	8674	6375	9650	5593
其他社会救助金额	570	1698	97			340	
其他民政事业费支出金额	23034	71525	2666	710	4040	2380	884

19—29 提供住宿的社会服务机构情况（2022年）

指 标		全 市	市 区	长丰县	肥东县	肥西县	庐江县	巢湖市
养老公寓等各类养老机构	（个）	174	54	21	23	21	29	26
年末职工人数	（人）	3059	1677	183	280	317	211	391
年末床位数	（张）	31787	11082	4318	4412	4044	3688	4243
年末在院人数	（人）	13886	5488	1133	2726	1751	1496	1292
特困人员救助供养机构	（个）	108	8	19	18	18	25	20
年末职工人数	（人）	1166	199	161	189	264	166	187
年末床位数	（张）	19255	1825	4048	3380	3634	3266	3102
年末在院人数	（人）	7651	929	1031	2125	1501	1170	895
儿童(社会)福利院数	（个）	6	1	1	1	1	1	1
年末职工人数	（人）	185	124	6	13	17	9	16
年末床位数	（张）	982	600	30	78	70	30	174
年末在院人数	（人）	672	558		22	71	1	20
救助管理站数	（个）	6	1	1	1	1	1	1
年末职工人数	（人）	65	39	7	5	4	4	6
年末床位数	（张）	304	200	30	16	30	18	10
本年在站救助人次数	（人次）	1239	961	65	63	13	52	85

19—30 城乡居民基本养老保险情况

指　　标		2020年	2021年	2022年
参（续）保人数	（万人）	296.3	293.0	291.2
本年领取养老金人数	（万人）	89.7	87.9	91.6
本年保险资金收入	（万元）	281828.3	314952.9	422287.8
本年保费收入		264066.8	288132.8	388497.9
个人缴费		88321.2	102614.4	149827.1
政府补贴		175745.6	185518.4	238670.8
本年基金运营收益		7253.0	9642.1	1029.4
转移收入		10238.8	16273.5	32268.8
其他收入		269.7	904.5	491.7
本年保险金支出	（万元）	168906.8	181133.0	238940.3
养老金支出		165610.1	176623.3	233983.7
年末基金滚存结余	（万元）	642801.8	776621.7	959969.2

19—31 主要年份城乡居民参加基本医疗保险情况

年　份	参保人数（万人）			基金收支情况（万元）		
				基金收入		
	城乡居民	原城镇居民	原新农合	城乡居民	原城镇居民	原新农合
2010		121.9	226.7		24227	33986
2015		158.7	409.9		70509	202782
2019	564.7			405107		
2020	564			524339		
2021	555			496923		
2022	553			523876		

年　份	基金收支情况（万元）					
	基金支出			累计结余		
	城乡居民	原城镇居民	原新农合	城乡居民	原城镇居民	原新农合
2010		13035	31378		39897	5792
2015		55431	177987		91419	62640
2019	477423			177873		
2020	494121			208091		
2021	515398			189616		
2022	567301			146190		

注：2019年原城镇居民和原新农合医保整合为城乡居民基本医疗保险，不再单独区分。

19—32 职工基本养老、基本医疗和失业、生育、工伤保险情况（2022年）

指　　标		全 市	市　区	长丰县	肥东县	肥西县	庐江县	巢湖市
基本养老保险（企业）								
参保职工年末数	（人）	3706739	3288045	107796	97042	92947	42714	78195
离休、退休、退职人员年末人数	（人）	442669	306326	11650	27105	21111	29241	47236
基金收入	（万元）	5133053	4634066	159486	200652	184030	167965	272134
基金支出	（万元）	7260941	6742374	159433	208530	183997	179732	272155
累计结余	（万元）	3581	3013	156	123	56	233	
基本医疗保险								
参保职工年末数	（人）	2809098	2220321	127479	121890	120363	82493	136552
基金收入	（万元）	1228674	999723	52269	45464	48056	34574	48588
基金支出	（万元）	869359	730187	16337	37744	25654	20842	38594
累计结余	（万元）	2495692	2162056	107823	43425	105345	40390	36654
失业保险								
年末参保人数	（人）	2306295	1937508	100077	79065	79863	39220	70562
领取失业保险金人数	（人）	419143	341968	17132	19993	19344	9167	11739
基金收入	（万元）	161625	141007	4639	3967	4178	3267	4567
基金支出	（万元）	208928	178159	7187	7341	7447	3639	5155
累计结余	（万元）	1530	10		1		1500	19
生育保险								
年末参保人数	（人）	2352529	1906344	113009	94760	100054	50847	87515
基金支出	（万元）	129438	116644	2996	3471	3128	1460	1739
工伤保险								
年末参保人数	（人）	2481209	1981883	96341	133718	130254	64601	74412
农民工人数	（人）	833715	662164	938	41601	60338	32175	36499
享受伤残待遇人数	（人）	10997	7871	824	709	770	327	496
因工死亡人数	（人）	139	99	9	9	5	9	8
供养亲属人数	（人）	1473	1167	69	56	59	64	58
基金收入	（万元）	86935	61163	5320	5085	8277	3348	3742
基金支出	（万元）	87615	65835	5395	6124	4383	2760	3118
累计结余	（万元）	99598	80709	2365	90	7971	4131	4332

注：生育险基金收入2018年并入基本医疗保险基金收入中。

19—33 人力资源服务机构综合情况（2022年）

项目	服务机构数（个）	从业人员人数（人）
合计	**878**	**16251**
综合性公共就业和人才服务机构	10	217
公共就业服务机构	1	17
人才公共服务机构	3	34
行政所属服务机构（事业单位）	1	3
国有性质的服务企业	13	245
民营性质的服务企业	846	15486
外资性质的服务企业	2	230
民办非企业等其他性质的服务机构	2	19

主要统计指标解释

社会福利企业单位

指以安置城镇有一定劳动能力的盲、聋、哑和肢体残疾人员就业为目的，享受国家减免税待遇的国有或集体企业。包括福利工厂、福利商业和服务业、假肢厂和安置农场等单位。

律师

指依法取得律师执业证书，接受委托或者指定，为当事人提供法律服务的执业人员。

公证机构

是依法设立，不以营利为目的，依法独立行使公证职能、承担民事责任的证明机构。

公证人员

指在国家公证机关依法办理公证事务的司法人员，包括公证员、助理公证员和在公证处工作的其他人员。

办理公证文书

指公证处在一定时期内办结的公证文书件数。公证文书按司法部规定或批准的格式制作，包括国内公证和涉外公证两部分。国内公证分为经济合同公证和民事法律关系公证两大类。

特别重大火灾

指造成 30 人以上死亡，或者 100 人以上重伤，或者 1 亿元以上直接财产损失的火灾。

重大火灾

指造成 10 人以上 30 人以下死亡，或者 50 人以上 100 人以下重伤，或者 5000 万元以上 1 亿元以下直接财产损失的火灾。

较大火灾

是指造成 3 人以上 10 人以下死亡，或者 10 人以上 50 人以下重伤，或者 1000 万元以上 5000 万元以下直接财产损失的火灾。

一般火灾

指造成 3 人以下死亡，或者 10 人以下重伤，或者 1000 万元以下直接财产损失的火灾。

立案（纪检监察）

指监察机关对犯罪线索进行初步调查后，认为存在职务犯罪事实并需要追究刑事责任时，依法决定作为刑事案件进行侦查的诉讼活动，是追究犯罪的开始。

离休、退休、退职人员

指正式办理了离休、退休、退职手续，并享受相应的离休、退休、退职待遇的人员。

城乡居民医疗保险

是整合城镇居民基本医疗保险（简称城镇居民医保）和新型农村合作医疗（简称新农合）两项制度，建立统一的城乡居民基本医疗保险（简称城乡居民医保）。

第二十篇

城市比较

简要说明

一、本篇包括长三角、“万亿俱乐部”、省会、省内、合肥都市圈、皖江城市带承接产业转移示范区城市主要经济指标。

二、本篇地区生产总值数据为初步核算数。

三、资料来源：安徽省统计局有关统计资料、各城市交流资料及统计公报。

四、本篇由市统计局国民经济综合统计处收集、整理。

20—1 长三角城市主要经济指标（2022年）

单位：亿元

城市	生产总值	一般公共预算收入	规模以上工业增加值增长(%)	固定资产投资增长(%)	社会消费品零售总额	进出口总额	城镇居民人均可支配收入(元)	农村居民人均可支配收入(元)
合肥	**12013.1**	**909.25**	**6.3**	**9.1**	**5021.62**	**3610.95**	**56177**	**28727**
上海	44652.8	7608.19	-0.6	-1.0	16442.14	41902.75	84034	39729
南京	16907.9	1558.20	2.4	3.5	7832.41	6292.13	76643	34664
杭州	18753.1	2450.61	0.3	6.0	7293.60	7564.81	77043	45183
宁波	15704.3	1680.23	3.8	10.4	4896.70	12671.26	76690	45487
无锡	14850.8	1133.38	5.4	2.2	3337.60	7373.07	73332	41934
常州	9550.1	631.80	9.2	2.2	2856.16	3228.45	68578	37852
苏州	23958.3	2329.18	2.4	1.5	9010.71	25721.11	79537	43785
南通	11379.6	613.00	5.1	-2.9	3956.87	3665.25	59605	30819
盐城	7079.8	453.30	9.3	9.4	2700.59	1372.38	45896	27794
扬州	7105.0	325.49	8.7	10.0	1518.91	1101.19	53673	29332
镇江	5017.0	343.80	5.6	0.1	1364.02	1038.82	61552	33129
泰州	6401.8	416.65	8.5	9.4	1588.36	1307.33	56576	29417
嘉兴	6739.5	596.47	3.9	7.2	2342.70	4399.99	72096	46276
湖州	3850.0	387.30	3.0	9.1	1594.70	1629.57	71044	44112
绍兴	7350.6	540.09	10.0	11.0	2585.90	3691.93	76199	45709
金华	5562.5	489.16	3.6	13.5	2965.30	6838.74	69626	35630
舟山	1951.3	156.15	21.0	4.0	575.20	3381.78	71965	45924
台州	6040.7	440.75	0.3	6.5	2586.00	2771.84	70737	37700
温州	8029.8	573.85	4.7	7.8	3944.10	2949.55	73326	38482
芜湖	4502.1	388.60	6.6	5.4	1995.12	906.97	51481	29210
马鞍山	2521.0	204.88	7.7	13.2	958.24	444.22	59420	30363
铜陵	1209.9	103.78	4.9	8.8	403.02	653.84	46445	20264
安庆	2767.5	174.86	1.0	12.3	1306.94	263.66	41454	18130
滁州	3610.0	277.85	10.1	16.5	1555.97	417.11	41043	18630
池州	1078.5	83.13	13.7	15.0	465.64	115.05	41035	20602
宣城	1914.4	188.50	9.2	10.0	776.15	222.09	48596	22060

20—2 “万亿俱乐部”城市主要经济指标（2022年）

单位：亿元

城市	生产总值	一般公共预算收入	规模以上工业增加值增长(%)	固定资产投资增长(%)	社会消费品零售总额	进出口总额	城镇居民人均可支配收入(元)	农村居民人均可支配收入(元)
合肥	**12013.1**	**909.25**	**6.3**	**9.1**	**5021.62**	**3610.95**	**56177**	**28727**
上海	44652.8	7608.19	-0.6	-1.0	16442.14	41902.75	84034	39729
北京	41610.9	5717.40	-16.7	3.6	13794.20	36445.51	84023	34754
深圳	32387.7	4012.27	4.8	8.4	9708.28	36737.52	72718	
重庆	29129.0	2103.38	3.2	0.7	13926.08	8158.35	45509	19313
广州	28839.0	1854.73	0.8	-2.1	10298.15	10948.40	76849	36292
苏州	23958.3	2329.18	2.4	1.5	9010.71	25721.11	79537	43785
成都	20817.5	1722.40	5.6	5.0	9096.50	8336.30	54897	30931
武汉	18866.4	1504.74	5.0	10.8	6936.20	3532.24	58449	29304
杭州	18753.1	2450.61	0.3	6.0	7293.60	7564.81	77043	45183
南京	16907.9	1558.20	2.4	3.5	7832.41	6292.13	76643	34664
天津	16311.3	1846.55	-1.0	-9.9		8448.52	53003	29018
宁波	15704.3	1680.23	3.8	10.4	4896.70	12671.26	76690	45487
青岛	14920.8	1273.20	3.8	4.5	5891.80	9117.16	62584	27701
无锡	14850.8	1133.38	5.4	2.2	3337.60	7373.07	73332	41934
长沙	13966.1	1202.00	8.3	5.1	5235.56	3149.12	65190	40678
郑州	12934.7	1130.79	4.4	-8.5	5223.14	6069.72	46287	28237
佛山	12698.4	796.94	1.6	-3.6	3593.57	6637.80	65417	38971
福州	12308.2	698.52	3.8	5.9	4679.50	3656.89	55638	26826
泉州	12103.0	526.79	3.9	10.3	5982.94	2711.90	57724	27572
济南	12027.5	1001.10	1.6	3.8	4878.10	2208.90	59459	23844
西安	11486.5	834.09	13.9	10.5	4642.11	4379.52	48418	18285
南通	11379.6	613.00	5.1	-2.9	3956.87	3665.25	59605	30819
东莞	11200.3	766.04	-1.3	0.8	4254.87	13926.60	65406	45136

注：表中为2022年GDP过万亿的24个城市。

20—3 全国省会城市主要经济指标（2022年）

单位：亿元

城市	生产总值	一般公共预算收入	规模以上工业增加值增长(%)	固定资产投资增长(%)	社会消费品零售总额	进出口总额	城镇居民人均可支配收入(元)	农村居民人均可支配收入(元)
合　肥	**12013.1**	**909.25**	**6.3**	**9.1**	**5021.62**	**3610.95**	**56177**	**28727**
武　汉	18866.4	1504.74	5.0	10.8	6936.20	3532.24	58449	29304
长　沙	13966.1	1202.00	8.3	5.1	5235.56	3149.12	65190	40678
郑　州	12934.7	1130.79	4.4	-8.5	5223.14	6069.72	46287	28237
南　昌	7203.5	457.68	6.0	7.6	3012.00	1345.56	52622	24218
太　原	5571.2	437.48	8.5	0.2	1761.40	1467.07	43694	22822
西　安	11486.5	834.09	13.9	10.5	4642.11	4379.52	48418	18285
福　州	12308.2	698.52	3.8	5.9	4679.50	3656.89	55638	26826
石家庄	7100.6	718.00	2.8	10.0	2548.40	1235.09	44745	19834
沈　阳	7695.8	713.67	3.1	6.1	3864.50	1406.56	51702	22352
哈尔滨	5490.1	262.20	1.0	-7.6	2195.90	386.96	43981	22260
长　春	6744.6	459.69	-10.1	-11.8	1907.84	1107.58	43240	18919
南　京	16907.9	1558.20	2.4	3.5	7832.41	6292.13	76643	34664
杭　州	18753.1	2450.61	0.3	6.0	7293.60	7564.81	77043	45183
济　南	12027.5	1001.10	1.6	3.8	4878.10	2208.90	59459	23844
南　宁	5218.3	392.68	1.9	-17.8	2358.75	1510.07	42636	19001
成　都	20817.5	1722.40	5.6	5.0	9096.50	8336.30	54897	30931
贵　阳	4921.2	402.16	4.4	-4.2	2402.11	490.94	49283	20133
昆　明	7541.4	505.25	3.0	-3.1	3385.26	1997.34	53832	20722
兰　州	3343.5	221.00	-0.4	-3.5	1598.20	168.84	45277	17178
西　宁	1644.4	131.70	26.9	-18.3	531.70	32.41	40197	15797
银　川	2535.6	168.86	10.3	3.7	791.62	156.60	44392	19349
海　口	2134.8	204.82	20.5	-12.7	1003.05	605.64	43535	20388
广　州	28839.0	1854.73	0.8	-2.1	10298.15	10948.40	76849	36292
乌鲁木齐	3893.2	314.82	6.2	0.3	1033.00	513.57	46972	25873
呼和浩特	3329.1	230.87	3.0	12.6	1059.80	182.70	54616	23938

20—4　全省各市主要经济指标（2022年）

城　　市	生产总值（亿元）	第一产业	第二产业	第三产业	规模以上工业增加值增长（%）
合　　肥	**12013.1**	**379.2**	**4394.4**	**7239.4**	**6.3**
淮　　北	1302.8	89.2	570.3	643.3	-1.9
亳　　州	2101.5	286.5	732.6	1082.3	10.6
宿　　州	2224.6	338.2	771.6	1114.8	5.7
蚌　　埠	2012.3	289.5	661.8	1061.1	1.0
阜　　阳	3233.3	434.2	1221.3	1577.8	5.7
淮　　南	1541.1	158.1	648.9	734.0	0.5
滁　　州	3610.0	301.5	1808.0	1500.5	10.1
六　　安	2004.6	267.8	784.9	951.9	8.7
马 鞍 山	2521.0	109.7	1239.4	1171.9	7.7
芜　　湖	4502.1	179.3	2135.6	2187.3	6.6
宣　　城	1914.4	179.6	937.3	797.5	9.2
铜　　陵	1209.9	61.9	602.8	545.3	4.9
池　　州	1078.5	98.1	502.7	477.7	13.7
安　　庆	2767.5	262.7	1215.2	1289.5	1.0
黄　　山	1002.3	78.2	355.2	568.9	-2.5

城　　市	社会消费品零售总额（亿元）	固定资产投资增长（%）	一般公共预算收入（亿元）	城镇居民人均可支配收入（元）	农村居民人均可支配收入（元）
合　　肥	**5021.62**	**9.1**	**909.25**	**56177**	**28727**
淮　　北	494.87	2.9	97.03	41701	17495
亳　　州	1188.22	8.8	148.13	39364	17872
宿　　州	1224.01	9.6	155.35	38910	16897
蚌　　埠	1256.24	0.5	174.03	44652	20687
阜　　阳	2296.50	6.5	184.80	39240	16871
淮　　南	883.13	3.6	120.31	43353	17722
滁　　州	1555.97	16.5	277.85	41043	18630
六　　安	1183.25	16.2	161.26	38883	17216
马 鞍 山	958.24	13.2	204.88	59420	30363
芜　　湖	1995.12	5.4	388.60	51481	29210
宣　　城	776.15	10.0	188.50	48596	22060
铜　　陵	403.02	8.8	103.78	46445	20264
池　　州	465.64	15.0	83.13	41035	20602
安　　庆	1306.94	12.3	174.86	41454	18130
黄　　山	509.50	0.5	90.71	43800	21712

20—5 合肥都市圈主要指标（2022年）

地区	土地面积（平方公里）	年末常住人口（万人）	地区生产总值（亿元）	第一产业	第二产业	工业	建筑业
合肥市	11445.1	963.4	12013.1	379.2	4394.4	2606.5	1791.5
蚌埠市	5950.8	330.9	2012.3	289.5	661.8	527.6	134.6
马鞍山市	4049.1	218.6	2521.0	109.7	1239.4	989.7	251.1
芜湖市	6009.0	373.1	4502.1	179.3	2135.6	1677.4	471.1
淮南市	5533.0	302.7	1541.1	158.1	648.9	569.1	81.1
六安市	15451.2	437.9	2004.6	267.8	784.9	553.0	232.1
滁州市	13516.0	405.0	3610.0	301.5	1808.0	1447.0	361.5
桐城市	1571.0	59.0	452.0	38.3	233.9	193.8	40.8

地区	第三产业	一般公共预算收入（亿元）	固定资产投资增长（%）	工业投资增长（%）	规模以上工业增加值增长（%）	战略性新兴产业产值增长（%）	社会消费品零售总额（亿元）
合肥市	7239.4	909.25	9.1	25.8	6.3	14.3	5021.62
蚌埠市	1061.1	174.03	0.5	-3.7	1.0	10.4	1256.24
马鞍山市	1171.9	204.88	13.2	23.3	7.7	20.6	958.24
芜湖市	2187.3	388.60	5.4	7.0	6.6	15.6	1995.12
淮南市	734.0	120.31	3.6	19.2	0.5	-14.8	883.13
六安市	951.9	161.26	16.2	47.6	8.7	6.2	1183.25
滁州市	1500.5	277.85	16.5	34.8	10.1	22.2	1555.97
桐城市	179.8	22.30	10.2	17.8	6.2	26.4	160.62

地区	进出口总额（亿元）	出口	外商直接投资（亿美元）	金融机构本外币各项存款余额（亿元）	金融机构本外币各项贷款余额（亿元）	城镇居民人均可支配收入（元）	农村居民人均可支配收入（元）
合肥市	3610.95	2301.84	12.05	23096.64	23565.55	56177	28727
蚌埠市	199.70	121.36	0.20	3010.26	2978.00	44652	20687
马鞍山市	444.22	210.66	1.44	3415.81	2911.08	59420	30363
芜湖市	906.97	632.28	2.39	5848.44	5285.24	51481	29210
淮南市	79.28	76.92	0.32	2973.26	2190.67	43353	17722
六安市	101.80	94.84	0.16	3864.44	3394.74	38883	17216
滁州市	417.11	345.77	1.63	4051.80	4027.76	41043	18630
桐城市				682.90	437.50	40599	21392

20—6　皖江城市带承接产业转移示范区各地区主要经济指标（2022年）

地　　区	生产总值（亿元）	一般公共预算收入（亿元）	规模以上工业增加值增长（%）	固定资产投资增长（%）	社会消费品零售总额（亿元）	出口总额（亿元）
合 肥 市	**12013.1**	**909.25**	**6.3**	**9.1**	**5021.62**	**2301.84**
滁 州 市	3610.0	277.85	10.1	16.5	1555.97	345.77
马鞍山市	2521.0	204.88	7.7	13.2	958.24	210.66
芜 湖 市	4502.1	388.60	6.6	5.4	1995.12	632.28
宣 城 市	1914.4	188.50	9.2	10.0	776.15	204.04
铜 陵 市	1209.9	103.78	4.9	8.8	403.02	74.27
池 州 市	1078.5	83.13	13.7	15.0	465.64	32.99
安 庆 市	2767.5	174.86	1.0	12.3	1306.94	208.02
金 安 区	343.8	15.03	5.4	18.9	257.73	
舒 城 县	375.7	21.85	9.2	20.9	174.50	